www.ingramcontent.com/pod-product-compliance
Lightning Source LLC
Chambersburg PA
CBHW061819040426
42447CB00012B/2721
9780998515748

مجتبیٰ حسین اور فنِ طنز و مزاح نگاری

ڈاکٹر گلِ رعنا

First Paperback Edition: April 2018
Book Name: Mujtaba Hussain Aur Fun-e-Tanz-o-Mizah Nigari
Category: Research Thesis
Author: Dr. Gul-e-Rana
Title: Raja Ishaq
Language: Urdu

Publisher: Andaaz Publications
4616 E Jaeger Rd
Phoenix, AZ 85050 USA
Email: admin@andaazpublications.com
Web: www.andaazpublications.com
Ordering Information: available from amazon.com and other online stores

ISBN: 978-0-9985157-4-8

انتساب

والد محترم جناب وقار حسنین صاحب مرحوم

اور

والدہ محترمہ کے نام

جن کی دعاؤں اور ہمت افزائی نے مجھے اس عہد میں جینے کا حوصلہ عطا کیا

ترتیب

پیش لفظ

زیرِ نظر کتاب ''مجتبیٰ حسین اور فنِ طنز و مزاح نگاری'' ڈاکٹر گل رعنا نے انداز پبلیکیشنز فینکس، ایریزونا، یو، ایس، اے سے شائع کروائی ہے۔

پدم شری ڈاکٹر مجتبیٰ حسین کا شمار ہندو پاک کے نامور طنز و مزاح نگاروں میں ہوتا ہے۔ وہ کئی کتابوں کے مصنف ہیں۔ ان کی شخصیت اور فن پر کئی ناقدین نے کتابیں لکھیں۔ اس کے علاوہ مختلف جامعات کے طلبا و طالبات نے مقالے لکھ کر ڈاکٹریٹ کی اسناد حاصل کی ہیں۔

ڈاکٹر گل رعنا نے اپنی اس ادبی تخلیق کو پایۂ تکمیل تک پہنچانے کے لیے بہت محنت کی ہے۔ جگہ جگہ حوالوں کی پیش کشی سے کتاب کو دستاویزی حیثیت حاصل ہوگئی ہے۔ ڈاکٹر مجتبیٰ حسین کے فن اور شخصیت پر ناقدانہ انداز سے قلم اٹھایا ہے اور کسی پہلو کو تشنہ نہیں چھوڑا۔

کتاب کے چھ ابواب ہیں، ۱) طنز و مزاح کی تعریف، ۲) طنز و مزاح کا آغاز و ارتقا، ۳) مجتبیٰ حسین کے حالات زندگی، ۴) مجتبیٰ حسین کی طنز و مزاح نگاری، ۵) مجتبیٰ حسین کے ہم عصر طنز و مزاح نگاروں کی تحریروں میں مماثلت، ٦) مجتبیٰ حسین کا فن ناقدین کی نظر میں۔ ان چھ ابواب میں ذیلی عنوانات کے تحت موضوع پر تنقیدی انداز سے روشنی ڈالی ہے۔ ہر عنوان اپنی جگہ اہمیت رکھتا ہے۔ چھ ابواب کے بعد اختتامیہ اور آخر میں کتابیات کی فہرست ہے۔ اس فہرست سے اندازہ ہوتا ہے کہ گل رعنا نے تنقید کے اصولوں کو بخوبی نبھایا ہے۔

ڈاکٹر مجتبیٰ حسین نے نثر کی کئی اصناف پر قلم اٹھایا ہے۔ مضامین، انشائیے، خاکے، سفرنامے، کالم سبھی شامل ہیں۔ فاضل مصنف نے بہ حسن وخوبی ان ادبی شہ پاروں پر سیر حاصل تبصرہ کیا ہے۔ کتاب کی اشاعت پر میں اپنی لائق شاگرد ڈاکٹر گل رعنا کو دلی مبارک باد دیتے ہوئے دعا کرتی ہوں کہ اس کتاب کی خوب پذیرائی ہو اور وہ اسی طرح اردو زبان وادب کی خدمت کرتی رہیں۔

پروفیسر حبیب ضیا
سابق صدر شعبۂ اردو یونیورسٹی کالج فار ویمن
عثمانیہ یونیورسٹی

ابتدائیہ

ابتدائے آفرینش سے لے کر آج تک اِس روئے زمین پر آدمی کی پرکھ آدمی کے لئے مشکل ترین کام رہا ہے اور رہے گا بھی۔ اِس حقیقت سے بھی ہم انکار نہیں کر سکتے کہ زندگی کے رازوں اور داخلی کیفیات سے واقفیت حاصل کرنا بھی انسان کی فطرت میں شامل ہے۔ زندگی کے رازوں اور داخلی کیفیات سے واقف ہوجانے کے بعد اظہار کا مرحلہ آتا ہے۔ اِن کیفیات کا اظہار کرنے والا، فنکار کہلاتا ہے۔ ادب چونکہ فنونِ لطیفہ کی ایک اہم شاخ ہے اس لئے ادیب کو ہم فنکار کہہ سکتے ہیں۔ ادیبوں نے اپنی داخلی کیفیات اور احساسات کے اظہار کے لئے مختلف اصناف میں طبع آزمائی کی ہے اور اپنی صلاحیتوں کو اس طرح بروئے کار لایا ہے کہ قاری ادیب کی طبع خاص کی جھلک ادب پارے میں پاتا ہے۔

طنز و مزاح ایک ایسا وصف ہے جو ہر صنف میں موجود ہے۔ ادب میں چونکہ زندگی کی سچی تصویریں دیکھنے کو ملتی ہیں اس لئے فنکار ادب کو صرف ہچکیوں، آنسوؤں اور گلے شکوے تک محدود نہیں رکھ سکتا کیونکہ انسانی سماج میں ہچکیوں، آنسوؤں اور گلے شکوؤں کے ساتھ مسکراہٹیں، قہقہے، قسمیں اور وعدے بھی موجود ہیں۔ یہی وجہ ہے کہ ادب میں جو ''برائے زندگی'' ہے طنز و مزاح کا پہلو کہیں نہ کہیں موجود ہے۔ چند فنکار ایسے بھی ہیں جن کی تحریروں میں خالص طنز یا خالص مزاح یا پھر طنز و مزاح کا حسین امتزاج ملتا ہے۔ ایسے ہی چند فنکاروں میں سے ایک ہیں پدم شری ڈاکٹر مجتبیٰ حسین۔

اس موضوع پر تحقیق کے دوران مجھے نہ صرف مجتبیٰ حسین کی تحریروں کو پڑھنے اور ان میں پوشیدہ گہرے رموز کو جاننے کا موقع ملا بلکہ مختلف نقادوں کے تبصروں اور نظریات کا بھی پتہ چلا۔ اِس سلسلے میں طنز و مزاح سے متعلق کئی کتابیں پڑھنے کا شرف حاصل ہوا۔ مختلف ادیبوں کے طرزِ تحریر، اسلوب اور ان کی فکر کے متعلق معلومات حاصل ہوئیں۔

یہ مواد بے شک کتابی شکل میں منظر عام پر نہیں آتا اگر میرے قابلِ احترام اساتذہ خاص کر پروفیسر حبیب ضیا صاحبہ (سابق صدر شعبۂ اردو یونیورسٹی کالج فار ومن، عثمانیہ یونیورسٹی)، پروفیسر اشرف رفیع صاحبہ سابق صدر شعبۂ اردو آرٹس کالج عثمانیہ یونیورسٹی)، پروفیسر رحمت یوسف زئی صاحب (سابق صدر شعبۂ اردو حیدر آباد سنٹرل یونیورسٹی حیدر آباد)، پروفیسر بیگ احساس صاحب (سابق صدر شعبۂ اردو عثمانیہ یونیورسٹی و حیدر آباد سنٹرل یونیورسٹی)، پروفیسر فاطمہ بیگم پروین صاحبہ (سابق صدر شعبۂ اردو ویمنس کالج و آرٹس کالج عثمانیہ یونیورسٹی) پی۔ ایچ۔ ڈی مقالے کی نگران پروفیسر میمونہ مسعود صاحبہ (سابق صدر شعبۂ اردو ویمنس کالج و آرٹس کالج عثمانیہ یونیورسٹی) نے اس جانب بارہا توجہ دہانی نہ کی ہوتی اور اپنے عالمانہ اور زرین مشوروں سے مجھے نہ نوازا ہوتا۔ ساتھ ہی ممنون ہوں پدم شری ڈاکٹر مجتبیٰ حسین صاحب کی کہ انھوں نے بلا ضمانت اپنی تخلیقات کی شخصی کاپیاں میرے حوالے کیں اتنا ہی نہیں بلکہ اپنی ناسازیٔ صحت کے باوجود بلا کسی عذر شخصی انٹرویو کے لیے وقت دیا۔ میں پروفسر حبیب ضیا صاحبہ کی خدمت میں ہدیہ تشکر پیش کرتی ہوں کہ انہوں نے اس کتاب کا پیش لفظ تحریر کر کے ادب کی اس ادنیٰ سی طالب علم کی کوشش کو سراہا اور حوصلہ عطا کیا۔

راقمہ، ڈاکٹر عبدالرحیم خاں صاحب سابق پرنسپل اردو آرٹس ایوینگ کالج کی بھی مشکور ہے کہ عبدالرحیم خاں صاحب نے اردو ہال لائبریری سے بروقت ضروری کتب فراہم کیں۔ میں اردو ہال کے روحِ رواں جناب ظہورالدین صاحب کی بھی ممنون ہوں کہ انھوں نے مطلوبہ کتب کی تلاش میں بلا کسی عذر مدد کی۔

اس کتاب کی تکمیل کے مراحل میں اپنے افرادِ خاندان کی جانب سے ہمت افزائی اور تعاون مجھے ہر گھڑی حاصل رہا جس کا اظہار تشکر الفاظ کے ذریعے ممکن نہیں۔ دوست احباب کی بھی ممنون ہوں کہ انھوں نے نیک تمناؤں اور پذیرائی کے ذریعے ہمیشہ میری حوصلہ افزائی کی۔

گل رعنا
اسسٹنٹ پروفیسر شعبۂ اردو
تلنگانہ یونیورسٹی، نظام آباد

تبصرہ

برصغیر ہندوپاک میں اُردو کے تین بھائی رہتے تھے۔آگ کے دریا نے انھیں جدا کردیا۔ خاندان بٹ گیا۔ دو بھائی ایک کنارے پر، ایک بھائی دوسرے کنارے پر تینوں بھائیوں نے اپنے آپ کو اُردو ادب کے نام کردیا اور شہرت کی بلندیوں پر پہنچ گئے۔

ان کی خدمات پر، ایک کنارے پر پدم شری اور دوسرے پر تمغۂ امتیاز جیسے اعزازات سے نوازا گیا۔ حیدرآباد دکن کی قدآور شخصیت محبوب حسین جگر میرے تایا تھے۔ جگر صاحب اور عابد علی خاں صاحب نے کثیر الاشاعت اخبار ''سیاست'' کو پروان چڑھایا۔ اسی دور میں ان کے دوسرے بھائی ابراہیم جلیس نے ''چالیس کروڑ بھکاری'' لکھ کر تہلکہ مچادیا۔ خاندان کے تیسرے بھائی مجتبیٰ حسین جو بقید حیات ہیں طنز ومزاح کے میدان پر ہندوپاک میں بامِ عروج پر پہنچ چکے ہیں۔

آج مجتبیٰ حسین دونوں کناروں پر مقبول ہیں۔ ایک کنارے پر وہ مجتبیٰ حسین اور دوسرے کنارے پر تلفظ کی اونچ نیچ میں مشتبہ حسین بولے جاتے ہیں۔

طنز ومزاح معاشرے کو سدھارنے کا ایک شائستہ طریقہ ہے۔ جو بات آپ کسی پر مسلط نہیں کرسکتے۔ وہ آپ طنز ومزاح کی چاشنی سے برملا کہہ سکتے ہیں۔ مدِ مقابل میں خرابی چاہے کوئی بھی ہو اس کو احساس ہوجاتا ہے کہ وہ غلطی پر ہے۔ اور ضمیر کی آواز پر وہ سدھرنے لگ جاتا ہے۔

ڈاکٹر گلِ رعنا نے طنز ومزاح کی جو تعریف بیان کی ہے میں اس سے اتفاق کرتا ہوں۔ میں حق بہ جانب ہوں کہ بڑی سے بڑی بات طنز ومزاح کے دائرے میں رہ کر کہی جاسکتی ہے۔ یہ بڑی خوش آئندہ بات ہے کہ ڈاکٹر گلِ رعنا نے جس جیتی جاگتی شخصیت کا انتخاب کیا ہے وہ خوش

وخرم زندگی گذار رہے ہیں۔ زندگی میں کسی پر لکھنا ایک اعزاز ہے۔ ایک کنارے پر ایک بھائی پر شاندار کام ہورہا ہے۔ دوسرے کنارے پر دوسرے بھائی پر بعداز وفات ان کے فن اور شخصیت پر کام ہورہا ہے۔ میری مراد میرے والد ابراہیم جلیس سے ہے۔

ڈاکٹر گلِ رعنا نے نہ صرف طنز و مزاح کی تعریف، اس کے رشتے اور اس کی ضرورت کو بڑے موثر انداز میں قلم بند کیا ہے۔ بلکہ اردو میں طنز و مزاح کے ابتدائی نقوش اور مجتبیٰ حسین کے ہم عصر لکھنے والوں کے فن کا بھی اجمالی جائزہ لیا ہے۔ علاوہ ازیں اس کتاب کی ایک اور خصوصیت یہ ہے کہ مجتبیٰ حسین کے شخصی انٹرویو کے ذریعہ مجتبیٰ حسین اور ان کے خاندان سے متعلق ان باتوں کو منظر عام پر لایا گیا ہے جو اب تک بہت ساروں کے علم میں نہیں تھیں، جیسے ان کے بچپن کے حالات اور زندگی میں پیش آئے تکلیف دہ واقعات وغیرہ۔ اس کے علاوہ مجتبیٰ حسین کی مضمون نگاری، کالم نگاری، خاکہ نگاری اور سفرنامہ نگاری پر بھی بڑی عرق ریزی سے کام کیا ہے۔ میں مانتا ہوں کہ کتاب ایک دستاویز کی حیثیت سے قبول کی جائے گی کیونکہ مجتبیٰ حسین کے فن کے متعلق تمام مثالیں اس میں شامل کی گئی ہیں۔

مصنفہ نے جس ہنرمندی سے مجتبیٰ حسین کی طنز و مزاح نگاری پر قلم چلایا ہے وہ قابل تحسین ہے۔ کتاب میں موجود حوالے اس بات کی دلیل ہیں کہ ڈاکٹر گلِ رعنا نے محنت، لگن اور یکسوئی سے مجتبیٰ حسین کی تحریروں کا بغور مطالعہ کیا اور اس سے جو نتیجہ اخذ کیا اسے دل کش پیرائے میں مدلل ضبط تحریر میں لائی ہیں۔ ان کی اس کاوش پر میں انھیں مبارک باد پیش کرتا ہوں اور اُمید کرتا ہوں کہ ادبی حلقوں میں خاص کر اُردو کی نئی بستیوں میں یہ کتاب پسندیدگی کی نگاہ سے دیکھی جائے گی۔

شہریار جلیس (فرزند ابراہیم جلیس مرحوم)

طنز و مزاح کی تعریف

طنز

''طنز'' کا عام مفہوم یہ ہے کہ کسی شخص، شئے یا واقعے کی خاص کیفیت کا نکتہ چینی کے انداز میں مذاق اُڑایا جائے۔

طنز کو انگریزی میں Satire کہتے ہیں۔ جس کے بارے میں کہا جاتا ہے کہ یہ لفظ لاطینی کے Satyre سے مشتق ہے انسائکلو پیڈیا برٹانیکا کے مطابق Satire لاطینی زبان کی ایک صنف شاعری ہے جس میں عاداتِ بد اور حماقتوں کا تنقیدی جائزہ لیا جاتا تھا۔ اس صنف کا سب سے پہلا شاعر اور طنز نگار لوسی لی ہے۔ پھر ہوریس وغیرہ نے بھی اس صنف میں طبع آزمائی کی۔

رشید صدیقی اپنی کتاب طنزیات و مضحکات میں طنز کو ایسی تنقید یا تعریض قرار دیتے ہیں جس سے جذبۂ تفریح اور نفرت کو تحریک ہوتی ہے

> انہوں نے چسٹرٹن کی بیان کردہ طنز کی تعریف بھی نقل کی ہے جس نے کہا تھا ''ایک سور کو اس سے بھی زیادہ مکروہ صورت میں پیش کرنا جیسا کہ خود خدا نے اس کو بنا دیا ہے طنز یا تضحیک (سٹائر) ہے''۔[۱]

یہاں صرف یہ عرض کرنا ہے کہ جذبۂ تفریح طنز کا مقصد نہیں ہوسکتا اس کے لیے تو مزاح موجود ہے۔

۱۔ طنزیات و مضحکات، رشید احمد صدیقی، ص ۲۶

بقول کلیم الدین احمد

''بہترین طنز کی اساسی شرط یہ ہے کہ ذاتی جذبہ ذاتی نہ رہے بلکہ عالمگیر ہو جائے۔[۱]

ڈ اکٹر ایس جے صادق لکھتے ہیں:

''طنز حیاتیاتی سچائی Biological Truth کا وکیل ہوتا ہے اور انسان کو عریاں کر کے دکھاتا ہے۔طنز یہ دیکھ کر تعجب کرتا ہے کہ انسان کتنا کمینہ ہے، طنز ریاکاری کا دشمن ہے، یہ ایک غیر جذباتی سائنس ہے یہ ہمیں خوش کرنے کے بجائے ہمیں ہماری حقیقت سے واقف کرواتا ہے''۔[۲]

طنز کڑوی حقیقتوں کو آشکار کرتا ہے۔طنز کا کام اُن گہرے رازوں کے پردے اُٹھانا ہے جو معاشرہ کے نزدیک کسی عیب سے کم نہیں۔ مثال کے طور پر ہم عصمت چغتائی اور سعادت حسن منٹو جیسے عظیم افسانہ نگاروں کے نام لے سکتے ہیں۔ اُنھوں نے صرف گہرے رازوں پر سے پردے اُٹھائے ہیں لیکن معاشرے نے ان کے اِس عمل کو نکتہ چینی سے تعبیر کیا۔ یہ اور بات ہے کہ سماج کے تعلیم یافتہ اور دانشور طبقہ نے اُنھیں بہت سراہا۔

طنز نگار بڑے سلیقہ سے نہ صرف سماجی بے راہ روی کو بلا خوف و جھجک نمایاں کرتا ہے بلکہ معاشرے کی بے بسی اور سسکیوں کو طنز اور مزاح کے ملے جلے پیرائے میں بیان کر کے قاری کو حقیقت کی تلخی اور زہرنا کی پر افسوس کا موقع بھی فراہم کرتا ہے۔

وہ انسانی اقدار کے تحفظ کے لئے نہ تو چلا چلا کر احتجاج کرتا ہے اور نہ کسی کے خلاف بغاوت کا علم بلند کرتا ہے بلکہ اپنی تحریروں کے ذریعہ حد درجہ پر اثر خاموش احتجاج کرتا ہے۔اس

۱۔اردو ادب میں طنز و ظرافت، کلیم الدین احمد بحوالہ طنز و مزاح تاریخ و تنقید، طاہر تونسوی ص ۳۱

کی نظر معاشرتی اور تمدنی ناہمواریوں تک بہ آسانی جا پہنچتی ہے۔طنز نگار ناگوار معاشرتی تغیرات پر نکتہ چینی کر کے اپنے حق شناس ہونے کا ثبوت دیتا ہے۔

پروفیسر احتشام حسین لکھتے ہیں:

> ''جو چیز طنز کے سلسلے میں سب سے زیادہ غور طلب ہے وہ طنز اور حقیقت کا تعلق ہے۔حقیقت کا ادراک کئے بغیر طنز پیدا ہی نہیں کیا جا سکتا کیونکہ اگر کسی کے پاس حقیقت کا کوئی تصور نہیں ہے تو وہ کسی قسم کے توازن کی جستجو کر ہی نہیں سکتا''۔[۱]

پروفیسر احتشام حسین نے جو وضاحت کی ہے اس کی روشنی میں یہ بات سامنے آتی ہے کہ طنز نگار دراصل حقیقت نگار ہوتا ہے۔

وہ چبھتا ہوا اسلوب اختیار کرتا ہے اور جس کی چبھن دیر تک محسوس کی جاتی ہے سماجی برائیوں٬ معاشرے کے بے ڈھنگے پن٬ بدتمیزی و بداخلاقی کے مظاہرے پر ردعمل کا اظہار کرتا ہے۔

بعض نقادوں کا خیال ہے کہ طنز میں مزاح کی شمولیت ضروری ہے۔لیکن یہ کوئی ضروری نہیں دراصل مزاح کا استعمال طنز کی شدت کو قدرے لطیف کر دیتا ہے اور اس طرح تعریض کچھ حد تک گوارہ ہو جاتی ہیں۔

افراد اپنے خیالات اور اپنے عقائد کی بنیاد پر اپنے نظریات قائم کر لیتے ہیں۔ چاہے وہ نظریہ مذہب کے متعلق ہو یا سیاست کے متعلق۔ افراد کے نظریات ضروری نہیں کہ ہر کسی کے لئے قابلِ قبول ہوں۔ وہ چند ایک خامیوں کی وجہ سے قبولیت کے درجے تک نہیں پہنچ پاتے۔ ایسی صورت میں طنز معاشرے یا فرد کی اصلاح کا بہترین ذریعہ بن سکتا ہے۔

اس طرح کا اصلاحی پہلو اکبرالہ آبادی کے ہاں ملتا ہے۔ اکبؔر نے ہندوستانی معاشرے میں رونما ہونے والی ہر تبدیلی کے متعلق اپنے خیال کی بناء پر نظریہ قائم کر کے اس میں موجود خامیوں کو دور کرنے کی خاطر طنز کا سہارا لیا تھا۔

اُردو نثر میں بھی یوں تو طنز کی بے شمار مثالیں ملتی ہیں لیکن ڈپٹی نذیر احمد کی ناول ''ابن الوقت'' خاص اہمیت کی حامل ہے۔ اُنھوں نے ابن الوقت کی جدت پسندی اور طرز زندگی کو عیب کے ذیل میں لے کر اصلاح کی خاطر طنز کا سہارا لیا تھا۔ چند سطریں ملاحظہ ہوں:

> ''یہ مصیبت کس کے آگے روئیں کہ انگریزی عمل داری نے ہماری دولت، رسم و رواج، لباس، وضع قطع، طور، طریقۂ تجارت، علم و ہنر، عزت، شرافت سب چیزوں پر تو پانی پھیرا ہی تھا۔ ایک زبان تھی اب اس کا بھی یہ حال ہے کہ اِدھر انگریزوں نے عجز واقفیت کی وجہ سے اُکھڑی اُکھڑی غلط نا مربوط اُردو بولنی شروع کی، اِدھر ہر عیب کہ سلطاں بہ پسند ہنر است ہمارے ہی بھائی بند لگے اس کی تقلید کرنے۔ ایک صاحب کا ذکر ہے اچھی خاصی ریش و بروت آغاز جوانی میں ولائت گئے چار پانچ برس ولائت رہ کر آئے تو ایسی سٹی بھولے کہ انگریزی اُردو میں بہ ضرورت کبھی کبھی بات کرتے تو رُک رُک اور ٹھہر ٹھہر کر آنکھیں میچ میچ کر جیسے کوئی سوچ سوچ کر مغز سے اُتارتا ہو''۔[۱]

اچھا طنز وہی ہے جس کے ذریعہ جملہ عیوب کی مکمل اصلاح کی راہ نکل آئے۔ غلام احمد فرقت کاکوروی اس سلسلے میں لکھتے ہیں:

> ''Satire (طنز) کی اصلی جولان گاہ سماج یا سوسائٹی کی بُرائیوں، کمزوریوں اور حماقتوں کو مضحکہ خیز بنا کر پیش کرنا ہے، مگر اس میں تہذیب اور ادبیت کے دامن کو مضبوطی سے پکڑے رہنے کی ضرورت ہے''۔[۲]

۱۔ابن الوقت، ڈپٹی نذیر احمد، ص ۶

۲۔اُردو ادب میں طنز و ظرافت، غلام احمد فرقت، ص ۲۴

طنز میں ادبیت اور مقصدیت بھی ضروری ہے ورنہ وہ صحیح معنوں میں طنز کہلانے کا مستحق نہیں ہوتا اگر مقصدیت اور اصلاح کا پہلو نمایاں نہ ہوتو وہ طنز نہیں بلکہ محض دل کی بھڑاس بن کر رہ جائے گا۔ طنز نگار کا مقصد دراصل اِصلاح ہوتا ہے اور اصلاح کی خاطر وہ کڑوی حقیقتوں کا اظہار کرتا ہے۔ اس کا یہی انداز اولاً ناگوار گذرتا ہے لیکن بعد میں جب اس کا مقصد ظاہر ہوتا ہے تو وہ کڑواہٹ گوارا ہو جاتی ہے۔ یہاں ہمیں ڈاکٹر شوکت سبزواری کی رائے سے اتفاق کرنا پڑے گا:

> ''طنز کی ادب میں اہمیت اس کی مقصدیت کی وجہ سے ہے اور یہی مقصدیت ہے جس کی وجہ سے طنز کی تلخی گوارہ کر لی جاتی ہے''۔[۱]

طنز کے ساتھ مزاح کا ذکر ضرور آتا ہے۔ ایسا لگتا ہے جیسے طنز و مزاح ایک دوسرے کے لئے لازم و ملزوم ہیں۔ بغور دیکھے تو طنز ایک الگ پیرایۂ اظہار اور مزاح الگ اسلوب ہے۔ اس لحاظ سے دونوں کا طریقۂ کار جدا جدا ہے لیکن جب یہ دونوں یکجا ہو جاتے ہیں تو تحریر کا ایک دلکش اسلوب سامنے آتا ہے۔ اس حقیقت کو سمجھنے کے لئے ہمیں مزاح کے بارے میں تفصیل سے گفتگو کرنی ہوگی۔

۱۔ نئے اور پرانے چراغ، ڈاکٹر شوکت سبزواری، ص، ۳۶

مزاح

عام طور پر مزاح کے معنی ظرافت اور خوش دلی کے لئے جاتے ہیں۔

مزاح Humour ایک لاطینی لفظ ہے جس کے لغوی معنی رطوبت کے ہیں چونکہ مزاح انسان کے دل و دماغ کو شگفتگی عطا کرتا ہے ذہنی پراگندگی کو دور کرتا ہے، پژمردگی کو مسکراہٹ میں تبدیل کر دیتا ہے اس لئے یہ اصطلاح رائج ہوگئی۔

مزاح صحت مندی کی علامت ہے۔ جہاں اس کی کمی ہو وہاں اس کے محرکات ڈھونڈ نکالنا ضروری ہے۔ تا کہ علاج ممکن ہو سکے حسِ مزاح کا وصف یہ ہے کہ انسان کو حقائق کا احساس دلا کر شدید مایوسی سے بچائے جو اکثر و بیشتر اس کے خوابوں کی تکمیل نہ ہونے پر اس کا استقبال کرتی ہے اور اس سے بچ نکلنا بہت ہی مشکل امر ہے۔

انسان کی شخصیت میں موجود حسِ مزاح انسان کو زندہ رکھتی اور اسے اشرف المخلوقات بنائے رکھنے میں بڑی مددگار ثابت ہوتی ہے۔ کیونکہ ہنسنا یا مسکرانا یا ہنسی کے احساس کا راست تعلق انسانی ذہن، فہم و فراست سے ہے۔ اسی بنا پر انسان تمام مخلوقات میں اشرف اور افضل قرار پاتا ہے۔

یہی نہیں بلکہ اس حس کی موجودگی ایک مکمل شخصیت کے لئے ضروری بھی ہے یعنی اس کے بغیر انسان ادھورا کہلائے گا۔ لمحہ بھر کی ہنسی سینکڑوں، ہزاروں مصیبتوں کا واحد علاج ہے۔ اس سے نہ صرف وقتی تھکن دور ہوتی ہے بلکہ مستقبل قریب میں پیش آنے والے مصائب کا ڈٹ کر مقابلہ کرنے کی ہمت از سرِ نو پیدا ہو جاتی ہے۔ ایک ظریف انسان اتنا حساس بھی ہوتا ہے کہ اپنی ظرافت اور شعور کے سہارے ہنستے ہنساتے بڑی بڑی مشکلات کا سامنا بہ آسانی کر سکتا ہے۔

جب کوئی ادیب مزاح کو بطور موضوع قلم کی گرفت میں لیتا ہے تو راہِ زندگی کی

دل خوش کُن باتیں اس کی نوکِ قلم پر آجاتی ہیں اس کے یہاں تضحیک یا ہجو کی راہ گذر نہیں ہوتی بلکہ شائستہ مزاح اور سنجیدہ مذاق کے گل بوٹوں سے سجی شستہ ظرافت کی راہ داری ہوتی ہے۔

مزاح میں تعمیری پہلو ضروری ہے ورنہ وہ ہجو کی ذیل میں آجائے گا۔ مزاح کے فروغ میں اُردو ادب نے نمایاں کام انجام دیئے ہیں۔ مضامین اور خاکوں کے علاوہ ہمارے ناولوں میں بھی مزاحیہ عناصر کرداروں کی شکل میں موجود ہیں۔ یہ کردار عام انسانوں سے مختلف ہوتے ہیں۔ ایک عام انسان زندگی میں پیش آنے والی مشکلات اور سماج کی ناہموار رہ گذر سے سنبھل کر گزرتا ہے جب کہ مزاحیہ کردار بلاخوف وخطر بے شمار مضحکہ خیز واقعات سے دوچار ہوکر ہر دشوار گذار راستے پر چل پڑتا ہے۔ ''فسانۂ آزاد'' کے کردار خوجی کے نام کے ساتھ ہی ہمارے ذہن میں اس کی وہ تمام حرکات گھوم جاتی ہیں جو اِس سے جانے انجانے سرزد ہوتی رہتی ہیں۔ جہاں تک مزاحیہ کرداروں کی پیش کشی کا تعلق ہے ایک کامیاب مزاح نگار ایسے کردار کو اپنا نشانہ بناتا ہے جو ایک عام آدمی کی طرح بدلتے ہوئے حالات کے ساتھ خود کو ہم آہنگ نہیں کرسکتا۔ اس کردار کو قدم قدم پر انوکھے واقعات اور تجربات کا سامنا ہوتا ہے جو اس بات کی دلیل ہے کہ وہ کردار ماحول کی اچانک تبدیلی کے ساتھ خود کو ہم آہنگ نہیں کرسکا۔ اس سلسلے میں منشی سجاد حسین کے مشہور مزاحیہ کردار حاجی بغلول کا ذکر بھی نامناسب نہیں۔

ڈاکٹر وزیر آغا لکھتے ہیں:

> ''ہنسی اس فرد کا مذاق اُڑاتی ہے جو سوسائٹی کی سیدھی لکیر سے ذرا بھی بھٹکے اور اس غرض سے اُڑاتی ہے کہ وہ پھر اس لکیر میں شامل ہوجائے چنانچہ یہ بات ہنسنے والوں کے لئے باعثِ انبساط ہوتی ہے''۔[۱]

وہ آگے لکھتے ہیں:

> ''ہنسی ایک ایسا آلہ ہے جس کے ذریعہ سوسائٹی ہر اس فرد سے انتقام

۱۔ اُردو ادب میں طنز و مزاح، ڈاکٹر وزیر آغا ص ۲۵

لیتی ہے جو اس کے ضابطۂ حیات سے بچ نکلنے کی سعی کرتا ہے‘‘۔[۱]

ڈاکٹر وزیر آغا نے خالص مزاح کے متعلق اسٹفن لیکاک کی تعریف نقل کی ہے۔

’’مزاح کیا ہے؟ یہ زندگی کی ناہمواریوں کے اُس ہمدردانہ شعور کا نام ہے جس کا فنکارانہ اظہار ہو جائے‘‘۔[۲]

یعنی مزاح کا مقصد تعمیر ہوا کیونکہ ہر وہ فعل جس میں ہمدردی شامل ہو تعمیری ہوتا ہے۔ مزاح میں بغض، دشمنی اور کینہ پروری نہیں ہوتی۔ اس کی بنیاد تو فراخ دلی، کشادہ ذہنی اور ہمدردی جیسے اوصاف پر رکھی جاتی ہے کیونکہ تنگ نظری، تنگ ذہنی اور دشمنی کا جذبہ مزاح کو اس کے حقیقی معنوں سے بہت دور کر دیتا ہے۔

زندگی کی ناہموریوں کو ہموار بنانے میں خالص مزاح کے بجائے طنزیہ مزاح "Sataric Humour" بڑی حد تک کارگر ثابت ہوتا ہے۔ مزاح نگار سماج کے برے اخلاق، معاشرے کی ناپسندیدہ اقدار اور کمزور معیار کے خلاف صدائے احتجاج بلند کرتا ہے مزاح نگار سماجی اور سیاسی بوالعجبیوں پر اپنے ردعمل کا اظہار کرتا ہے جس کی بنا پر قوم یا ملک کی سیاسی اور سماجی تبدیلیوں کا پتہ چلتا ہے۔ اس سارے ردعمل میں ہمدردی کا پہلو موجود رہتا ہے۔ اعلیٰ درجے کا مزاح اسی وقت پیدا ہو سکتا ہے جب معاشرے کے افراد باشعور ہوں اور ان میں خود اپنی ذات پر ہنسنے کی ہمت ہو مزاح صرف دل لگی کا نام نہیں ہے بلکہ یہ اعلیٰ ذہنی اور تنقیدی صلاحیتوں اور اعلیٰ ذوق کا نتیجہ ہوتا ہے۔

۱۔ اُردو ادب میں طنز و مزاح، وزیر آغا، ص۔ ۲۵

۲۔ اُردو ادب میں طنز و مزاح، وزیر آغا، ص۔ ۴۷

طنز و مزاح میں فرق

طنز اور مزاح میں وہی فرق ہے جو سورج اور چاند میں ہے۔ کہنے کو تو دونوں ہی روشنی دیتے ہیں ایک میں دھوپ کی تمازت ہوتی ہے تو دوسرے میں چاندنی کی ٹھنڈک یہ ٹھنڈک جو لمحہ بھر کے لئے ہی سہی سارے وجود کو مطمئن کر دیتی ہے۔ اچھا مزاح جب جب پڑھا جائے دل کو تسکین بخشتا ہے۔ مزاح میں تلخیاں نہیں ہوتیں۔ مزاح بغض سے پاک ہوتا ہے۔ جب خوابوں کی چٹانوں پر حقائق کے تیشے پڑتے ہیں تو خوابوں کی وادی ریگستان میں تبدیل ہو جاتی ہے۔ ایسے میں مزاح بادِ نسیم کا کام کرتا اور تفریح طبع کی وجہ بن جاتا ہے۔

طنز ایک ایسا سچ ہے جو بڑی حد تک کڑوا ہوتا ہے۔ وہ بے خوف ہوتا ہے بے باکی اس کی شان ہے۔ بقول ڈاکٹر صادق:

> ''طنز نگار ایک ایسا شخص ہے جس نے اپنے بچے کا واٹر پستول چرا لیا ہو اور اس میں تیزاب بھر کر راہگیروں پر پھینک رہا ہو، اِس کی دانست میں یہ پانی کی ہولی ہے مگر جس پر تیزاب کے چھینٹے پڑتے ہیں وہ دیر تک اس کی جلن محسوس کرتا ہے''۔[۱]

آگے اُنھوں نے رونالڈ ناکس کا قول بھی نقل کیا ہے:

Humour is of an age, Satire is of all ages. Homour is of one particular civilization, satire is of all countries". [۲]

یعنی مزاح ایک دور سے متعلق ہوتا ہے جب کہ طنز سارے زمانے کو محیط کرتا ہے۔

۱۔ اُردو ادب میں طنز و مزاح آزادی کے بعد، ڈاکٹر ایس جے صادق ص ۱۳۶

۲۔ اُردو ادب میں طنز و مزاح آزادی کے بعد، ڈاکٹر ایس جے صادق ص ۱۳۶

مزاح ایک خاص تہذیب سے تعلق رکھتا ہے جب کہ طنز سارے عالم میں جلوہ گر ہے۔

طنز و مزاح کے فرق کی وضاحت کے لئے ڈاکٹر وزیر آغا لکھتے ہیں:

قبل از طعام طنز بعد از طعام مزاح، جب معدہ خالی ہو اور بھوک اپنے پورے جوبن پر ہو تو انسانی مزاج میں برہمی اور چڑ چڑاپن پیدا ہو جاتا ہے۔ حیاتین کی عارضی کمی ماحول کی طرف اس کے سارے ردِ عمل کو متاثر کرتی ہے اور وہ عام طور سے بدمزاجی، تخریب اور چڑ چڑے پن کا مرتکب ہوتا ہے۔ ایسے ہی اس کی ہنسی میں بھی نشتریت، تخریب اور نفرت کے عناصر کی آمیزش ہو جاتی ہے اور اس کے نتیجے میں طنز اور زہر خند کو تحریک ملتی ہے۔ دوسری طرف کھانے کے بعد انسانی ردِ عمل ایک نیا روپ اختیار کرتا ہے۔ سیرابی کے ساتھ ساتھ ماحول سے یگانگت بڑھ جاتی ہے، ایسے میں اگر ہنسی کو تحریک ملے تو اس میں مفاہمت، اُنس اور ہمدردی کے عناصر اُبھر آتے ہیں ...... جب معاشرہ بھوکا ہو تو اس میں طنز کو فروغ ملتا ہے اور تخریب، نشتریت اور برہمی کے عناصر اُبھر آتے ہیں۔ دوسری طرف فارغ البالی کے دور میں ماحول سے یگانگت اور اُنس بڑھ جاتا ہے اور اسی لئے خالص مزاح کا عروج نصیب ہوتا ہے"۔[۱]

بے شک معاشرہ اگر بھوکا ہو تو طنز ضرور ابھرے گا۔ نوبت دہشت گردی، اخلاقی گراوٹ، فساد اور کئی دوسرے جرائم سر اٹھانے لگتے ہیں ایسے میں طنز نگار کا قلم تیزی سے حرکت میں آجاتا ہے اور نفرت، تلخی اور برہمی جیسے عناصر ابھرتے ہیں جب کہ خوشحالی کے دور میں مزاح

۱۔ اردو ادب میں طنز و مزاح۔ از۔ ڈاکٹر وزیر آغا۔

کو پھلنے پھولنے کا موقع ملتا ہے یعنی جب وسائل کی فروانی ہوگی تو مسائل کے ابھرنے کا سوال ہی پیدا نہیں ہوتا اور جب مسائل نہ ہونگے تو ماحول اور زندگی کے خلاف آواز اٹھانے کی ضرورت پیش نہیں آئے گی۔

طنز میں فطری سچائی کا اظہار ہوتا ہے یہی وجہ ہے کہ طنز کے حامیوں کی تعداد کم ہوتی ہے۔ اس کے برخلاف مزاح ایک ایسی خواب آور Sugar Coated گولی ہے جو حلق سے اُترتے ہی انسان کو خوابوں کی حسین پُر فضا اور پُر سکون وادی میں لئے چلی جاتی ہے۔ یہاں اسے نہ تو نفرت کا احساس ہوتا ہے اور نہ ہی حسد کی جلن محسوس ہوتی ہے۔ وہاں تو بس خوش طبعی، ظرافت کے فواروں کی ٹھنڈک اور خوش گوئی کی ہواؤں کا لمس اسے اتنا پُر سکون بنا دیتا ہے کہ وہ (انسان) خود کو ماحول کی گہما گہمی اور بے ہنگمی سے بہت دور محسوس کرتا ہے۔ طنز اور مزاح حقیقت سے آشنا اور مقصدیت کے حامل ہوتے ہیں۔

پروفیسر احتشام حسین کے مطابق:

> ''ظرافت کا مقصد تفریح ہے اور طنز کا مقصد افراط وتفریط کی اصلاح ہے''۔[۱]

یعنی مزاح کا مقصد تفریح، خوشگوار ماحول اور فضاء ہموار کرنا ہے جب کہ طنز ماحول میں پھیلی ہوئی افراتفری کو ختم کرنا چاہتا ہے۔ تفریح یا خوشی اسی وقت ممکن ہے جب کہ افراط وتفریط کی اصلاح ہو جائے۔ اس طرح طنز اور مزاح دونوں ہی اپنے مقصد کے حصول میں کامیاب ہو جائیں گے۔

طنز سے مزاج اور ماحول مکدر ہو جاتا ہے جب کہ مزاح ماحول اور مزاج سے تناؤ دور کر کے شگفتگی کا ذریعہ بنتا ہے۔ اس سلسلے میں خواجہ عبدالغفور رقم طراز ہیں:

۱۔ تنقید اور عملی تنقید از پروفیسر احتشام حسین

’’طنز و مزاح میں بنیادی فرق یہی ہے کہ طنز ٹوٹے ہوئے تانے بانے
کو بکھیر دیتا ہے اور مزاح اسکو جوڑنے کے سعی و تدبیر کرتا ہے‘‘۔[۱]

خواجہ عبدالغفور کے خیال سے اتفاق کرتے ہوئے۔ طنز اور مزاح کے رشتے کا جائزہ لیا جائے تو بہتر ہوگا۔

۱۔ طنز و مزاح کا تنقیدی جائزہ، خواجہ عبدالغفور، صفحہ ۲۹، ۱۹۸۲ء

طنز اور مزاح کا رشتہ

طنز اور مزاح کا رشتہ بڑا گہرا اور اٹوٹ ہے۔ طنز کے بغیر مزاح اور مزاح کے بغیر طنز بے سود ہے۔ ایک دوسرے کے بغیر دونوں کی تکمیل نہیں ہوتی۔ طنز کا مقصد اصلاح ہے اور اس مقصد کی خاطر ناپسندیدہ شخصیت یا رسم و رواج پر ایسا وار کرنا جس سے اس کے ٹکڑے ٹکڑے ہو جائیں طنز کو زیب نہیں دیتا۔ اس مقصد کے حصول کی خاطر اس میں مزاح کا عنصر شامل کرنا بے حد ضروری ہے۔ خالص طنز یا خالص مزاح پائیدار نہیں ہوتا۔ تحریر میں طنز و مزاح کا امتزاج ضروری ہے ورنہ تحریر میں دلکشی ممکن نہیں ہوتی۔

گلِ لالہ اپنی خوبصورتی کے لئے بے حد مشہور ہے۔ لالہ کی سرخ پتیوں کا حسن درمیانی سیاہ حصے سے دوبالا ہو جاتا ہے۔ طنز اور مزاح کی مثال بھی ایسی ہی ہے، اگر خالص طنز ہو اور اس میں مزاح کی چاشنی نہ ہو تو اس میں مقصد کا اظہار بڑی حد تک واضح نہیں ہو پائے گا اور اس کی اہمیت کم ہو جائے گی۔ بہر حال طنز اور مزاح دونوں ہی اہمیت کے حامل ہیں اور دونوں ایک دوسرے کے لئے لازم و ملزوم۔

طنز کیلئے سنجیدگی ضروری ہے لیکن یہ سنجیدگی ایسی ہونی چاہیے کہ اس میں تھوڑی بہت خوش دلی بھی شامل ہو، تا کہ اس بات کا احساس نہ ہونے پائے کہ ہم نے سر پیٹ پیٹ کر غم و غصے کا اظہار کیا ہے۔ غالبؔ نے کہا تھا کہ:

کتنے شیریں ہیں تیرے لب کہ رقیب
گالیاں کھا کے بے مزہ نہ ہوا

بالکل اسی طرح تحریر میں بھی وہ شیرینی ہونی چاہیے جو گالیوں کی کڑواہٹ کو کم کردے تاکہ مقصد کے حصول میں آسانی ہو۔ مزاح کی شیرینی طنز کی تلخی کو گوارہ بنادیتی ہے۔ رشید احمد صدیقی لکھتے ہیں:

''ظرافت میں طنز مضمر ہوتا ہے''۔ا

اگر تحریر میں طنز وظرافت دونوں کا امتزاج نہ ہو تو تحریر سے نہ صرف دلکشی جاتی رہے گی بلکہ وہ تحریر اپنی مقصدیت کی حدوں سے بھی دور نظر آئے گی۔ جب تحریر میں طنز اور مزاح دونوں شامل رہتے ہیں۔ تو تحریر میں لچک اور لوچ پیدا ہوتی ہے۔ جس سے قاری نہ صرف راغب ہوتا ہے بلکہ حظ بھی اُٹھاتا ہے۔ مثلاً اگر کوئی مزاح نگار یہ لکھے کہ ہوشیار! اندر آدمی ہے بجائے اس کے کہ ہوشیار رہو اندر کتا ہے۔ پڑھنے میں تو یہ جملہ مزاحیہ لگے گا لیکن غور کرنے سے یہ بات صاف ظاہر ہوتی ہے کہ مزاح نگار نے اس بات پر بھرپور طنز کیا ہے کہ انسان اپنی انسانیت کھو کر درندہ بن گیا ہے۔

خالص مزاح اور شگفتگی سے ناہمواریوں کو کم کرنے میں تو مدد مل سکتی ہے لیکن کسی نئے نظریئے کے فروغ کے لیئے خالص مزاح کام نہیں آسکتا، گویا طنز اور مزاح دونوں ایک دوسرے کے لیئے لازم ہیں۔ طنز میں اگر مزاح شامل نہ ہو تو وہ لعن طعن کی ذیل میں آجائے گا گویا مزاح کے بغیر طنز کا تصور محال ہے یعنی اگر دونوں مل کر آئیں تو اس کا مقصد اصلاح ہوتا ہے۔

ا۔علیگڑھ میگزین ص ۲۴، سنہ اشاعت مارچ ۱۹۴۴ء

طنز و مزاح کے ابتدائی نقوش

ابتدائے آفرینش سے لیکر آج تک انسان کی شخصیت حسِ مزاح سے مزین رہی ہے۔ کئی ایسے ادیب و شاعر گزرے ہیں جنھوں نے اپنے عہد اور ماحول کی بھرپور نمائندگی کی ہے اور طنز و مزاح کے در پردہ کسی شخصیت یا عہد کے غیر متوازن سماجی اور ثقافتی رویوں کو ہدفِ تنقید بنا کر ادب کے تئیں اپنا فرض ادا کیا ہے۔ مثال کے طور پر ہم غالبؔ، اکبرالہ آبادی، پطرس بخاری، رشید احمد صدیقی، شوکت تھانوی اور ابن انشاء کی ادبی کاوشوں پر نظر ڈالیں تو یہ بات سامنے آتی ہے کہ ان میں سے ہر ایک کو اپنے عہد میں طنز و ظرافت کی راہ میں سنگِ میل کی حیثیت حاصل ہے۔ ان تمام طنز و مزاح نگاروں نے اُردو شاعری اور نثر نگاری میں مزاح کے ایک نئے رجحان کا اضافہ کیا ہے۔

اردو میں مزاح کے ابتدائی نقوش اس وقت ابھرتے ہوئے نظر آتے ہیں جب یہ زبان اپنی شناخت بنانے میں کامیاب ہو چکی تھی یہ اردو ادب کا ابتدائی دور یا دکنی کے عروج کا زمانہ تھا۔ اس دور سے قبل بھی ہمیں مزاح کے ہلکے یا مدھم سے نقوش امیر خسروؔ کی پہیلیوں میں ملتے ہیں۔ اسکے بعد دکنی داستانوں میں مزاحیہ کیفیات ملتی ہیں جن میں ''سب رس'' کا نام اول ہے۔

''سب رس'' میں مُلّا وجہیؔ نے کہیں کہیں مزاح سے کام لیا ہے اور قافیہ پیمائی کرتے ہوئے ایسے الفاظ بھی شامل کر لئے ہیں جو مزاح کی کیفیت پیدا کرتے ہیں۔ علاوہ ازیں اُنھوں نے مختلف دکنی محاوروں، قافیہ بندی اور ضرب المثال کے برجستہ استعمال سے بھی زیرِ لب تبسم پیدا کیا ہے۔ حالانکہ موضوع نہایت سنجیدہ ہے۔ یہ اقتباس ملاحظہ ہو:

''کرامت کتے سو عقل تمام، جو کچھ دنیا میں ہوا سو سب عقل کا کام،

عقل تے ہوا سب حلال ہور حرام، عقل تی پکڑیا فرق خاص ہور عام،
عقل تے رکھے ہر ایک کا نام نہیں تو کاں تھا صبح ہور شام، شیشہ ہور جام،
پستہ بادام، صیاد و دام، صاحب غلام یو کچھ عجب نقل ہے غرض جو کچھ ہے
سو عقل ہے"۔[۱]

یہاں صبح ہور شام، شیشہ ہور جام کے ساتھ پستہ ہور بادام کا استعمال تھوڑی سی مزاح کی کیفیت پیدا کرتا ہے حالانکہ یہ بھی لوازماتِ مئے نوشی کا ایک حصہ ہیں لیکن قافیہ بندی کی وجہ سے اس میں ایک لطف پیدا ہو گیا ہے۔

داستانوں میں مزاح کا عنصر بھی شامل ہوتا تھا تا کہ مہم جوئی، جنگ اور ہجرت کے مناظر سے جو ذہنی دباو پیدا ہو، اس میں کمی ہو جائے۔ چنانچہ داستان امیر حمزہ کے عیار اور خاص کر عمرو عیار کا کردار مہمات سر کرتا ہے بلکہ اپنی ہیت کذائی اور پر مزاح حرکتوں سے قاری کو ہنسانے میں کامیاب ہوتا ہے۔ غالباً یہیں سے بعد کے ڈرامہ نگاروں اور فلم کے کہانی کاروں نے تحریک حاصل کی۔ چنانچہ آغا حشر اور اس دور کے بیشتر ڈراما نگاروں کے ہاں ایک آدھ مزاحیہ کردار ضرور نظر آتا ہے۔ فلموں کی بھی یہی صورت حال ہے۔ تقریباً ہر فلم میں ایک آدھ کردار ایسا ضرور مل جاتا ہے جو ناظرین کو ہنسی کے فوارے چھوڑنے پر مجبور کر دیتا ہے۔

دکنی کی قدیم داستان قصہ مہر افروز و دلبر میں عیسوی خاں بہادر نے ایک موقع پر مزاح کی ہلکی سی جھلک پیدا کی ہے۔ موقع یوں ہے کہ ایک دیونی ایک وزیر زادے کو لے کر ایک باغ میں پہنچتی ہے۔ جس میں درخت ارنڈ، تھوہر، کریل جنڈ کے ہیں اور گلزار جس میں آگ، دھتوار، ہلہل کٹائی کے ہیں۔ یہاں پہنچ کر دیونی، بناؤ سنگھار کرتی ہے جس کا نقشہ یوں بیان کیا گیا ہے ملاحظہ کیجیے:

۱۔ سب رس، ملا وجہی مرتب ڈاکٹر قمر الہدی فریدی، ص ۷۵۔ ایجوکیشنل بک ہاوس علیگڑھ۔

''ہڈیوں کی حمایل گلے میں ڈالتی ہے اور پیاز کے گھٹے گلے سے باندھتی ہے۔ من دو ایک کوئلے پیس کر دانتوں سے لگاوتی ہے لہو کا ٹیکہ دیتی ہے۔۔ اور توے دس ایک کی کالونچھ آنکھوں سے لگاوتی ہے اور دو چار بک وبگلے مار کے کانوں سے لٹکا دیتی ہے تو صورت اس پلید کی ایسی ہے کہ جس کی کھال کے آگوں ہاتھی اور گینڈے کی کھال تو نازک ہے۔۔ ایک ایک پیٹ میں سلوٹ ایسی پڑتی ہے کہ تس میں کتے لوٹتے ہیں اور کتوں کے پلّے ہوتے ہیں ہے۔[۱]

درج بالا اقتباس میں دیونی کی بدصورتی اور مکروہ حلیے کا پر مزاح انداز میں ذکر کیا گیا ہے۔ آگے دیونی وزیر زادے سے کہتی ہے کہ۔

''سچ سنا ہے کہ آدمی بہت سخت ہوتا ہے اور بے وقوف اور بے مروت اے آدم زاد! تجھ سوائے اور کم بخت کوئی نہیں۔ دیکھ یہ ایسا باغ ہے کہ بہتیرے آرزو رکھتے ہیں کہ دیکھنے پاویں اور دیکھنے نہیں پاوتے۔ اور یہ ایسی کوہ اندامِ نازک وصاحبِ حسن دیو بچی ہے کہ جسے بہتیرے دیو آرزو میں مر گئے کہ یہ ہمیں قبول کرے لیکن اس نے کوں دیکھا بھی نہیں''۔[۲]

درج بالا اقتباس میں ''کوہ اندام'' کے ساتھ نازک وصاحبِ حسن دیو بچّی لکھ کر مزاح پیدا کرنے کی کوشش کی گئی ہے۔

انشاء اللہ خاں انشا کی تصنیف دریائے لطافت سنہ اشاعت ۱۸۰۸ بھی مزاح کے لحاظ سے اہم نقش ہے یہ اردو قواعد اور لغات کے موضوع پر لکھی جانے والی ابتدائی تصانیف میں سے

۱۔ قصہ مہر افروز و دلبر، مرتبہ مسعود حسین خاں صفحہ ۱۰۱، ۱۰۲

۲۔ قصہ مہر افروز و دلبر، مرتبہ مسعود حسین خاں صفحہ ۱۰۴، ۱۰۵

ہے۔ دریائے لطافت میں انھوں نے کئی گروہوں کے خطوں اور علاقوں کے لہجے مخصوص الفاظ میں محاوروں میں فرق بیان کیا ہے۔ دلی کے ایک میر صاحب اور وہاں کی طوائف کی ملاقات کے دوران گفتگو سے مزاح پیدا کیا گیا ہے جو ذیل میں درج ہے یہاں پر میر صاحب ہر" ر" اور "ل" کو "غ" بولتے ہیں۔ ملاحظہ فرمائیے:

اجی بی نوغن یہ بات کیا فغماتی ہو۔ تم تو اپنے جیو غے کی
(اجی بی نورن یہ بات کیا فرماتی ہو۔ تم تو اپنے جیوڑے کی)
چین ہو بغ کیا کہیں جب سے دغی چھوٹی ہے کچھ جی افسغدہ ہوگیا
(پر کیا کہیں جب سے دلی چھوٹی ہے کچھ جی افسردہ ہوگیا ہے)
اوغ شعغ پغھنے کو جو کہو تو اس میں بھی کچھ غطف نہیں غہا۔۔

ہوگیا ہے۔ اب غکھنئو کے جیسے چھوکغے ہیں ویسے ہی شاغغ ہیں لطف نہیں رہا۔۔۔شائع ہیں اور دغی میں بھی ایسا ہی کچھ چغچا ہے۔

(اور شعر پڑھنے کو جو کہو تو اس میں بھی کچھ لطف نہیں رہا۔۔۔۔ اب لکھنو کے جیسے چھوکرے ہیں ویسے ہی شاعر ہیں اور دلی میں بھی ایسا ہی کچھ چرچا ہے)۔[1]

طنز و مزاح کے ابتدائی نقوش کے سلسلے میں ہم غالبؔ کی نثر نگاری کو نظر انداز نہیں کر سکتے۔

رشید احمد صدیقی لکھتے ہیں:

"جہاں تک نثر اُردو کا تعلق ہے برجستہ اور بے تکلف ظرافت کے اولین نمونے ہم کو غالبؔ کے رقعات میں ملتے ہیں۔ طنز و ظرافت کی داغ بیل اُردو نثر میں غالبؔ نے ڈالی"۔[2]

۱۔ دریائے لطافت انشاء اللہ خاں انشاء سنہ اشاعت ۱۸۰۸ء

۲۔ طنزیات و مضحکات، رشید احمد صدیقی، ص ۸۳، ۱۹۷۳

غالبؔ نے مزاحیہ نثر نگاری کا باضابطہ آغاز اپنے خطوط کے ذریعہ کیا۔ ان کے اسلوب میں جامعیت، برجستگی اور شائستگی ایسے اوصاف ہیں جو طنز و مزاح کے لئے بنیادی شرائط کی حیثیت رکھتے ہیں، غالبؔ نے اپنی مزاحیہ نثر نگاری کے ذریعہ زندگی کی ان حقیقتوں کو ایک دائرے میں سمیٹنے کی کامیاب کوشش کی ہے جو ضابطہ حیات سے نظریں چرا کر گذر جانے کی کوشش کر رہی تھیں چنانچہ اُنھوں نے اپنے خطوط میں اپنے عہد کی بے بسی اور مجبوری اپنے دوست احباب اور رشتہ داروں کے دکھ درد اور خود اپنے دل کی گہرائیوں میں بسے ہوئے الم اور تکلیف کا اظہار مزاح کے پیرائے میں بڑے ہی اچھے انداز میں کیا ہے۔ ایک خط حاتم علی مہرؔ کو ان کی محبوبہ چنا جان کی تعزیت میں لکھا ہے۔

''آپ کا غم فزا نامہ پہنچا۔ یوسف علی خان عزیز کو پڑھوایا۔ اُنھوں نے جو میرے سامنے اس مرحومہ کا اور آپ کا معاملہ بیان کیا یعنی اس کی اطاعت اور تمہاری اس سے محبت، سخت ملال ہوا۔ سنو صاحب! شعراء میں فردوسی فقراء میں حسن بصری اور عشاق میں مجنوں یہ تین آدمی تین فن میں سدِ دفتر اور پیشوا ہیں۔ شاعر کا کمال ہے کہ فردوسی ہو جائے، فقیر کی انتہا یہ ہے کہ حسن بصری سے ٹکر کھائے۔ عاشق کی نمود یہ ہے کہ مجنوں کی ہمطرحی نصیب ہو۔ لیلیٰ اس کے سامنے مری تھی، تمہاری محبوبہ تمہارے سامنے مری بلکہ تم اس سے بڑھ کر ہوئے لیلیٰ اس کے گھر میں اور تمہاری محبوبہ تمہارے گھر میں مری، بھئی مغل بچے بھی غضب ہوتے ہیں جس پر مرتے ہیں اس کو مار کھاتے ہیں۔ میں بھی مغل بچہ ہوں عمر بھر ایک ستم پیشہ ڈومنی کو میں نے بھی مار رکھا ہے۔ خدا ان دونوں کو بخشے اور ہم تم دونوں کو بھی کہ زخمِ مرگِ دوست کھائے ہوئے

ہیں مغفرت کرے''۔[۱]

دیکھئے غالبؔ نے تعزیت نامہ کو اپنے مخصوص انداز سے کیسے پر مزاح بنا دیا۔ غالبؔ صرف بیان ہی نہیں کرتے بلکہ منظر کو نظر کے سامنے لا کر کھڑا کر دیتے ہیں اس طرح کی مثالیں ان کی تحریروں میں جگہ جگہ ملتی ہیں۔ شوخی و ظرافت کے ساتھ وہ متین اور سنجیدہ بھی نظر آتے ہیں لیکن تحریر کی انفرادیت باقی اور مسلم رہتی ہے۔

غالب کے خطوں میں ہمیں لطیف و پاکیزہ ظرافت کا رنگ دیکھنے کو ملتا ہے۔ ان کے ہاں بے تکلف اور برجستہ مزاح کے نمونے ملتے ہیں۔ حقیقت تو یہ ہے کہ غالبؔ نے جو حالات اپنے احساس کی آنکھوں سے دیکھے اور اور دل کی گہرائیوں سے اس کرب کو محسوس کیا اور پھر اس درد بھرے احساس کو مزاح کے خوشنما گل بوٹوں سے سجا کر پیش کیا ہے۔ پروفیسر آلِ احمد سرور لکھتے ہیں :

> ''غالبؔ کے خطوط میں ظرافت کی پاکیزگی اور نکھری مثالیں کثرت سے ملتی ہیں۔ تعزیت ہو یا دوستوں کے کلام کی اصلاح، آپ بیتی ہو یا جگ بیتی ، ادبی مسائل ہوں یا شاعرانہ شوخیاں ، دنیا جہاں روتی یا بسورتی ہے۔ غالبؔ وہاں مسکرا دیتے ہیں۔ وہ صرف دوسروں پر ہی نہیں اپنے پر بھی ہنس سکتے ہیں''۔[۲]

ہندوستانی معاشرے اور ہندوستانی ادب میں اکثر تبدیلیاں ۱۸۵۷ء کے بعد ہی رونما ہوئیں۔ مشہور اخبار اودھ پنچ بھی اسی سلسلے کی ایک کڑی ہے، اودھ پنچ کا زمانہ ۱۸۷۷ء سے ۱۹۱۷ء تک کا ہے۔ اس اخبار میں طنز و مزاح کی ذیل میں جتنی اقسام آتی ہیں وہ سب کی سب شامل تھیں۔ یہ اخبار منشی سجاد حسین نے جاری کیا تھا۔ اودھ پنچ کا اجرا لندن سے نکلنے والے

۱۔ یادگارِ غالب، مولانا الطاف حسین حالؔی

۲۔ تنقیدی اشارے، پروفیسر آلِ احمد سرور ص ۲۱، ۲۲

انگریزی اخبار دی پنچ کے نمونے پر ہوا تھا جس میں طنزیہ و مزاحیہ مضامین اور کارٹون چھپا کرتے تھے۔ منشی سجاد حسین نے بھی دی پنچ کی پیروی کرتے ہوئے اپنے اخبار کو طنز و مزاح کے لیئے مخصوص کر دیا۔

ڈاکٹر وزیر آغا لکھتے ہیں:

''اُردو صحافت میں اودھ پنچ کی اہمیت کی تین وجوہ ہیں پہلی تو یہ کہ اودھ پنچ نہ صرف اُردو کا پہلا مزاحیہ اخبار تھا بلکہ اس نے پہلی بار اُردو میں مغربی طنز و مزاح کے حربوں کو بھی استعمال کیا، دوسری یہ کہ سیاسی اور جنسی مسائل پر بھر پور طنز کا آغاز اودھ پنچ سے ہوا۔ تیسری یہ کہ وہ پہلا اخبار تھا جس نے کسی خاص واقعے کے متعلق اپنی رائے دینے یا کسی چیز کے مضحک پہلو کو نمایاں کر کے پیش کرنے یا محض حریف کو ذلیل کرنے کے لئے کارٹون کا استعمال بھی کیا''۔ [۱]

اودھ پنچ نے اپنے دور کی سیاست پر گہرا طنز کیا تھا۔ بقول پروفیسر سیدہ جعفر:

''اودھ پنچ کے شاعروں نے فرد کی کمزوریوں اور لغزشوں پر تنقید کر کے اسے خود آ گاہی کی طرف مائل کیا''۔ [۲]

اودھ پنچ نے ظرافت کا لبادہ اوڑھ کر ساری سچائی کہہ ڈالی۔ ایسی سچائی جس کے ذریعہ ہندوستانی عوام میں سیاسی شعور بیدار رہوا۔ اودھ پنچ نے اپنے زمانے کی سیاست اور معاشرت کے مسائل کو طنز و مزاح کی مدد سے واضح کیا اور ان مسائل پر شدید تنقید بھی کی۔ اودھ پنچ نے ہر اس قدم پر طنز کیا ہے جو اپنی روش سے ذرا بھی ڈگمگا گیا ہو۔ غرض اودھ پنچ نے سیاسی، سماجی، تہذیبی اور معاشرتی بے راہ روی اور بے اعتدالی کو موضوع بحث بنایا۔ اودھ پنچ کے ذریعہ ہندوستانی عوام

۱۔ اُردو ادب میں طنز و مزاح، وزیر آغا ص ۴۰۴

۲۔ نظم میں طنز و مزاح کے نئے رجحانات، سیدہ جعفر، مشمولہ طنز و مزاح کی تاریخ و تنقید طاہر تونسوی ص ۱۳۴

کے ذہنوں میں ایک نمایاں سیاسی شعور بیدار رہا۔ لوگ عیش و عشرت کی بھول بھلیوں میں کھوئے ہوئے تھے لیکن جیسے ہی انگریزی تہذیب اور زبان نے حاوی ہونا شروع کیا تب سوئے ہوئے ہندوستانی چونکے اور اُنھوں نے اس کی مخالفت کے مختلف حربے اختیار کئے، گویا اودھ پنچ نے طنز و مزاح کا سہارا لے کر سماجی شعور کے ساتھ اخلاقی اقدار کی پاسداری کا بھی درس دیا۔

رشید احمد صدیقی لکھتے ہیں:

''پنچ سیاسی طور پر ترقی پسند تھا اور سماجی حیثیت سے قدامت پسند''۔[۱]

یہی وجہ تھی کہ اودھ پنچ میں سرسید کی سماجی اصلاحوں کو اکثر و بیشتر طنز و مزاح کا نشانہ بنایا گیا تھا اور سیاسی طور پر سرسید کے نقطہ نظر پر اعتراض کیا گیا تھا۔ اودھ پنچ کے لکھنے والوں میں رتن ناتھ سرشار، سید محمد آزاد، منشی محفوظ علی کاکوروی، مرزا مچھو بیگ ستم ظریف، نواب فدا حسین خان، اکبرالہ آبادی، تربھون ناتھ ہجر، احمد علی شوق، منشی جوالہ پرشاد برق وغیرہ شامل ہیں۔

منشی سجاد حسین اودھ پنچ کے صرف مدیر ہی نہیں بلکہ خود بھی اس اخبار کے لیئے لکھا کرتے تھے ویسے اسے زمانے میں بلکہ دور حاضر سے کچھ پہلے تک بھی رسالوں اور اخباروں کے مدیران نہ صرف پڑھے لکھے اور بہترین انشا پرداز ہوتے تھے بلکہ زندگی سماج سیاست اور ادب کے بارے میں ان کی اپنی رائے بھی ہوا کرتی تھی۔ اور اپنے اخبار یا رسالے کے ذریعہ وہ اپنے نقطہ نظر کو اپنے قارئین کے سامنے پیش بھی کرتے تھے۔ اودھ پنچ سے قبل بھی اخبارات موجود تھے لیکن سجاد حسین وہ پہلی شخصیت ہے جس نے ہندوستان کے سیاسی، سماجی اور تہذیبی مسائل کو اپنے طنز اور مزاح کا موضوع بنایا اور کہا جائے تو غلط نہ ہوگا کہ اودھ پنچ کے طفیل ہی لوگ سیاسی معاملات میں دلچسپی لینے لگے اودھ پنچ سنہ ۱۸۷۷ء میں جاری ہوا جب کہ ۱۸۷۵ء میں سرسید نے M.A.O کالج کی بنیاد رکھی تھی ان کا ایک خاص مضمون ''موافقت زمانہ'' کے عنوان سے شائع ہوتا رہا۔ ہر اخبار کا مضمون اپنی جگہ مکمل ہوتا تھا جس میں سجاد حسین انگلستان اور ہندوستان

۱۔ طنزیات و مضحکات، رشید احمد صدیقی ص ۶۴

کے سیاسی رہنماؤں کا کچا چھٹا اپنے قارئین کے سامنے پیش کر دیتے تھے۔اس مضمون میں مزاحیہ اسلوب، لطیفے اور چٹکلے شامل کر کے اپنے مضمون کو بے حد دلچسپ بنا دیا کرتے تھے۔ علاوہ ازیں ''کھلے خط'' کے عنوان سے بھی وہ خطوط شائع کیا کرتے تھے جو ملکہ انگلستان وزیر آعظم انگلستان دیگر وزراء ہندوستان کے راجاؤں، نوابوں اور وائسراؤں کے نام ہوا کرتے تھے۔

اس اخبار کی مقبولیت کے بارے میں برج نارائن چکبست رقمطراز ہیں

''مٹی ہوئی حالت میں بھی اودھ پنچ کا نام بکتا تھا اور جب کوئی مضمون اسکے ایڈیٹر کے قلم سے نکلتا تھا تو اس کی دھوم ہو جاتی تھی''۔۱

بہرحال اودھ پنچ کے ذریعہ اردو صحافت میں طنز و مزاح کا آغاز ہوا۔ اردو میں طنز و مزاح کے ابتدائی نقوش کے اجمالی جائزے کے بعد ہم اصل موضوع یعنی مجتبیٰ حسین اور فنِ طنز و مزاح نگاری کی طرف چلتے ہیں۔

۱۔ برج نرائن چکبست، گلدستہ پنچ، دیباچہ ص ۱۴

حالاتِ زندگی

مجتبیٰ حسین ۱۵ ر جولائی ۱۹۳۶ء کو موجودہ ریاست کرناٹک کے ضلع گلبرگہ کی تحصیل چنچولی میں پیدا ہوئے۔ چنچولی میں مجتبیٰ حسین کا ننھیال ہے۔ تعلیمی صداقت ناموں میں مجتبیٰ حسین کی تاریخ پیدائش ۱۵ ر جولائی ۱۹۳۳ء درج ہے۔ عثمان آباد اِن کا آبائی وطن ہے۔ عثمان آباد سے دس یا پندرہ کیلومیٹر دور پرارلا اور راجوری نام کے دو قصبے ہیں وہاں ان کی اراضیات تھیں۔ عثمان آباد میں ان کا آبائی مکان آج بھی موجود ہے وہیں مجتبیٰ حسین کے والد نے پیشکار کی حیثیت سے ملازمت شروع کی تھی، یہ مہاراشٹرا کا علاقہ ہے لیکن ان کی ملازمت کا زیادہ عرصہ کرناٹک میں گزرا۔ خاص کر گلبرگہ میں، اس زمانے میں سابق ریاست حیدرآباد کے تین اہم صوبے تھے۔ ورنگل، گلبرگہ اور اورنگ آباد۔ مجتبیٰ حسین جب تین برس کے تھے تب ان کے والد مولوی احمد حسین دیورگی کی تحصیل میں ملازم تھے۔ مجتبیٰ حسین کے تمام بھائیوں کا زیادہ عرصہ گلبرگہ میں گزرا، وہیں اِن کی تعلیم بھی ہوئی۔ جہاں اِن کی بڑی جائیداد بھی تھی۔ والد صاحب نے مکان بھی بنوالیا تھا۔ مجتبیٰ حسین کے والد اپنے بچوں کو ہاسٹل میں رکھنے کے قائل تھے تاکہ سماجی زندگی میں رہنے کا تجربہ ہو۔

خاندان

اپنے خاندان کے متعلق مجتبیٰ حسین نے خود ہی لکھا ہے:

”ہمارے دادا جناب محمد حسین کے چار لڑکے تھے۔ محمد اسحاق، احمد

حسین، محمد غوث اور مظفر حسین۔ بیسویں صدی کے دوسرے دہے میں محمد اسحاق نے عثمان آباد میں وکالت شروع کی اور دیکھتے ہی دیکھتے اِن کا شمار نامی گرامی وکلاء میں ہونے لگا۔ اُنھوں نے زیادہ لمبی عمر نہیں پائی مگر اِن کا بنایا ہوا مکان اور جائیداد آج بھی عثمان آباد میں موجود ہے۔ والد صاحب مولوی احمد حسین برسوں بسلسلہ ملازمت گلبرگہ میں مقیم رہے جہاں وہ تحصیلدار کے عہدہ پر فائز تھے۔ خود تو انگریزی نہیں جانتے تھے لیکن انگریز افسران نے ان کے لیے ایک عالیشان مکان بھی بنایا تھا اور عثمان آباد کے قرب و جوار میں اراضیات بھی تھیں۔ مولوی احمد حسین کو شعر و ادب سے گہرا شغف تھا اور غالبؔ، ذوق، مومن اور دیگر اساتذہ کے سینکڑوں شعر اِنھیں زبانی یاد تھے۔ اِن کے پاس شعر وادب سے متعلق کتابوں کا خاصا ذخیرہ تھا۔ سر سید احمد خاں کی تحریک سے بھی وہ متاثر تھے۔ چنانچہ اُنھوں نے ابراہیم جلیسؔ کو اعلیٰ تعلیم کے لئے علی گڑھ روانہ کیا۔ ہمارے خاندان میں شعر وادب سے دلچسپی کا چلن ان ہی سے شروع ہوا جسے ہمارے بڑے بھائی محبوب حسین جگرؔ نے مستقل مصروفیت میں ڈھال لیا۔ لگ بھگ ۸۵ برس کی عمر میں ۱۹۷۴ء میں والد صاحب کا عثمان آباد میں انتقال ہوا۔ (مجتبیٰ حسین اور گلبرگہ)

مجتبیٰ حسین ۹ بھائیوں میں سے ایک ہیں، اِن کے بھائیوں کے نام محبوب حسین جگر، عابد حسین، ابراہیم جلیس، یوسف حسین، اقبال حسین، محمود حسین، خورشید حسین، سراج حسین اور ایک بہن صندلی بیگم۔

مجتبیٰ حسین کے دو بڑے بھائی محبوب حسین جگر اور ابراہیم جلیس بلند پایہ صحافی اور ادیب

گزرے ہیں۔ وہ اپنے بڑے بھائی محبوب حسین جگر کے متعلق لکھتے ہیں:

''اُردو مزاح نگاری کے میدان میں آج میں نے جو کچھ بھی حقیر سی کوشش کی ہے وہ ان ہی بزرگوں (محبوب حسین جگر، عابد علی خاں) کی رہنمائی اور تربیت کا نتیجہ ہے۔ اگرچہ کہ جگر صاحب میرے سب سے بڑے محتسب بھی تھے لیکن میری تحریروں سے سب سے زیادہ لطف اندوز بھی ہوتے تھے۔ اِن کے اظہار ستائش ان کے ایک اور بھائی ابراہیم جلیس بلند پایہ ادیب اور صحافی تھے۔ ان کے متعلق لکھتے ہیں:

''ابراہیم جلیس افسانہ نگار تھے مگر میرے لئے صرف افسانہ تھے۔ حالانکہ وہ میرے بڑے بھائی تھے، وہ پڑوسی ملک کے شہر کراچی میں رہتے تھے مگر لگتا تھا کہ وہ لاکھوں کروڑوں میل دور ہیں۔ ۲۰ سال کی عمر میں اِن کے افسانوں کا پہلا مجموعہ ''زرد چہرے'' شائع ہوا۔ ۱۹۴۸ء میں وہ زندگی کے ایک بڑے بحران سے گزرے اور ایک دن خاندان والوں کو پتہ چل گیا کہ وہ ہندوستان سے چلے گئے ہیں۔ پھر پتہ چلا کہ وہ لاہور میں کسی اخبار سے وابستہ ہو گئے ہیں۔ پھر چند ہی دنوں بعد اِن کا مشہور رپورتاژ ''دو ملک ایک کہانی'' چھپ کر آیا۔ وہ روزنامہ ''جنگ'' میں طنزیہ کالم لکھا کرتے تھے۔ اس کے بعد اُنھوں نے افسانہ نگاری سے کم و بیش کنارہ کشی اختیار کر لی اور ایک صحافی کی حیثیت سے شہرت کی نئی منزلیں طے کرنے لگے۔ وہ زندگی کے سفر میں رکنا اور پلٹ کر دیکھنا جانتے ہی نہ تھے۔ سفر مدام سفر یہی ان کا نصب العین تھا۔ پاکستان جا کر بھی اُنھوں نے عملی زندگی کے

بارے میں اپنا انداز نہیں بدلا۔ ہر دوسرے تیسرے سال وہ کوئی نئ ملازمت ڈھونڈ لیتے تھے۔ اخباروں میں طنزیہ کالم لکھے، فلمیں بنائیں، روزنامہ انجام کے ایڈیٹر بنے اور اپنا ذاتی اخبار ''عوامی عدالت'' نکالا۔ آخر وقت میں وہ روزنامہ ''مساوات'' کے ایڈیٹر بن گئے تھے۔ ۲۷/اکتوبر ۱۹۷۷ء کو جب کہ جلیس صاحب کو اِس دنیا سے رخصت ہوئے پورے ۲۷ گھنٹے بیت چکے تھے اور اِن کا جسدِ خاکی منوں مٹی کے بوجھ تلے دب چکا تھا، مجھے ٹائمس آف انڈیا کی خبر سے پتہ چلا کہ ارضِ دکن کے باغی ادیب نے سندھ کی وادی میں اپنا پڑاو ڈال دیا ہے''۔[۱]

شادی:

مجتبیٰ حسین کی شادی ۱۱/نمبر ۱۹۵۶ء کو چچازاد بہن ناصرہ رئیس کے ساتھ ہوئی۔

اولاد:

مجتبیٰ حسین کے دو لڑکے دو لڑکیاں ہیں۔

تعلیم:

مجتبیٰ حسین کی ابتدائی تعلیم گھر پر ہی ہوئی اور راست طور پر چوتھی جماعت میں گلبرگہ کے تحتانیہ مدرسہ آصف گنج میں داخلہ دلوایا گیا۔ سابق ریاست حیدرآباد کے خاتمے یعنی پولیس ایکشن کے وقت وہ آٹھویں جماعت میں زیرِ تعلیم تھے اور گلبرگہ کے ایک ہاسٹل میں مقیم تھے۔ اسی زمانے میں ان کی تعلیم منقطع ہوگئی تھی۔ اس دوران وہ راجوری میں رہے اور کھیتی باڑی کے کاموں میں دلچسپی لیتے رہے۔ اس کا بھی انھیں اچھا تجربہ حاصل ہوا۔

۱۔ ابراہیم جلیس مشمولہ مجتبیٰ حسین اور گلبرگہ مرتب احسان اللہ احمد، ص ۱۱۰، ۱۱۴، ۱۱۵

اس کے بعد علیگڑھ میں میٹرک کا امتحان لکھنے کی کوشش کی اور حیدر آباد میں ایم۔اے۔او انسٹی ٹیوٹ جو پیلیس ٹاکیز کے قریب واقع تھا، اِس میں اُنھوں نے داخلہ لے لیا اور علیگڑھ جا کر بڑی ہی بے دلی سے دو پرچے بھی لکھے۔ وہ دور ہی ذہنی پراگندگی اور مایوسی کا دور تھا۔ اسی مایوسی کا شکار مجتبیٰ حسین اور ان کے کچھ ساتھی ملکر دِلّی کی سیر کے لئے نکل گئے۔ پھر مجتبیٰ حسین نے کافی غور کیا اور سنجیدگی سے اپنے مستقبل کے متعلق سوچا اور تہیہ کرلیا کہ مجھے آگے تعلیم حاصل کرنا ہے۔ کیونکہ ان کے دونوں بڑے بھائی محبوب حسین جگر اور ابراہیم جلیس ادبی اور صحافتی دنیا میں کافی مشہور ہو چکے تھے اور وہ خود بھی اپنے بھائیوں کی طرح کامیاب انسان بننا چاہتے تھے۔ یہ مجتبیٰ حسین کی زندگی کا بڑا ہی اہم موڑ تھا۔ اگر اُنھوں نے تعلیم کو آگے بڑھانے کا فیصلہ نہ کیا ہوتا تو شائد کھیتی باڑی میں ہی مشغول رہتے۔ جب اُنھوں نے اپنی اِس خواہش کا اظہار اپنے ماموں زاد بھائی عبدالرشید صاحب سے کیا جو اُن دنوں تانڈور کے اسکول میں ٹیچر تھے تو اُنھوں نے اسکول کے ہیڈ ماسٹر جناب گنیش پرشاد شیو نارائن رائے سے مجتبیٰ حسین کی ملاقات کروائی، وہ کائستھ تھے اور حیدر آباد کے علمی گھرانے سے اُن کا تعلق تھا، وہ بڑے ہی وضعدار آدمی تھے۔ بقول مجتبیٰ حسین:

> ''گنیش پرشاد صاحب کا میری زندگی پر بہت بڑا احسان ہے، جو میں کبھی فراموش نہیں کرسکتا''۔

وہاں مجتبیٰ حسین کا امتحان لیا گیا۔ ہیڈ ماسٹر صاحب نے اِن کے طرز تحریر اور معلومات کو بہت سراہا کیونکہ مجتبیٰ حسین کا مطالعہ کافی وسیع تھا، تعلیم کے منقطع ہونے کے بعد اُنھوں نے روسی ادب خاص کر چیخوف کے افسانے اور گورکی کے ناول پڑھ رکھے تھے۔ اس کے علاوہ کرشن چندر کے افسانے بھی وہ پڑھ چکے تھے۔ اس طرح مجتبیٰ حسین کو دسویں جماعت میں گنیش پرشاد صاحب نے اپنے طور پر داخلہ دے دیا۔ (شائد اس وقت ہیڈ ماسٹر کو یہ اختیار حاصل تھا) امتحان ہوا اور حیدر آباد کا آل سینٹس اسکول امتحانی مرکز بنا۔ مجتبیٰ حسین نے تمام مضامین میں اچھے نمبرات کے ساتھ نمایاں کامیابی حاصل کی، ریاضی میں وہ ابتداء ہی سے کمزور تھے اور ریاضی میں کامیابی

کے لئے صرف پچیس نمبر درکار تھے اور اِنھیں صرف پچیس نمبر ہی حاصل ہوئے۔

اِس کے بعد اُنھوں نے گلبر گہ انٹر میڈیٹ کالج میں داخلہ لیا تو اِن پر علم کا راستہ دوبارہ کھلا اور وہاں کے استادوں کا اثر بھی اِن کی زندگی پر رہا۔ عبدالمنان صاحب فارسی کے استاد تھے مگر اُردو پڑھاتے تھے۔ وہ بڑے ہی مخلص آدمی تھے اور طالب علموں میں اُردو کا ذوق بڑھاتے تھے۔ جب گلبر گہ انٹر میڈیٹ کالج میں دوبارہ ان کی تعلیم شروع ہوئی تو وہ بہت ہی بنیادی اور اہم موڑ تھا۔ اس سے پہلے مجتبیٰ حسین مایوسی کی زندگی گزار رہے تھے۔ ۱۹۵۳ء میں انٹر میڈیٹ کا امتحان کامیاب کیا اور فوراً ہی گریجویشن کی تکمیل کے لئے حیدرآباد آگئے اور آرٹس کالج عثمانیہ یونیورسٹی میں داخلہ لے لیا اور ۱۹۵۶ء میں بی۔ اے پاس کیا۔ بی اے کے دوران وہ گلبر گہ کاٹیج کاچی گوڑہ حیدرآباد میں مقیم تھے اور وہاں جو بھی مقیم تھے سب علم دوست تھے۔ بائیں بازو کی تحریکیں جو مخدوم محی الدین اور راج بہادر گوڑ نے شروع کی تھیں، ان سے وہ سب ہی متاثر تھے۔ گلبر گہ کاٹیج ایک بہت ہی اہم ادارہ تھا وہاں تیس یا پینتیس طلباء رہتے تھے۔ مجتبیٰ حسین کے مطابق:

> ''مخدوم محی الدین ہمیشہ میرے آئیڈیل رہے، اِن ہی کی وجہ سے ہمارے گھر میں بائیں بازو کے اثرات آئے۔ چنانچہ مخدوم پر پہلا مضمون جگرؔ صاحب نے ہی لکھا جو نیاز فتح پوری کے رسالے نگار میں چھپا۔ ہمارے خاندان پر مخدوم کا اثر گہرا رہا، اِن سے ہماری بڑی بے تکلفی تھی''۔

ادبی سرگرمیاں

مجتبیٰ حسین ابتداء ہی سے زائد از نصاب سرگرمیوں میں حصہ لیتے رہے۔ ۱۹۵۳ء میں جب وہ گلبر گہ انٹر میڈیٹ کالج میں زیر تعلیم تھے، تب وہ کالج کی بزم اُردو کے سکریٹری منتخب

ہوئے اور اُنھوں نے ۱۹۵۳ء میں گلبرگہ میں ایک تاریخی مشاعرہ منعقد کیا جس میں کیفی اعظمی، مجروح سلطان پوری، جگن ناتھ آزاد، سلیمان اریب، شاہد صدیقی اور دوسرے اہم شعراء نے شرکت کی تھی۔ اس مشاعرہ کی صدارت جگن ناتھ آزاد نے کی تھی۔ اس دور میں مجتبیٰ حسین ایک گلوکار اور اداکار کی حیثیت سے جانے جاتے تھے۔ اس کے متعلق وہ خود ایک جگہ لکھتے ہیں:

''اُن دنوں، میں گلبرگہ انٹرمیڈیٹ کالج کا طالب علم تھا اور عمر کے تقاضوں سے مجبور ہو کر ڈراموں میں بڑھ چڑھ کر حصہ لیا کرتا تھا۔ کالج میں کئی ڈرامے کھیلے اور اپنی اداکاری کا وہ منوایا جسے لوہا کہتے ہیں .... جب خواجہ احمد عباس کا ڈرامہ ''یہ امرت ہے'' اسٹیج کیا گیا تو میں نے اُس میں ایک مزدور کا کردار ادا کیا، جو ڈرامے کا سب سے اہم اور کلیدی کردار تھا۔ اب اپنے منہ سے اپنی تعریف کیا کروں، یہ کردار میں نے اُس خوبی سے ادا کیا کہ سارا پنڈال تالیوں سے گونج اُٹھا (یہ تالیاں اب بھی مجھے کبھی تنہائی میں صاف سنائی دیتی ہیں) اس وقت کی محبوب شاہی ملز کے مالک نے میری اداکاری سے متاثر ہو کر یا پھر میرے کردار سے گھبرا کر ایک سو روپئے نقد انعام دینے کا اعلان کیا تھا''۔[۱]

ایک ملاقات کے دوران مجتبیٰ حسین نے بتایا کہ گلبرگہ انٹرمیڈیٹ کالج میں فارسی کے استاد عبدالمنان صاحب نے تحریری مقابلہ کے لئے ایک عنوان دیا تھا جو علامہ اقبالؔ کے شعر کا ایک مصرعہ تھا:

''اپنی دنیا آپ پیدا کر اگر زندوں میں ہے''

مجتبیٰ حسین نے اُس عنوان پر مضمون لکھا۔ تیسرے دن عبدالمنان صاحب جماعت میں

۱۔ سلیمان خطیب مشمولہ مجتبیٰ اور گلبرگہ، مرتب احسان اللہ احمد ص ۱۲۴، ۱۲۵

آئے اور پوچھا کہ مجتبیٰ حسین کون ہیں۔ پھر اُنھوں نے مضمون پر اپنی رائے لکھ دی:

''آپ کا طرزِ تحریر کنہیا لال کپور سے ملتا جلتا ہے، آپ میں طنز کرنے کی بڑی اچھی صلاحیت ہے، اگر آپ اپنی کوششیں جاری رکھیں تو آگے بہت نام کما سکتے ہیں''۔

مجتبیٰ حسین جب آرٹس کالج عثمانیہ یونیورسٹی میں زیر تعلیم تھے تو بزم ادب کے انتخابات میں جنرل سکریٹری منتخب ہوئے۔ ڈاکٹر وحید اختر لکھتے ہیں:

''یہ شخص جس کے ہاتھوں مجھے یونیورسٹی کے کسی الیکشن میں پہلی بار شکست ہوئی، مجتبیٰ حسین تھا''۔ ا

گریجویشن (بی۔اے) کی تکمیل کے بعد مجتبیٰ حسین نے پبلک ایڈمنسٹریشن میں ڈپلوما کورس کیا اور حصول تعلیم کا سلسلہ منقطع کر دیا۔ لیکن ادبی، تہذیبی اور ثقافتی سرگرمیوں سے وابستہ رہے۔ ۱۹۶۶ء میں اُنھوں نے ہندوستان کے مشہور اور کامیاب مزاح نگاروں کو ایک شامیانے تلے جمع کیا۔ اِس طرح زندہ دلان حیدر آباد کا آغاز ہوا۔ ۱۳، ۱۴ اور ۱۵ مئی ۱۹۶۶ء کو حیدر آباد میں ایک کل ہند کانفرنس منعقد ہوئی۔ مجتبیٰ حسین اس کے سکریٹری تھے اور کانفرنس کی صدارت ممتاز افسانہ نگار کرشن چندر نے کی تھی۔ مخدوم محی الدین نے اس کا افتتاح انجام دیا تھا۔ مجتبیٰ حسین نے بڑے ہی منظم طریقے پر کانفرنس منعقد کی تھی۔ اس کے بعد وہ سات برس تک زندہ دلان حیدر آباد کے سکریٹری برقرار رہے۔

مجتبیٰ حسین کو جب ملازمت کے سلسلے میں دہلی میں قیام کرنا پڑا تو اُس دور میں بھی اُنھوں نے اپنی یہ سرگرمیاں جاری رکھیں۔ مجتبیٰ حسین کے مطابق:

دہلی پہنچنے کے تین ماہ بعد ہی میں نے مسز سبھدرا جوشی کے رسالے

ا۔ شگوفہ کا مجتبیٰ حسین نمبر ص ۴۷

''سیکولر ڈیموکریسی'' کے کارکنوں کو توجہ دلائی کہ وہ ہولی کے موقع پر ایک کل ہند مزاحیہ مشاعرہ منعقد کریں، میری بات مان لی گئی اور حیدرآباد سے کئی زندہ دل اور گلبرگہ سے سلیمان خطیب دہلی پہونچے۔ لال قلعہ کے سامنے یہ مشاعرہ تھا۔ ہزاروں سامعین موجود تھے جن میں مرکزی حکومت کے کئی وزراء شامل تھے۔ دہلی میں یہ اپنی نوعیت کا پہلا مشاعرہ تھا''۔ ۱

زندہ دلان حیدرآباد کی پہلی کانفرنس کے بعد ہندی والوں نے بھی اِس طرح کی محفلیں منعقد کیں اور مجتبیٰ حسین اُن محفلوں میں مدعو کئے جانے لگے۔ خواجہ عبدالغفور صاحب جو چیف سکریٹری مہاراشٹرا اسٹیٹ تھے، جنھیں مجتبیٰ حسین اپنا کرم فرما مانتے تھے۔ اُنھوں نے بھی اِس طرح کے کئی جلسے منعقد کئے اور اِن جلسوں میں مجتبیٰ حسین برابر مدعو رہتے تھے۔ اِس طرح حالات بنتے گئے اور مجتبیٰ حسین نے فنِ مزاح نگاری میں اپنی پہچان بنائی۔ جب مجتبیٰ حسین کے مضامین کا پہلا مجموعہ ''تکلف برطرف'' چھپا تو کنہیا لال کپور نے لکھا کہ:

''تمہاری تحریر میں اتنی تازگی ہے کہ تمہارے بعد یہ روایت اچھے طریقے سے چلتی رہے گی''۔

سینئر مزاح نگار غلام احمد فرقت کاکوروی نے ایک جگہ لکھا کہ:

''ہماری بڑی خیریت یہ ہوئی کہ ہم مجتبیٰ حسین سے پہلے پیدا ہوئے، اگر اِن کے ساتھ پیدا ہو گئے ہوتے تو ہمیں کون پوچھتا تھا''۔ ۲

مجتبیٰ حسین نے گفتگو کے دوران بتایا کہ میری زندگی میں کرشن چندر کا بڑا رول ہے۔ اپنی شہرت کا ذمہ دار وہ ہندی والوں کو مانتے ہیں۔ اُنھوں نے ذکر کیا کہ ۱۹۶۸ء میں خواجہ عبدالغفور

۱۔ سلیمان خطیب، مشمولہ مجتبیٰ حسین اور گلبرگہ ص ۱۲۶

۲۔ مجتبیٰ حسین سے شخصی ملاقات بتاریخ ۱۴، اکٹوبر ۲۰۱۰ء

صاحب نے سر سنگار سنسد کے جلسہ میں شرکت کے لئے مدعو کیا تھا، وہاں پرتھوی راج کپور اِس جلسے کی صدارت کررہے تھے جو بمبئی کے رنگ بھون میں منعقد کیا گیا تھا۔ مجتبیٰ حسین نے بمبئی میں کرشن چندر کے یہاں قیام کیا وہ جلسے سے ایک دن پہلے ہی بمبئی پہنچ گئے تھے۔ اُنھوں نے وہاں کے اخبار ''مڈڈے'' میں خبر پڑھی کہ ریل منتری نے عام مسافر کی طرح سفر کیا ہے۔ اسی کو موضوع بنا کر اُنھوں نے ایک مضمون لکھا ''ریل منتری مسافر بن گئے'' اور دوسرے دن جلسہ میں سنا دیا۔ وہاں ریل منتری بھی موجود تھے۔ سارے مزاح نگاروں کو شہ نشین کے نیچے بٹھایا گیا تھا۔ جب مجتبیٰ حسین مضمون پڑھ کر نیچے اپنی نشست پر آئے تو اُنھوں نے دیکھا کہ پرتھوی راج کپور بڑی مشکل سے قدم بڑھاتے ہوئے نیچے اُترے اور وہ ہار جو انھیں پہنایا گیا تھا مجتبیٰ حسین کے گلے میں ڈال دیا اور کہا کہ ''بیٹے جیتے رہو آج تم نے سماں باندھ دیا''۔ مجتبیٰ حسین کے مطابق ایسی داد انھیں پھر کبھی نہیں ملی۔

اس جلسہ میں ہندی کے صحافی کنہیالال نندن بھی موجود تھے۔ اُنھوں نے مجتبیٰ حسین کے متعلق مشہور ہندی میگزین ''دھرم یگ'' کے ایڈیٹر دھرم ویر بھارتی کو بتایا۔ دھرم ویر بھارتی کے تعلق سے مشہور تھا کہ وہ ہندوستان کے سب سے بڑے صحافی ہیں۔ کٹر ہندی والے یعنی وہ سوائے ہندی کے دوسری کسی زبان کی تائید نہیں کرتے۔ وہ ایک مزاحیہ کالم لکھواتے تھے ''بیٹھے ٹھالے'' جو ہر ہفتہ چھپتا تھا۔ اُنھوں نے مجتبیٰ حسین سے درخواست کی کہ وہ ''بیٹھے ٹھالے'' کے لئے لکھیں۔ کرشن چندر اور دھرم ویر بھارتی میں اُردو ہندی مسئلہ پر نا اتفاقی تھی۔ پھر بھی کرشن چندر نے مجتبیٰ حسین سے کہا کہ تم اِس میگزین کے لئے ضرور لکھو کیونکہ لوگ اِس میں چھپنے کے لئے ترستے ہیں اور معاوضہ بھی زیادہ ملے گا۔ اِس طرح ''دھرم یگ'' میں چھپنے کی وجہ سے مجتبیٰ حسین کو ملک گیر شہرت حاصل ہوئی۔

اِس کے علاوہ ''بھارتیہ سمکالین ساہتیہ'' ہندی میں ساہتیہ اکیڈیمی کی جانب سے شائع ہوتا تھا، اِس میں مجتبیٰ حسین کے دوست گردھر راٹھی تھے۔

مجتبیٰ حسین نے دورانِ گفتگو کہا کہ:

''ہندی کے لوگوں نے مجھے بہت حوصلہ دیا۔ اِس میں دو آرا نہیں ہوسکتیں، اور اگر میں اِس بات کا اعتراف نہ کروں تو یہ بھی بڑی زیادتی ہوگی''۔

بعد میں سمکالین ساہتیہ میں اُنھوں نے خاکوں کا ایک سلسلہ شروع کیا اور ثابت کیا کہ ایسے خاکے جو اُردو میں لکھے گئے، ہندی میں کسی نے نہیں لکھے۔ خشونت سنگھ نے بھی ایک موقع پر کہا تھا کہ خاکے کیلئے لوگ چاہتے تھے کہ ہم مریں اور مجتبیٰ حسین ہم پر خاکہ لکھے۔ ہندی والوں نے مجتبیٰ حسین کو اتنا سراہا کہ لوگ اِنھیں اُردو کا نہیں بلکہ ہندی کا ادیب سمجھتے تھے جب تک وہ دِلّی میں رہے ٹیلی ویژن کے ہندی پروگراموں میں تقریباً ہمیشہ ہی مدعو رہے۔

مجتبیٰ حسین کو پہلا انعام اڑیا کی تنظیم نے دیا تھا اُڑیا کے مشہور ادیب فتور آنند طنز و مزاح کا رسالہ ''ڈگرو'' نکالتے تھے۔ اِس میں وہ دھرم یگ سے مختلف ادیبوں کی تخلیقات ترجمہ کر کے چھاپتے تھے۔ اُنھوں نے مجتبیٰ حسین کے ترجمہ شدہ مضامین کا مجموعہ نکالا اور کٹک میں اُن کا سہ روزہ جشن منایا۔ جشن کے دوران مجتبیٰ حسین کی لکھی ہوئی کہانیوں کو تمثیلی رنگ میں اسٹیج کیا۔ دو دن تک یہ ڈرامے عوام کے سامنے پیش ہوتے رہے۔ اِسی جشن میں کٹک کی سرس ساہتیہ سمیتی نے مجتبیٰ حسین کو ''ہاسیہ رتن'' کا ایوارڈ عطاء کیا۔

ان کا سفرنامہ جاپان چلو جاپان چلو ہندی رسالے ''ساریکا'' میں چھپا۔ پھر ہندی سے ملک کی کئی زبانوں جیسے کنڑ، بنگلہ وغیرہ میں چھپا۔ اِس کے بعد مجتبیٰ حسین نے بیرون ملک سفر بھی کیئے۔ گفتگو کے دوران مجتبیٰ حسین نے بتایا کہ دوستوں کی چاہت اور اوپر والے کی مہربانی ہمیشہ ان پر رہی۔ چنانچہ ان کے دوستوں نے مختلف ممالک میں ان کا جشن منایا۔ چند ایک کا ذکر دورانِ گفتگو اُنھوں نے کیا۔ لندن میں ۱۹۸۴ء ایک دوست نقی تنویر نے اُردو مجلس لندن کی دعوت پر بلایا۔ اس کے بعد ۱۹۸۹ء میں پہلی ہند۔ پاک کانفرنس خواجہ حمیدالدین شاہد نے رکھی تھی۔

مجتبیٰ حسین کے مطابق:

> ''میں نے ساری زندگی دوستوں کے ساتھ گذاری اور دوستوں کے لیے گذارتا ہوں گا۔ میری زندگی پر دوستوں کا بڑا کرم ہے۔ جیسے حسن چشتی نے کتابیں مرتب کر کے چھپوائیں۔''

ملازمت:

مجتبیٰ حسین کی پہلی ملازمت جس کا ذکر کہیں بھی نہیں ملتا۔ اُس کے متعلق اُنھوں نے دورانِ گفتگو بتایا کہ اُنھوں نے بہت ہی کم عرصہ کے لئے بورڈ آف ریونیو میں ملازمت کی تھی۔ سری کرشن سنہا جو بورڈ آف ریونیو کے سکریٹری تھے اور جگر صاحب کے ہم جماعت رہ چکے تھے اُنھوں نے یہ ملازمت دی تھی اور چوں کہ مجتبیٰ حسین کا مزاج کلرکی کا نہیں تھا، یہی وجہ ہے کہ اُنھوں نے صرف چار مہینے ہی وہاں ملازمت کی اور بی۔ اے پاس کرنے کے بعد ۱۹۵۶ء میں بحیثیت صحافی روزنامہ سیاست سے وابستہ ہو گئے۔ اپنی اِس ملازمت کے متعلق اُنھوں نے ایک جگہ لکھا ہے کہ:

> ''۱۹۵۶ء میں میرا تقرر بحیثیت سب ایڈیٹر ہوا اور میری تنخواہ ۱۵۰ روپئے مقرر ہوئی۔ ۱۹۶۲ء تک میں نے بحیثیت صحافی کام کیا۔ یہ اور بات ہے کہ ۱۹۵۷ء میں جناب عابد علی خاں صاحب نے ''انتخاب پریس'' قائم کیا تو مجھے اِس کا انچارج بنا دیا گیا''۔[۱]

مجتبیٰ حسین نے اپنی مزاح نگاری کا آغاز بھی روزنامہ سیاست کی ملازمت کے دوران ہی کیا۔ جب سیاست کے مزاحیہ کالم نگار شاہد صدیقی جو کوہ کن کے فرضی نام سے لکھتے تھے، چل بسے تو کئی لوگوں نے سیاست کا مشہور کالم شیشہ و تیشہ لکھا جن میں علامہ حیرت بدایونی، جیلانی بانو،

۱۔ مجتبیٰ حسین اور گلبرگہ، مرتب احسان اللہ احمد، ص ۴۵، ۴۶

وحید اختر اور دوسرے کئی ادیبوں کے نام ملتے ہیں۔ آخر کار جگر صاحب کے ایک دوست احمد رضا قادری جو سیاست میں کام بھی کرتے تھے اُنھوں نے جگر صاحب سے کہا کہ تمہارا بھائی مجتبیٰ حسین روزانہ اورینٹ ہوٹل میں بڑی خوش گپیوں میں مصروف رہتا ہے وہ اس کالم کے لئے موزوں ہوگا۔ مجتبیٰ حسین نے کہا کہ:

''عثمانیہ یونیورسٹی سے نکلنے کے بعد ہم نے اعلیٰ تعلیم حاصل کرنے کیلئے اورینٹ ہوٹل میں داخلہ لے لیا تھا''۔

اورینٹ ہوٹل میں بڑے بڑے دانش مند لوگ آتے تھے جن میں مخدوم محی الدین، وینکٹ سوامی، یم ایم ہاشم، رحمت علی ایم پی، رام منوہر لوہیا، ایم ایف حسین، عالم خوندمیری، حسن عسکری اور بھی کئی نامی گرامی شخصیتیں وہاں آتی تھیں۔ فراقؔ اور جوشؔ جب کبھی حیدرآباد آتے تو اورینٹ ہوٹل کے گیسٹ ہاؤز میں ہی ٹھہرتے تھے۔ مجتبیٰ حسین کے مطابق ''اورینٹ ہوٹل ایسا گھاٹ تھا جہاں شیر اور بکری ایک ساتھ پانی پیتے تھے''۔ یعنی یہاں ہر عمر کے لوگ آتے تھے۔

مجتبیٰ حسین نے مزاح نگاری کو ایک چیلنج کے طور پر قبول کیا اور ۱۲/اگست ۱۹۶۲ء کو روزنامہ سیاست کے لئے پہلا کالم ''کوہ پیما'' کے فرضی نام سے لکھا۔ اِسی دوران اُنھوں نے مارک ٹوئن اور شوکت تھانوی کو خاص طور پر پڑھا اور کالم نگاروں میں ابن انشا اور احمد ندیم قاسمی کے کالموں کا مطالعہ کیا۔ ابھی مجتبیٰ حسین کو مزاحیہ کالم نگاری کے میدان میں قدم رکھے ہوئے چھ مہینے کا ہی عرصہ ہوا تھا کہ ''صدقِ جدید'' کے ایڈیٹر صاحب طرز ادیب مولانا عبدالماجد دریابادی چند دنوں کے لئے حیدرآباد آئے ہوئے تھے وہ پابندی سے مجتبیٰ حسین کا کالم پڑھتے رہے اور واپس جاکر ایک سفرنامہ لکھا، اس میں ایک جگہ درج ہے کہ:

> ''رہنمائے دکن اب دکن کا ایک معروف ومقبول روزنامہ ہے۔ دوسرا قابلِ ذکر روزنامہ سیاست خاصا سنجیدہ، شریفانہ، معقول، پُرمعلومات پرچہ ہے اور بڑی بات یہ ہے کہ اپنا ظریفانہ کالم خوب سنبھالے ہوئے

ہے ورنہ لوگ ظرافت اور توہین، دل آزاری یا پھکڑ پن کے درمیان فرق ہی نظر انداز کر جاتے ہیں"۔[۱]

مجتبیٰ حسین نے اپنے نام سے جو پہلا مضمون بعنوان "ہم طرفدار ہیں غالب کے" لکھا تھا۔ اُس زمانے میں غالب صدی منائی گئی تھی۔ اُردو مجلس کے منظور احمد منظور صاحب اس کے منتظم تھے۔ اِن کی خواہش پر مجتبیٰ حسین نے ایک مضمون بعنوان "ہم طرفدار ہیں غالبؔ کے" پڑھا۔ حمایت نگر حیدرآباد کا اُردو ہال نیا تعمیر شدہ تھا اور اِس ہال میں اتنی بڑی محفل پہلی مرتبہ منعقد کی گئی تھی۔ اِس موقع پر وہاں ہارون خاں شیروانی، بیرسٹر عطاء الرحمن، کامریڈ مخدوم محی الدین، حبیب الرحمن اور دوسری نامی گرامی شخصیتیں موجود تھیں۔ مجتبیٰ حسین نے اِس مضمون پر زبردست داد حاصل کی۔ مجتبیٰ حسین کے مطابق ہارون خاں شیروانی جنھیں لوگوں نے مسکراتے ہوئے بھی بہت کم دیکھا تھا، لوٹ لوٹ کر ہنس رہے تھے۔ اس کے بعد مجتبیٰ حسین نے اپنے نام سے لکھنے کا فیصلہ کیا۔

۱۹۶۲ء میں مجتبیٰ حسین حکومتِ ہند کے محکمہ اطلاعات وتعلقات عامہ سے وابستہ ہوئے۔ وہاں وہ ریڈر آف دی اُردو نیوز پیپرس کے عہدہ پر فائز ہوئے۔ وہاں اِن کا کام اُردو اخباروں کا انگریزی میں ترجمہ کر کے اُردو اخبارات کا رجحان حکومت کے علم میں لانا تھا۔

۱۹۷۲ء میں حکومت ہند نے اُردو کے مسائل کا جائزہ لینے کے لئے گجرال کمیٹی کے شعبہ ریسرچ میں کام کرنے کی دعوت دی۔ گجرال کمیٹی سے وابستہ ہونے کا واقعہ مجتبیٰ حسین نے اِس طرح بیان کیا کہ:

زندہ دلان حیدرآباد کے اجلاس میں شرکت کے بعد جب کرشن چندر واپس بمبئی گئے تو اُنھوں نے ایک خط مجتبیٰ حسین کے نام لکھا کہ تم اب حیدرآباد میں بالکل مت رہو، میں گجرال صاحب کو لکھ رہا ہوں کہ تمہیں دِلّی بلائیں یا تم بمبئی آؤ اور فلمالیہ کے اسٹوری ڈپارٹمنٹ میں

۱۔ شخصی انٹرویو ۲۲رڈسمبر ۲۰۱۰ء

آجاؤ۔ خیر اُنھوں نے گجرال صاحب کو خط لکھا جب کمیٹی فار پروموشن آف اُردو بنی تو گجرال صاحب نے دو سال کے ڈیپوٹیشن پر بلایا تھا۔ گجرال کمیٹی کی رپورٹ میں مجتبیٰ حسین کا بھی حصہ ہے۔ اِس رپورٹ کے متعلق مجتبیٰ حسین نے اِس طرح لکھا ہے:

> مشکل تو یہ ہے کہ ارباب اقتدار نے گجرال کمیٹی کی رپورٹ کو ہمیشہ ''عید کی شیروانی'' کے طور پر استعمال کرنے کی کوشش کی ہے۔ جب بھی مناسب موقع آتا ہے تو اس رپورٹ کو جھاڑ پونچھ کر بکسے میں سے نکالا جاتا ہے۔ عید کی شیروانی خوشی کے موقع پر نکالی جاتی ہے اور گجرال رپورٹ کو بُرے وقت یا آڑے وقت میں نکالا جاتا ہے''۔[۱]

۱۹ ستمبر ۱۹۷۴ء سے ۱۹۹۱ء تک NCERT کے شعبہ پبلیکیشن میں بحیثیت ایڈیٹر کام کرتے رہے۔

گجرال کمیٹی سے وابستگی کے دو سال مکمل ہونے کو تھے کہ اسی عرصہ میں NCERT میں اسسٹنٹ ایڈیٹر کے عہدہ کے لئے درخواستیں منگوائی گئیں۔ اِن دنوں مجتبیٰ حسین کافی مشہور ہو چکے تھے۔ ان کی تحریریں نہ صرف ہندوستان بلکہ پاکستان میں بھی پسند کی جارہی تھیں۔ مشہور نقاد آل احمد سرور مجتبیٰ حسین کو کافی پسند کرتے تھے۔ جب کبھی بھی سرور صاحب دِلّی آتے تو زیادہ تر شاستری بھون میں مجتبیٰ حسین کے کمرے میں نظر آتے تھے۔ NCERT میں انٹرویو لینے والے ماہرین میں آلِ احمد سرور اور خواجہ احمد فاروقی موجود تھے۔ مجتبیٰ حسین بھی وہاں انٹرویو دینے کے لئے گئے۔ اُس عہدے پر تقرر کے لئے امیدوار کے پاس صحافت، ایڈیٹنگ اور اشاعت کا تجربہ ضروری تھا۔ مجتبیٰ حسین کے پاس اِس سارے تجربے کے علاوہ اِن کا اپنا قلم تھا، اِس بات سے دونوں ہی ماہرین واقف تھے۔ اِس طرح مجتبیٰ حسین کو وہاں ملازمت مل گئی۔ اُنھوں نے بڑی محنت اور لگن سے کام کیا اور دیکھتے ہی دیکھتے اِنھیں تین ترقیاں مل گئیں۔ اِس ملازمت کے

۱۔ خاکہ اندر کمار گجرال مشمولہ مجتبیٰ حسین کی بہترین تحریریں جلد دوم ص ۱۹۴۲

متعلق مجتبیٰ حسین کی رائے ہے کہ:

''این سی ای آر ٹی سے ہم اتنے الرجک ہو گئے تھے کہ ماشاء اللہ ہمیں یہاں سے ریٹائر ہوئے لگ بھگ چودہ برس ہونے کو آرہے ہیں لیکن کبھی اپنے پرانے دفتر میں اپنی مرضی اور خوشی سے نہیں گئے''۔[۱]

ملازمت سے سبکدوشی کے بعد روزنامہ سیاست سے وابستہ ہیں اور میرا کالم کے عنوان سے ہفتہ وار کالم لکھتے رہے۔ خرابئ صحت کی بناہ پر گزشتہ چند دنوں سے یہ سلسلہ منقطہ ہو گیا ہے، لیکن ان کے مطبوعہ کالم پابندی سے شائع ہو رہے ہیں۔

مجتبیٰ حسین کی زندگی کا کٹھن دور:

گلبرگہ انٹرمیڈیٹ کالج میں داخلہ لینے سے پہلے پولیس ایکشن کے زمانے میں مجتبیٰ حسین زندگی سے مایوس ہو چکے تھے۔ وہ کبھی کبھی تو قبرستان میں جا کر بیٹھ جاتے تھے۔ مجتبیٰ حسین کے والدین اور ایک چھوٹے بھائی کو اپنی جان بچانے کی خاطر کئی دنوں تک جنگلوں میں چھپنا پڑا تھا۔ دو مہینے تک جگر صاحب اور جلیس صاحب کا بھی پتہ نہیں تھا کیونکہ اِس زمانے میں مواصلات کا کوئی ذریعہ بھی نہیں تھا۔ اِن حالات نے مجتبیٰ حسین کو ذہنی اور نفسیاتی طور پر بہت متاثر کیا تھا۔ مجتبیٰ حسین کے دو چھوٹے بھائی چنچولی میں ہاسٹل میں مقیم تھے۔ اُس وقت مجتبیٰ کی عمر ۱۳ یا ۱۴ برس تھی۔ مجتبیٰ حسین، جگر صاحب، جلیس صاحب سے ملنے گلبرگہ سے حیدرآباد کیلئے روانہ ہوئے جو ٹرین انھیں ملی وہ نظام اسٹیٹ کی آخری ٹرین تھی جو حیدرآباد جا رہی تھی۔ تانڈور پر پہونچ کر اس ٹرین پر بم گرادیا گیا۔ راتوں رات تانڈور پر اُترنا پڑا، وہ کسی نہ کسی طرح چھپتے چھپاتے پیدل چنچولی پہونچے، چنچولی گلبرگہ سے ۲۰ یا ۲۵ کیلومیٹر دور ہے۔ راستے میں زبردست بارش ہوئی، رات کا وقت تھا۔ بارش سے بچنے کے لئے وہ ایک ٹہنی پر بیٹھ گئے۔ ایک سانپ بھی برابر میں بیٹھا

۱۔ لگے رہو مجتبیٰ بھائی مشمولہ کالم برداشتہ ص ۶۲

ہوا تھا، جب جب بجلی چمکتی تو معلوم ہوتا تھا کہ وہاں ایک سانپ بیٹھا ہوا ہے۔ خیر چلتے چلتے چنچولی پہنچے جہاں اِن کے ماموں رہتے تھے۔ وہاں ایک رات بلوائی ماموں کے گھر میں گھس آئے اور ماموں کا قتل کر دیا۔ یہ قتل مجتبیٰ حسین نے اپنی آنکھوں سے دیکھا، بلوائیوں نے خود مجتبیٰ حسین کے حلق پر بھی برچھی رکھ دی تھی۔ اس واقعہ کے متعلق وہ لکھتے ہیں:

> ''اگر آپ ہماری رائے پوچھیں تو یہ ایوارڈ اِس اجنبی شخص کو ملنا چاہیے جس نے ۱۹۴۸ء کے چنچولی فرقہ وارانہ فسادات میں ہماری جان بچائی تھی، اُس فساد کے وقت ہم اتفاقاً پھر چنچولی میں تھے جہاں بلوائیوں نے پہلے تو ہمارے ماموں کو قتل کیا، پھر جب ایک بلوائی نے ہمیں ہلاک کرنے کے لئے ہمارے گلے پر بھالا رکھ دیا تو کسی بھلے بلوائی نے اِس کا بھالا یہ کہہ کر کھینچ لیا تھا کہ ''میاں ایک بچہ کو قتل کرتے ہوئے تمہیں شرم نہیں آتی، اِسے چھوڑ دو'' اور یوں چنچولی میں ہمیں دوبارہ حیاتِ نو ملی''۔[۱]

مجتبیٰ حسین اپنے والدین سے تین مہینے بعد ملے۔ اُنھوں نے کہا کہ اِس دور کی یادیں مجھے ہلا دیتی ہیں اور اِن حالات پر ایک کتاب لکھی جا سکتی ہے۔ اِن حالات سے دوچار ہونے کے بعد اُنھوں نے سوچا کہ نفرت کا جواب نفرت سے دینے میں کوئی بھلائی نہیں ہے یعنی اُنھوں نے نفرت کا جواب محبت سے دینے کی سوچی۔

ان تمام سانحات کو گزرے کافی عرصہ بیت چکا تھا اور زمین والوں کے ستائے ہوئے مجتبیٰ حسین سنبھل کر اپنے پیروں پر کھڑے ہونے کی کوشش ہی کر رہے تھے کہ چرخ کہن نے ستم ڈھا دیا، اِن کی چھ برس کی لڑکی کا انتقال ہو گیا۔ یہ صدمہ بھی مجتبیٰ حسین نے ہنستے ہنستے سہہ لیا۔ یہ بحیثیت والد اور بحیثیت مزاح نگار وہ اُن کی زندگی کا کٹھن لمحہ تھا۔ اُنھوں نے ہر فیصلہ وقت پر چھوڑ

۱۔ کرناٹک اُردو اکیڈیمی کا ایوارڈ ملنے پر مشمولہ مجتبیٰ حسین اور گلبرگہ، مرتب احسان اللہ احمد ص ۶۶

دیا اور اپنی ذمہ داریاں نبھانے کے لئے تیار ہو گئے۔ یعنی لڑکی کی تدفین کے فوراً بعد اُنھوں نے سیاست کے لئے مزاحیہ کالم لکھا۔ مزید یہ کہ اِن کے داماد کا فریضۂ حج کی ادائیگی کے بعد مکہ معظّمہ کے دواخانہ میں قلب پر حملہ کی وجہ سے ۲۰۱۰ء میں انتقال ہو گیا۔ ۷۴ برس کی عمر میں یہ صدمہ بھی اِنھیں برداشت کرنا پڑا۔

تصانیف

پہلی مطبوعہ تحریر ۱۲/ اگست ۱۹۶۲ء کو روزنامہ سیاست کے کالم ''شیشہ و تیشہ'' میں کوہ پیما کے فرضی نام سے چھپی۔ (اقتباس لکھنا ہے)

مجتبیٰ حسین کے اصلی نام سے ۱۹۶۴ء میں ماہنامہ ''صبا'' میں ''غالب کے طرفدار'' چھپا۔

۱۔	تکلف برطرف	نیشنل بک ڈپو حیدرآباد	۱۹۶۸ء
۲۔	قطع کلام	نیشنل بک ڈپو حیدرآباد	۱۹۶۹ء
۳۔	قصہ مختصر	حسامی بک ڈپو حیدرآباد	۱۹۷۲ء
۴۔	بہرحال	حسامی بک ڈپو حیدرآباد	۱۹۷۴ء
۵۔	آدمی نامہ (خاکے)	حسامی بک ڈپو حیدرآباد	۱۹۸۱ء
۶۔	بالآخر	حسامی بک ڈپو حیدرآباد	۱۹۸۲ء
۷۔	جاپان چلو جاپان چلو	حسامی بک ڈپو حیدرآباد	۱۹۸۳ء
۸۔	الغرض	حسامی بک ڈپو حیدرآباد	۱۹۸۷ء
۹۔	سو ہے وہ بھی آدمی (خاکے)	حسامی بک ڈپو حیدرآباد	۱۹۸۷ء
۱۰۔	چہرہ در چہرہ (خاکے)	مکتبہ جامعہ لمیٹیڈ، نئی دہلی	۱۹۹۴ء
۱۱۔	سفر لخت لخت	حسامی بک ڈپو حیدرآباد	۱۹۹۵ء

۱۲۔	شیشہ و تیشہ		
۱۳۔	آخر کار	مکتبہ جامعہ لمیٹیڈ، نئی دہلی	۱۹۹۷ء
۱۴۔	ہوئے ہم دوست جسکے (خاکے)	تخلیق کار پبلشرز نئی دہلی	۱۹۹۹ء
۱۵۔	میرا کالم	حسامی بک ڈپو حیدر آباد	۱۹۹۹ء
۱۶۔	مجتبیٰ حسین کی بہترین تحریریں	مرتب حسن چشتی	۲۰۰۲۔۲۰۰۱ء
۱۷۔	مجتبیٰ حسین کے سفرنامے	مرتب حسن چشتی	۲۰۰۳ء
۱۸۔	مجتبیٰ حسین کے منتخب کالم	مرتب حسن چشتی	۲۰۰۴ء
۱۹۔	آپ کی تعریف	مرتب سید امتیاز الدین	۲۰۰۵ء
۲۰۔	مہرباں کیسے کیسے	مرتب سید امتیاز الدین	
۲۱۔	امریکہ گھانس کاٹ رہا ہے		
۲۲۔	مجتبیٰ حسین اور گلبرگہ		

انعامات اور اعزازات

۱۔ ہاسیہ رتن۔ سرس ساہتیہ سمیتی، کٹک اڑیسہ ۱۹۸۰ء

۲۔ پہلا باوقار غالب ایوارڈ

بدست وزیر اعظم ہند محترمہ اندرا گاندھی (مرحومہ) ۱۹۸۴ء

۳۔ تخلیقی نثر کے لئے دلی اُردو اکیڈیمی ایوارڈ ۱۹۸۹ء

۴۔ مخدوم ایوارڈ۔ آندھرا پردیش اُردو اکیڈیمی ۱۹۹۳ء

۵۔ مہندر سنگھ بیدی ایوارڈ۔ ہریانہ اُردو اکیڈیمی ۱۹۹۸ء

۶۔کرناٹک اُردو اکیڈیمی ایوارڈ ۲۰۰۲ء

۷۔جوہر قریشی ایوارڈ ۲۰۰۳ء

۸۔میر تقی میر ایوارڈ۔امریکہ ۲۰۰۶ء

۹۔پدم شری۔حکومتِ ہند ۲۰۰۷ء

۱۰۔صوفی جمیل اختر ایوارڈ۔کلکتہ ۲۰۰۹ء

۱۱۔امیر خسرو قومی ایوارڈ۔جمشید پور، جھارکھنڈ ۲۰۰۹ء

۱۲۔اعزازی ڈی لٹ کی ڈگری۔گلبرگہ یونیورسٹی ۲۰۱۰ء

☆ اس کے علاوہ سنہ 2002-2003ء کے لئے دِلّی ٹیلی فون مشاورتی کمیٹی کے رکن رہے۔

☆ پریس کلب آف انڈیا دِلّی کے رکن بھی رہے۔

☆ ستمبر 2005ء میں اُردو اکیڈیمی دہلی نے ''مجتبیٰ حسین کے ساتھ ایک شام'' منائی۔

☆ قومی کونسل برائے فروغ اُردو زبان (NCPUL) میں ماس میڈیا چینل کے ممبر رہے۔

☆ پچھلے پچاس برسوں میں ملک اور بیرون ملک کے ریڈیو اور ٹیلی ویژن چینلوں، آل انڈیا ریڈیو، دوردرشن، بی بی سی، وائس آف امریکہ، کنیڈا ٹی وی اور ریڈیو جاپان کے پروگراموں میں مدعو کئے جاتے رہے۔

☆ ای ٹی وی اُردو کے ۵۲ اقساط پر مشتمل ایک سیریئل ''عجب مرزا غضب مرزا'' لکھا جسے ناظرین نے خوب سراہا۔

☆ اس کے علاوہ اسکولی سطح سے لیکر جامعاتی سطح تک کے نصاب میں مجتبیٰ حسین کی کتابیں پڑھائی جاتی ہیں۔

☆ سینکڑوں طنزیہ و مزاحیہ مضامین، مشہور ہندی اخبارات و رسائل جیسے دھرم یگ، ساپتاہک ہندوستان، ساریکا، دینک ہندوستان، نو بھارت ٹائمس، نونیت، دنمان، سنڈے میل،

جے وی جی ٹائمس اور پنجاب کیسری کے لیے لکھے جنھیں قارئین کی جانب سے بھرپور داد ملی۔

☆ حیدرآباد سنٹرل یونیورسٹی میں اعزازی پروفیسر کی حیثیت سے خدمات انجام دیں۔

☆ گلبرگہ یونیورسٹی نے اعزازی ڈاکٹریٹ عطا کی۔

☆ ادارۂ سیاست نے مجتبیٰ حسین کی ویب سائٹ بھی تیار کی ہے۔

☆ میر تقی میر ایوارڈ۔ امریکی فیڈریشن آف مسلمس آف انڈین آریجن ۲۰۰۶

☆ کل ہند صوفی جمیل اختر ایوارڈ۔ کولکتہ ۲۰۰۹

☆ سنت گیانیشور نیشنل ایوارڈ۔ اُردو ساہتیہ اکیڈمی مہاراشٹرا ۲۰۱۱

☆ سالار ملت ایوارڈ۔ جدہ، سعودی عرب ۲۰۱۷

☆ جشنِ ادب ایوارڈ۔ نئی دہلی ۲۰۱۷

☆ بزمِ صدف انٹرنیشنل ایوارڈ۔ پٹنہ ۲۰۱۸

مجتبیٰ حسین کی مضمون نگاری میں طنز و مزاح کی چاشنی

مجتبیٰ حسین ایک بلند پایہ ادیب ہیں۔ اُنھوں نے معاشرتی، سماجی، سیاسی اور گھریلو مسائل کو موضوع بنایا ہے۔ وہ اپنے اطراف کے ماحول سے مواد حاصل کرتے ہیں۔ ان کی تحریروں میں گہرا شعور ملتا ہے۔ روانی اِن کے قلم کی خصوصیت ہے۔ وہ مسلسل لکھتے ہیں اور یہ تسلسل کہیں بھی منقطع نہیں ہوتا۔ ذومعنی الفاظ کے استعمال سے تحریر کو دلکش بنانے کا ہنر جانتے ہیں۔ ان کا اسلوب بیانیہ ہے وہ کبھی کبھی حقیقت میں تخیل اور مبالغہ کی رنگ آمیزی کے ذریعہ ایک بہترین ادب پارہ تخلیق کرتے ہیں۔ وہ کسی حقیقی واقعہ یا مسئلہ کے وقوع پذیر ہونے کی امکانی صورتحال اور اس کے امکانی نتائج کے اظہار کے ذریعہ اسے ایک بہترین تحریر بنا دیتے ہیں۔ عام انسان کی بے بسی، کسمپرسی اس کی ناکام حسرتیں، اس کی نامکمل خواہشات اس کے ادھورے خواب اس کی زندگی میں پیش آنے والی صعوبتوں کا ذکر ان کی تحریروں میں ہمیں ملتا ہے۔ کسی کردار کے ذریعہ اپنے مشاہدے اور تجربے کو دردمندی کے ساتھ پیش کرتے ہیں۔ تلخ حقائق کا اظہار بڑی نفاست سے کر دیتے ہیں۔ وہ لفظوں کے جادوگر ہیں۔ وہ تہذیبی زوال سے رنجیدہ ہو کر طنز کرتے ہیں لیکن اسلوب کی لطافت طنز کی ساری کڑواہٹ کو گوارہ بنا دیتی ہے۔ وہ ایک وسیع القلب ادیب ہیں، ان کی وسیع القلبی کا اندازہ اس بات سے ہوتا ہے کہ وہ خود پر ہنستے ہیں لیکن کسی اور کو ہجو کا نشانہ نہیں بناتے۔ خود اپنی شخصیت اور اپنے گھریلو مسائل کو موضوع بنا کر لطف و انبساط کی کیفیت پیدا کرتے ہیں۔ اپنی تحریروں میں وہ ہمیشہ اُردو زبان و ادب کے ماحول کی تلاش میں سرگرداں نظر آتے ہیں۔ تقریباً ہر تحریر میں حیدرآباد اور گلبرگہ سے وابستگی کا اظہار ملتا ہے۔ ان کی تحریروں میں ان کی شخصیت کا عکس نظر آتا ہے۔ مجتبیٰ حسین اور ان کی تحریریں دونوں ہم آہنگ نظر

آتی ہیں۔ان کی تحریروں میں زندہ دلی اور بذلہ سنجی ملتی ہے۔مجتبیٰ حسین کے مزاج میں پھکڑ پن کا شائبہ تک نہیں ملتا۔اپنی مزاح نگاری کا نشانہ بعض اوقات اپنی شریک حیات کو بناتے ہیں۔ تشبیہ، استعارہ اور تحریف کے ذریعہ مزاح پیدا کرتے ہیں۔محاوروں اور کہاوتوں کا برجستہ استعمال بھی ان کی تحریروں کا خاصہ ہے۔ان کے موضوعات میں تنوع ہے۔کسی مشہور شعر یا مصرعے میں ہلکی سی تبدیلی کے ساتھ اس طرح پیش کرتے ہیں کہ مزاحیہ کیفیت طاری ہو جاتی ہے۔

اب تک اُن کے مزاحیہ وطنزیہ مضامین کے سات مجموعے شائع ہو چکے ہیں ان تمام مضامین میں مختلف سیاسی،سماجی،معاشی اور معاشرتی مسائل کے علاوہ مختلف پیشوں سے وابستہ افراد جیسے دھوبی‘نوکر‘رکشہ والا‘باورچی‘شاعر کو بھی انہوں نے موضوع بنایا ہے جس میں ان افراد کی سماج میں اہمیت اور ان کے مقام کو واضح کرنے کے ساتھ ان کے ذاتی‘ گھریلو اور سماجی مسائل کے علاوہ ان کے مطالبات‘ ان کی ضروریات اور ان کی خواہشات کا پر لطف بیان کیا ہے۔مجتبیٰ حسین کی ہمدردیاں ان افراد کے ساتھ ہیں کیونکہ ان کا تعلق سماج کے ان طبقات سے ہے جو معاشی اعتبار سے انتہائی کمزور ہیں اور جن کی سماجی حیثیت بھی اعلیٰ نہیں ہوتی۔ایک مضمون یہ ”رکشہ والے“میں مجتبیٰ حسین نے تیکھا طنز کیا ہے۔اس طنز کے پیچھے ان محنت کش طبقات کا وہ المیہ چھپا ہوا ہے جسے مجتبیٰ حسین جیسے عظیم قلمکار کی نظر ہی دیکھ سکتی ہے۔ملاحظہ کیجئے۔

> ”وہ صاحب حیرت میں بولے آٹھ آنے۔بس کا کرایہ تو صرف دس پیسے ہوتا ہے۔اس پر رکشا والے نے کہا۔۔۔۔بس پڑول سے چلتی ہے اور رکشا خون سے چلتا ہے“ [۱]

مجتبیٰ حسین اپنا رشتہ زمانے کی تینوں حالتوں میں ماضی، حال اور

۱۔ یہ رکشہ والے مشمولہ مجتبیٰ حسین کی بہترین تحریریں جلد اول، ۲۸۷

مستقبل سے جوڑے رکھنے میں کامیاب ہیں۔ اپنی تحریروں میں وہ مرحومین کا تذکرہ بڑی عقیدت اور احترام سے کرتے ہیں۔ جس میں طنز کی چوٹوں کے ساتھ مزاح کی مٹھاس بھی ملتی ہے۔ انھوں نے مرزا غالب حاتم طائی اور قلی قطب شاہ، پر قلم اٹھا کر قاری کو ماضی کی پر لطف سیر کروائی ہے ان تینوں مضامین میں اپنے پیشروؤں کو فراموش کئے جانے پر مزاح کے پردے میں افسوس کا اظہار ملتا ہے۔ مضمون ''مرزا غالب کی پریس کانفرنس'' میں غالبؔ کی عظمت سے نئی نسل کی عدم واقفیت اور اسلاف کے نام پر دھوکہ دہی کرنے والے افراد پر مزاح آمیز طنز ملتا ہے ملاحظہ کیجئے۔

> ''میں نے ایک طالب علم کی جوابی بیاض دیکھی تھی۔ جس میں اس نے میرے حالات زندگی کچھ اس طرح بیان کیئے تھے غالبؔ آگرہ کے تاج محل میں پیدا ہوئے۔ بہت دنوں تک تاج محل کی سیر کرتے رہے جب خوب سیر تفریح کر چکے تو انہیں ایک شریف آدمی کی طرح فکر معاش کرنا بے سود تھا۔ اسی لیے وہ آگرہ سے نکل گئے اور بلا ٹکٹ سفر کی صعوبتیں جھیلتے ہوئے حیدرآباد پہنچے۔ یہاں انہوں نے عثمانیہ یونیورسٹی سے ڈاکٹریٹ کی ڈگری حاصل کی اور یہیں انگریزی کے استاد مقرر ہوئے۔ چونکہ غالبؔ کو اردو شاعری میں بہت دلچسپی تھی اس لیے وہ بات بات پر شعر کہتے تھے۔ وہ اُردو کے واحد شاعر ہیں جنھوں نے ازار بند کی مدد سے شعر کہے۔۔ شعروں اور ازار بند میں گرہ لگانا ان کا محبوب

مشغلہ تھا'' [۱]

مجتبیٰ حسین نے گھریلو استعمال کی اشیاء کو بھی موضوع بنایا ہے جیسے تکیہ، ٹیلی فون، آٹو رکشا، ایش ٹرے، برف کی الماری یعنی فریج، گیس سیلنڈر، ٹیلی ویژن اور لوٹے۔ کتاب ''تکلف برطرف'' میں شامل مضمون ''تکیہ کلام'' انتہائی پرلطف مضمون ہے۔ اس مضمون میں تکیہ کے غلافوں پر لکھے جانے والے اشعار کے متعلق خالص مزاح کی کئی مثالیں ملتی ہیں۔اور ہوٹنگ کا مزیدار بیان بھی شامل ہے۔

''ہم اس دھوبی کے شکر گزار ہیں جو گھاٹ پر کپڑے دھو رہا تھا۔۔۔۔ہم نے پوچھا بھئی تم بعض کپڑے زور سے پٹختے ہو اور بعض نہایت آہستگی سے۔۔۔۔ وہ بولا۔۔۔۔۔۔میں تکیئے کے ہر غلاف کو دھونے سے پہلے کھولتا ہوں اور لکھا ہوا شعر پڑھتا ہوں۔ اگر مجھے پسند نہ آئے تو اس غلاف کو زور زور سے پتھر پر پٹختا ہوں' یعنی ادبی اصطلاح میں ہوٹنگ کرتا ہوں اور اگر اتفاق سے کوئی شعر پسند آئے تو اسے نہایت سلیقے سے دھوتا ہوں کہ اچھا شعر ساری قوم کی امانت ہوتا ہے'' [۲]

مجتبیٰ حسین نے عوام کی مختلف سرگرمیوں کو بھی نظر انداز نہیں کیا بلکہ ان سرگرمیوں پر بہترین تبصرے کیئے ہیں۔جن میں شگفتگی شامل ہے جیسے لائبریری میں چند گھنٹے، تعزیتی

---

۱ مرزا غالب کی پریس کانفرنس مشمولہ مجتبیٰ حسین کی بہترین تحریریں جلد اول' ص ۱۹۵' ۱۹۶ء

۲ تکیۂ کلام مشمولہ مجتبیٰ حسین کی بہترین تحریریں جلد اول' ص ۱۶۵' ۱۶۶

جلسے، انتخابی نعرے، خدا بچائے فلم دیکھنے سے، جشن منانا، چہل قدمی اور ہم، شاپنگ، افطار پارٹیاں، ان تمام مضامین میں طنز و مزاح کی بہترین مثالیں موجود ہیں۔ کتاب ''بہر حال" میں شامل مضمون تعزیتی جلسے سے اقتباس ذیل میں درج ہے ملاحظہ فرمایئے۔

''مشہور شخصیتوں کے بارے میں ہم نے سن رکھا ہے کہ ان کی موت اس وقت تک مکمل نہیں ہوتی جب تک کہ ان کی یاد میں کوئی تعزیتی جلسہ منعقد نہ کیا جائے۔۔۔۔۔۔۔۔ ایک تعزیتی جلسہ تو ہم نے ایسا بھی دیکھا تھا کہ سامعین اور مقررین سب کے سب موجود تھے لیکن جلسہ شروع ہونے کا نام نہ لیتا تھا۔ ہم نے سرگوشی کے انداز میں پوچھا جلسہ شروع ہونے میں تاخیر کیوں ہے ارشاد ہوا۔۔۔۔۔۔۔۔۔ مرحوم کے مرنے کا انتظار کیا جارہا ہے''۔[1]

مجتبیٰ حسین نے شاعروں اور مشاعروں کو بھی موضوع بنایا ہے۔ کتاب '' تکلف برطرف'' میں سٹرک اور شاعر، غزل سپلائنگ اینڈ مینوفیچکرنگ کمپنی، کتاب '' بالآخر'' میں ایک مشاعرہ کی رننگ کامنٹری کتاب '' آخر کار'' میں مشاعروں کے شاعر اردو مشاعرے اور بیرونی سیاح، مشاعرے اور مجرے کا فرق عنوان سے مضامین شامل ہیں۔ ''الغرض''

---

[1] تعزیتی جلسے مشمولہ مجتبیٰ حسین کی بہترین تحریریں جلد اول، ص ۲۵۰

میں نہائیت ہی شگفتہ مضمون'' قصہ ایک نائب وزیر آعظم کے شاعر بن جانے کا'' شامل ہے۔

مجتبیٰ حسین نے ادیبوں کو بھی اپنی طنز و مزاح نگاری کا نشانہ بنایا ہے۔ کتاب ''تکلف برطرف'' میں ''ادیبوں کے پریم پتر'' مزاح نگاروں کی کانفرنس کا رپورتاژ" ادیبوں کے گھریلو حالات بے تصویر'' ''بلراج ورمانے تناظر نگاہ'' شامل ہیں۔ ادیبوں کے ذکر کے متوازی انھوں نے اردو کے متعلق مضامین بھی لکھے ہیں۔ جو ''بلآخر'' میں ''اُردو کا آخری قاری'' کچھ اردو پبلشنگ کے بارے میں'' کے عنوان سے شامل ہیں۔ اسکے علاوہ انھوں نے موسموں کو موضوع بنا کر''لو آ گئی برسات''''سردی کی گرما گرمی'' اور ''تجھے اے جنوری ہم دور سے پہچان لیتے ہیں۔''عنوان کے تحت طنزیہ و مزاحیہ مضامین قلمبند کیئے ہیں۔

اپنی تحریروں میں طنز و مزاح لانے کی خاطر مجتبیٰ حسین نے کئی حربے استعمال کیے ہیں جیسے لفظی بازی گری، رمز، تحریف، تشبیہات، ضرب الامثال، محاورے، کہاوتوں کے علاوہ انھوں نے واقعہ اور لطیفے سے بھی مزاح پیدا کیا ہے۔ علاوہ ازیں اعلیٰ مزاح اور طنز کی مثالیں اپنی ذات کو نشانہ بنا کر پیش کی ہیں کیونکہ اعلیٰ طنز یا اعلیٰ مزاح وہی ہوتا ہے جس میں قلمکار خود اپنی ذات کو تمسخر کا نشانہ بناتا ہے۔ اس سلسلے کے مضامین میں ''ہم طرفدار ہیں غالب کے سخن فہم نہیں'' کتنے پابند وقت ہیں ہم لوگ، بہت پچھتائے مہمان بن کر، سکنڈ ہینڈ موٹر سکیل' قصہ داڑھ کے درد کا، خدا بچائے فلم دیکھنے سے، برف کی الماری، کالونی میں رہنا، بے پتہ سے لوگوں کو' ہماری بے مکانی دیکھتے جاؤ' چہل قدمی اور ہم' ہم بیگم اور شاپنگ کے علاوہ کتاب ''تکلف برطرف''' میں مجتبیٰ حسین نے''مجھ سے ملئے'' کے تحت اپنا تعارف دیا ہے کتاب ''قصہ مختصر'' میں ''میں اور میرا مزاح''عنوان سے مزاح کے متعلق سیر حاصل

گفتگو کی ہے۔ کتاب ''بہر حال'' میں مجرد زندگی عنوان کے تحت اس دور کی بے فکریوں کا پرلطف بیان ہے۔ کتاب '' الغرض' میں اپنی عمر کے پچاس سال مکمل ہونے کا پرلطف ہے۔ ''میرا پہلا ہوائی سفر'' ''سوری رانگ نمبر'' ایسے مضامین ہیں جن میں مجتبیٰ حسین نے اپنی ذات کو نشانہ بنا کر مزاحیہ کیفیت پیدا کی ہے۔ مضمون ''ہماری بے مکانی دیکھتے جاؤ'' اس سلسلے کا کافی اہم مضمون ہے جس میں انھوں نے آپ بیتی میں جگ بیتی کا اظہار کیا ہے۔ ملاحظہ فرمایئے۔

''ہمارا ایک مکان پڑوسیوں کے مکانوں اوران کے مکینوں میں کچھ اتنا دخیل تھا اور وہاں فرد کی انفرادیت کچھ اتنی غیر محفوظ تھی کہ نماز پڑھنے کے بعد سلام پھیرنے سے پہلے یہ اعلان کرنا پڑتا تھا کہ صاحبو! ہم سلام پھیر رہے ہیں اپنی بیویوں سے پردہ کروالو'' [۱]

مجتبیٰ حسین نے مبالغہ آمیز قصوں سے مزاح پیدا کرنے کا کامیاب حربہ بھی استعمال کیا ہے اس طرح کی مثالیں تکیہ کلام، علامہ نارسا کی وفات مسرت آیات پر، مرزا غالبؔ کی پریس کانفرنس، اردو کا آخری قاری، ہم بیگم اور شاپنگ، چارمینار اور چار سو برس اور سویز بنک میں کھاتا ہمارا میں ملتی ہیں۔ درجذیل اقتباس میں قصہ گوئی کے ذریعے مزاح پیدا کیا گیا ہے۔ ملاحظہ کیجئے۔

'' افسوس کہ علامہ کے کلام سنانے کا یہی انداز بالآخر اُن کی موت کا سبب بنا اور وہ شاعری کی راہ میں شہید ہو گیئے۔ ہوا یوں کہ ایک شعر میں قتل کا تذکرہ تھا۔ چنانچہ علامہ نے قتل کا سماں باندھنے کے لیئے اپنی جیب سے

---

[۱] ہماری بے مکانی دیکھتے جاؤ'' مشمولہ مجتبیٰ حسین کی بہترین تحریریں' جلد اول' ص ۱۳۱

استرا نکالا اور آن کے آن میں اُسے اپنے گلے پر پھیر لیا۔
علامہ کی نعش اسٹیج پر تڑپنے لگی اور دیکھتے ہی دیکھتے علامہ کی
روح ''قفس عنصری'' کا تالا توڑ کر پرواز کر گئی'' ۔[1]

طنز و مزاح نگاری گویا نٹ کا فن ہے جس طرح نٹ ایک باریک سے تار پر کرتب دکھاتا ہے اور ذرا سی غفلت اسے زمین پر گرا سکتی ہے بالکل اسی طرح طنز و مزاح نگار کے قلم کی تھوڑی سی لغزش اس کے فن کو کمزور کر سکتی ہے اس بات کی تصدیق مجتبیٰ حسین کے اس جملے سے ہو سکتی ہے، لکھتے ہیں:

''میرے نزدیک مزاح انسان کے پیمانہ وجود کے لبریز ہو کر جھلک پڑنے کا نام ہے'' مجتبیٰ حسین غم کو ایک اہم احساس مانتے ہیں لیکن وہ دنیا کو غم اور آنسو سے دور دیکھنا چاہتے ہیں۔

آگے لکھتے ہیں:

''میں ان آنسوؤں کو آنے والی صدیوں کا حصہ بننے نہیں دینا چاہتا، میں ماضی کے انسان کے آنسوؤں اور آنے والی صدیوں کے انسان کی آنکھوں کے درمیان ایک حدِ فاصل بننا چاہتا ہوں، اس لئے جب بستر سے اُٹھتا ہوں تو اپنے آپ کو تاریخ کا ایک نیا باب سمجھنے لگتا ہوں''۔[2]

یہاں مجتبیٰ حسین کا پیمانۂ وجود لبریز ہو کر چھلک پڑا ہے۔ موضوع میں الم ہے اور اسلوب میں کرب ہے۔ الفاظ میں نزاکت، خیالات میں خوبصورتی اور فکر میں گہرائی ہے۔ اس طرح ان کا

---

[1] علامہ نارسا کی وفات مسرت آیات پر مشمولہ مجتبیٰ حسین کی بہترین تحریریں۔ جلد اول، ص ۳۴۳
[2] میں اور میرا مزاح، مشمولہ قصہ مختصر ص ۱۶

فن عظیم سے عظیم تر کی جانب رواں دواں نظر آتا ہے۔ وہ لکھتے ہیں:

سچا مزاح وہی ہے جس کی حدیں سچے غم کی حدوں کے بعد شروع ہوتی ہیں۔ زندگی کی ساری تلخیوں اور اس کی تیزابیت کو اپنے اندر جذب کر لینے کے بعد جو آدمی قہقہے کی طرف جست لگاتا ہے وہی سچا اور باشعور قہقہہ لگا سکتا ہے۔ ہنسنے کے لئے جس قدر گہرے شعور اور اِدراک کی ضرورت ہوتی ہے اتنے گہرے شعور کی ضرورت شائد رونے کے لئے درکار نہیں ہوتی''۔[۱]

مجتبیٰ حسین اپنی تحریروں میں جگہ جگہ سچے غموں کی حدوں کو پھلانگ کر تلخیوں اور تیزابیت والے باب کو بند کر کے باشعور قہقہہ لگانے کے لئے بے تاب نظر آتے ہیں۔ بقول ڈاکٹر قمر رئیس:

''دردمندی کا یہی وہ عنصر ہے جس کے بغیر زندہ رہنے والا آرٹ جنم نہیں لیتا''۔[۲]

مجتبیٰ حسین نے بھی زندہ رہنے والے آرٹ کی آبیاری کی ہے۔ ایک جگہ لکھتے ہیں:

''آج کے انسان کی ہنسی کا المیہ یہ ہے کہ اس کی ہنسی کبھی کبھی آنسو بن کر آنکھ سے ٹپک جاتی ہے۔ نہ جانے ہر قہقہے کے پیچھے مجھے تلخیوں، ناآسودگیوں اور محرومیوں کے آنسو کیوں نظر آتے ہیں''۔[۳]

کامیاب فنکار وہ ہوتا ہے جو ہنسی اور کرب کو ایک دوسرے میں گڈ مڈ کر کے پیش کرے اور یہ اِسی وقت ممکن ہے جب کہ فنکار ہنسی کی اہمیت کا اندازہ کرے لیکن ہنسی کی اہمیت کا اندازہ

۱۔ میں اور میرا مزاح، مشمولہ قصہ مختصر ص ۱۵

۲۔ شگوفہ کا مجتبیٰ حسین نمبر، مجتبیٰ حسین کے مزاحیوں میں معنوی آہنگ، ڈاکٹر قمر رئیس، ص ۶۹

۳۔ پس و پیش لفظ، قطع کلام، ص ۸، ۹

دُکھ یا رنج کو سمجھے بغیر نہیں ہوسکتا۔ ان حالات میں وہ فضاء بنتی ہے جہاں لطف اور کرب کو الگ الگ خانوں میں بانٹنا دشوار ہوجاتا ہے۔ ایسے میں موضوعات اُبھرتے ہیں جو کسی شاعر یا ادیب کو اپنا لوہا منوانے کا موقع فراہم کرتے ہیں، مجتبیٰ حسین کے ہاں اس طرح کے موضوعات کی بہتات ہے:

> ''اُس کے باوجود میں ہنسنے کا قائل ہوں کہ یہی انسان کی شانِ کج کلاہی ہے، یہی اس کا طرۂ امتیاز ہے اور یہی اس کی قسمت بھی، جس دن انسان ہنسی کی تقدیس اور پاکیزگی کو سمجھ لے گا اور جس دن ہر انسان کو اس کے حصے کے قہقہے مل جائیں گے اس دن یہ دنیا جنت بن جائے گی''۔[۱]

یہ حق ان ہی فنکاروں کو حاصل ہے جو ہنسی کی لذت سے آشنا ہوں، اور یہی لوگ معیاری اور عمدہ مزاح پیش کرسکتے ہیں۔ مجتبیٰ حسین کی تحریروں میں ہمیں یہ حقیقت نظر آتی ہے۔ بیشتر موضوعات ایسے ہیں جن میں قوم کی بے راہ روی کا ذکر ہے۔ ایک مضمون ''نیا سال پرانا جال'' میں دوسری قوموں کی اندھی تقلید اور وقت کی اہمیت سے لاپرواہی پر بھرپور طنز ملتا ہے۔

> ''کیلنڈروں کے حصول کے لئے یہ دیوانگی سمجھ میں نہیں آتی۔ آپ ہی سوچئے جس قوم نے وقت کی اہمیت کو ہمیشہ بعد از وقت محسوس کیا اس کے لئے کیلنڈروں کے تکلف کی کیا ضرورت ہے۔ پھر جس قوم نے تضیع اوقات کے لئے کلچرل پروگراموں سے لے کر مشاعروں تک ہزاروں طریقے ایجاد کر رکھے ہوں اس کے لئے نئے سال اور پرانے سال کی تخصیص کچھ اچھی نہیں معلوم ہوتی''۔[۲]

۱۔ پس و پیش لفظ مشمولہ قطع کلام ص ۹

۲۔ نیا سال پرانا جال مشمولہ قطع کلام ص ۸۶، ۸۷

اسی مضمون میں زوال پذیر تہذیب کا عکس بھی نظر آتا ہے۔ مجتبیٰ حسین نے اپنی تحریر کے ذریعہ عوام کی بدذوقی پر طنز کیا ہے وہ ہمارے مہذب معاشرے سے اس بے راہ روی کا خاتمہ کرنا چاہتے ہیں جس کا ذکر اس اقتباس میں کیا گیا ہے۔

"گزشتہ سال ایک صاحب نے ایک کلاتھ مرچنٹ کی دوکان سے کپڑا خریدنے کے بعد ایک برہنہ کیلنڈر حاصل کیا تھا۔ اس پر ہم نے موصوف سے دست بستہ یہ پوچھا تھا کہ، قبلہ یہ کپڑا آپ نے اپنے لئے خریدا ہے یا کیلنڈر کے لئے۔ اگر ہوسکے تو اس کپڑے کا ایک غلاف کیلنڈر کے لئے بھی سلوا دیجئے"۔[۱]

طنز اور ظرافت کا یہ امتزاج مجتبیٰ حسین کی پہچان ہے۔ چونکہ طنز کا مقصد اصلاح ہوتا ہے۔ اس بناء پر ہم کہہ سکتے ہیں کہ مجتبیٰ حسین کا طنز مقصدی ہے۔ یہ اور بات ہے کہ ان کا شمار مصلحین قوم میں نہیں ہوتا لیکن اپنی بذلہ سنجی کے پیچھے وہ سماجی بگاڑ سے نالاں نظر آتے ہیں۔ آج انسان اپنی انسانیت کھو کر درندگی پر اُتر آیا ہے اور وفاداری اور محبت جیسے جذبات ناپید ہوتے جارہے ہیں۔ اس موضوع پر مجتبیٰ حسین نے بڑا فنکارانہ اظہار کیا ہے۔ اپنے ایک مضمون میں کتے اور انسان کے تقابل سے وہ بھی اپنی دروں بینی کا ثبوت دیتے ہیں جس کے بغیر نہ تو فن کی تخلیق ہوتی ہے اور نہ فنکار کی تکمیل۔

"مانا کہ زمانہ ماقبل تاریخ میں انسان جب جنگلوں میں رہتا تھا تو کتا بھی وہیں رہتا تھا۔ لیکن بعد میں یہ انسان کے نقشِ قدم پر چل کر جنگل سے نکل آیا...... بھلے ہی وفاداری اور سمجھ داری کے معاملے میں انسان کبھی کتوں سے آگے رہا ہو لیکن کیا مجال جو آج کا انسان اس معاملے

۱۔ نیا سال پرانا جال مشمولہ قطع کلام ص ۸۵

میں کتوں سے آگے نکل جائے......صدیوں پہلے کتے نے انسان سے وفاداری سیکھی تھی انسان تو وفاداری سے کب کا کنارہ کش ہوگیا لیکن کتے نے وفاداری کے جذبے کو اب تک اپنے سینے سے لگا رکھا ہے''۔[۱]

مجتبیٰ حسین نے کئی جگہ طنز کا استعمال اس انداز سے کیا ہے کہ حقیقت بیانی میں طنز کا تیر دل کے پار ہو جاتا ہے۔''سند باد جہازی کا سفرنامہ'' میں ہندوستانیوں کے بے مقصد زندگی گزارنے کی عادت کو بیان کرتے وقت ان کا پیمانۂ طنز لبریز ہو کر چھلک پڑا ہے۔ ملاحظہ کیجیے:

''میں نے اُن درویشوں کو اپنے ہندوستان آنے کا کوئی مقصد نہیں بتایا تھا، کیونکہ اہلِ ہند کسی مقصد کے بغیر زندگی گزارنے میں بڑی مہارت رکھتے ہیں۔ لہذا وہ نہ تو اپنی زندگی میں کوئی مقصد تلاش کرتے ہیں اور نہ ہی کسی کے مقصد کے بارے میں استفسار کرنے کو ضروری سمجھتے ہیں''۔[۲]

مجتبیٰ حسین کی تحریروں کا موضوع عام انسان کی زندگی اور اس کی زندگی میں پیش آنے والے واقعات و تجربات ہیں لیکن اس عام موضوع کو وہ خاص بنا کر پیش کر دیتے ہیں، داڑھ کے درد سے تقریباً ہر انسان واقف ہے لیکن مجتبیٰ حسین نے داڑھ کے معمولی سے درد کو ایک عام آدمی کی ہستی میں چھپا محرومیوں کا درد بنا دیا ہے۔ یہی ان کی عظمت ہے کہ وہ عام آدمی کے درد کو اپنے درد سے الگ کر کے دیکھنا نہیں چاہتے۔

''ہم درد کے اس اچانک حملے سے سنبھلنے کے لئے ایک الکٹرک پول کا سہارا لے کر کھڑے ہو گئے اور ہماری آنکھوں کے سامنے اندھیرا چھانے لگا۔ یوں لگا جیسے ساری کائنات ایک بہت بڑی داڑھ ہے،

۱۔ کتو! انسانوں سے خبر رہو، مشمولہ مجتبیٰ حسین کی بہترین تحریریں، حسن چشتی ص نمبر ۳۱۲، ۳۱۴

۲۔ سند باد جہازی کا سفرنامہ، قطع کلام ص ۶۲

داڑھ ہی کائنات ہے داڑھ کے سوا اس دنیا میں کچھ بھی نہیں ہر شئے داڑھ سے شروع ہوتی ہے اور داڑھ پر ختم ہو جاتی ہے۔ ازل داڑھ ہے اور ابد داڑھ ہے۔ یکلخت ہمیں یوں محسوس ہوا جیسے سورج ہمارے منہ میں آ گیا ہو اور ہم اُسے چبا چبا کر کھا رہے ہوں۔ جی چاہتا تھا کہ سورج کو چبا کر اس کے ٹکڑے ٹکڑے کر دیئے جائیں پھر سورج کے ان ٹکڑوں کو لوگوں میں بانٹ دیں کہ بھئی اپنے اپنے گھروں میں اُجالا کرو ہر شخص کا اپنا سورج الگ ہونا چاہیے۔ ہر شخص کی صبح الگ ہونی چاہیے۔ اتنی بڑی کائنات کو ایک سورج کے تابع کر دینا مناسب نہیں ہے''۔[۱]

ایک اور جگہ لکھتے ہیں:

''میں ہنسی کو ایک مقدس فریضہ جانتا ہوں اور قہقہہ لگانے کو دنیا کا سب سے بڑا ایڈونچر۔ زندگی کے بے پناہ غموں میں گھرے رہنے کے باوجود انسان کا قہقہہ لگانا ایسا ہی ہے جیسے وسیع سمندر میں بھٹکتے ہوئے ایک جہاز کو اچانک کوئی جزیرہ مل جائے''۔

مندرجہ بالا اقتباس سے یہ ظاہر ہے کہ مجتبیٰ حسین کے نزدیک ہنسی کی بہت اہمیت ہے اور وہ یہ احساس دلاتے ہیں کہ انسان کی زندگی غموں کا مجموعہ سہی لیکن اسے ہنسنا چاہیے کیونکہ منزل کی تلاش میں سرگرداں انسان کے لئے ہنسی خضرِ راہ کا کام کرتی ہے۔

مجتبیٰ حسین کے یہاں موضوعات میں تنوع ہے، وہ کبھی پہلے گریجویٹ درویش کا قصہ سناتے ہیں تو کبھی اپنی بے مکانی کا ذکر کرتے ہیں، کبھی ان کی نظریں ریل منتری پر پڑتی ہیں تو کبھی ان کی آنکھیں رکشہ والے کی بے بسی پر نم ہو جاتی ہیں۔ کبھی وہ دنیا کے غفوروں کو ایک ہونے کا

۱۔ قصہ داڑھ کے درد کا، مشمولہ بہر حال ص ۱۴

مشورہ دیتے ہیں تو کبھی کتوں کو انسانوں سے خبردار رہنے کی تاکید کرتے ہیں۔ وہ ڈائرکٹر کے کتے کا حال بھی سناتے ہیں اور دیمکوں کی ملکہ کی گفتگو بھی، ڈاکٹروں کے ناز بھی اُٹھاتے ہیں اور اپنے نوکر کی ناز برداریاں بھی سہتے ہیں۔ مرزا غالبؔ کی پریس کانفرنس بھی کرواتے ہیں اور اس دور میں حاتم طائی کو بھی یاد کرتے ہیں۔ غرض چار مینار کے میناروں سے لیکر چینی ایشٹرے تک کو اُنھوں نے موضوع بنایا ہے۔

اچھے ادیب کا وصف یہ ہے کہ وہ موضوع کو تلاشتا نہیں بلکہ موضوعات قطار باندھے اس کے سامنے کھڑے رہتے ہیں۔ مجتبیٰ حسین کے پاس موضوع خود چل کے آتا ہے۔ یہ بھی اُن کا کمال ہے کہ وہ موضوع کو اِدھر اُدھر بھٹکنے نہیں دیتے بلکہ اسے اپنی انگلی پکڑوا کے چلاتے ہیں۔ یہی وجہ ہے کہ ہمیں ان کی تحریروں میں ان کی شخصیت کا عکس نظر آتا ہے۔ ان کا فن ہر دلعزیز ہے۔ اس کی بڑی وجہ یہ ہے کہ اُنھوں نے نہ تو ''عصر'' سے ٹکر لی ہے اور نہ ''ہم عصروں'' سے ٹکرانے کی کوشش کی ہے۔ ان کا فن پاکیزہ ہے۔ دکھاوا، حسد، رقابت یا بازی لے جانے کے جذبوں سے عاری بے حد شفاف بھی ہے۔ اس شفافیت میں وہ مقناطیسیت ہے جو پڑھنے والے کو اپنی جانب کھنچے چلے آنے پر مجبور کردیتی ہے اور پھر ''داد'' کے انبار لگ جاتے ہیں۔

مجتبیٰ حسین نے کبھی داد کے ان ''ٹیلوں'' پر چڑھ کر نہ تو دوسروں پر کنکریاں ماری ہیں اور نہ ہی اپنی بادشاہت کا اعلان کیا ہے۔ مزاج کی سادگی، فکر کی گہرائی، اسلوب کی نزاکت، بیان کی بے ساختگی، خیال کی متانت، لہجے کی ظرافت، اظہار کی برجستگی اور بے تکلفی نے ان کے فن کو معراج بخشی ہے۔ ان کے ہاں بذلہ سنجی اور شوخی جا بجا ملتی ہے۔ ان کا بیان فرحت بخش ہے، ان کی ہر تحریر میں رگِ ظرافت کے پھڑکنے کا ثبوت جا بجا ملتا ہے۔ ٹرین میں کتاب پڑھنے کے شوق کو موضوع بنا کر ذو معنی الفاظ اور کہاوتوں کے استعمال سے برجستہ مزاح پیدا کیا ہے۔

> ''ٹرین جب ہچکولے کھاتی ہوئی آگے بڑھتی ہے تو ہم اپنے سامان پر ایک اچٹتی سی نظر ڈالتے ہیں اور کتاب کھول کر برتھ پر دراز ہوجاتے

ہیں۔تھوڑی دیر تک تو کتاب اور ٹرین دونوں ساتھ ساتھ چلتے ہیں مگر اس کے بعد ہماری نظروں کے سامنے کتاب کی سطریں بڑی تیزی سے پٹریاں بدلنے لگتی ہیں اور اس کے بعد نہ جانے کب ہماری آنکھیں خود بخود بند ہوجاتی ہیں اور کتاب ہمارے سینے پر سوار ہوجاتی ہے۔جیسے وہ خود ہمارا مطالعہ کررہی ہو...... جب ہم اپنی کتاب کو پڑوسی مسافر کے سینے سے بڑی آہستگی کے ساتھ یوں اُٹھاتے ہیں جیسے ہم اس کتاب کی چوری کررہے ہوں ...... کتاب کا کام صرف یہ ہوتا ہے کہ وہ سینہ بہ سینہ منتقل ہوتی چلی جائے ...... پھر ایک موقع ایسا بھی آتا ہے کہ کتاب اچانک ٹرین سے غائب ہوجاتی ہے ...... ہم سینے پر کتاب رکھنے کی بجائے پتھر رکھ لیتے ہیں''۔[۱]

آج کل مشاعروں میں بعض شاعرات کی موجودگی بعض سامعین کے لئے دل بستگی کا سامان مہیا کرتی ہے جس کی وجہ سے مشاعرے اپنے حقیقی معنی کھوتے جارہے ہیں۔اس موضوع کو لے کر مجتبیٰ حسین بڑے متفکر ہیں۔اُنھوں نے مجرے اور مشاعرے کا تقابل کرتے ہوئے یہ ظاہر کرنے کی کوشش کی ہے کہ:

''کوٹھوں پہ بھی ملحوظ تھی کل شرم و حیا کچھ
شرفا میں بھی شرم و حیا کا فقدان ہے آج

''مشاعرے اور مجرے کا فرق'' میں پرانی تہذیب کے مقابلے میں نئی تہذیب پر زبردست طنز ملتا ہے۔

''آج کے مشاعروں میں ہم خاتون شعراء کی عنایت سے مشاعرہ کم سنتے ہیں اور مجرا زیادہ دیکھتے ہیں۔ دوسری بات یہ ہے کہ ہم نے

۱۔ٹرین میں پڑھنا، مشمولہ قطع کلام ص ۱۰۰، ۱۰۱

مجرے والیوں کو کبھی اتنا بے باک (بلکہ بے باق)، بے حیا، بے شرم مگر ساتھ ہی ساتھ ایسا بے پناہ نہیں پایا جیسا کہ مشاعروں میں ہماری بعض شاعرات نظر آتی ہیں۔ خدا کی قسم مجرے والیاں تو بے حد شریف، پاکباز اور حیادار ہوتی ہیں ان بیچاری شریف بیبیوں کو تو اپنے گانے بجانے سے مطلب ہوتا تھا جب کہ ہماری بعض شاعرات کی شاعری میں شاعری کی اتنی اہمیت نہیں ہوتی جتنی کہ ''ماورائے شاعری'' کی ہوتی ہے''۔[۱]

ٹکنالوجی کی ترقی نے دور حاضر کے انسان کے لئے جہاں کئی سہولتیں فراہم کی ہیں وہیں اس کے لئے جھلانے اور کڑھنے کا سامان بھی مہیا کر رکھا ہے۔ آج ٹیلی فون ہر شخص کی ضرورت بن چکا ہے۔ یہی ٹیلی فون رانگ نمبر کے ذریعہ دردسر بھی بن جاتا ہے۔ ایک مضمون ''سوری رانگ نمبر'' میں رانگ نمبر کے ذریعہ پیدا ہونے والی اُلجھنوں کو مجتبیٰ حسین نے اچھے انداز میں پیش کیا ہے۔ ملاحظہ کیجیے۔

''ایک دن فون آیا ہیلو! میں سریندر بول رہا ہوں اپنی میم صاحبہ سے کہو کہ ٹھیک چھ بجے ریگل سنیما کی سامنے والی ریلنگ کے پاس ملیں ...... اس سے پہلے کہ ہم رانگ نمبر کہتے اِس جلد باز نے فون کا ریسور رکھ دیا خیر شام میں ہمیں ریگل سنیما کی طرف جانا ہی تھا۔ سوچا وہیں اس سے رانگ نمبر ملانے کے لئے سوری کہلوائیں گے۔ شام میں چھ بجے وہاں ایک بے چین پتلا نظر آیا تو پوچھا۔

آپ سریندر جی ہیں جواب ملا ''جی ہاں''

۱۔ مشاعرے اور مجرے کا فرق، مشمولہ آخر کار، ص ۱۰۳

ہم نے کہا آج آپ کی میم صاحبہ یہاں نہیں آئیں گی

اس نے غصہ سے کہا'' آپ ہیں کون''؟

ہم نے کہا رانگ نمبر اور کیا! اتنی سی بات سمجھ میں نہیں آئی۔

دوپہر میں آپ نے میم صاحبہ کے لئے جو پیغام دیا تھا وہ مجھے دیا تھا۔
میں تو یہاں صرف تم سے رانگ نمبر ملانے کی معافی منگوانے آیا تھا''۔ا

اس مضمون کے اختتام تک آتے آتے ایک باشعور قہقہے کے پیچھے چھپی محرومیوں اور ناآسودگیوں کی جھلک نظر آتی ہے۔ایک عام آدمی کے درد بھرے احساس کو مجتبیٰ حسین نے بڑی فنکاری کے ساتھ پیش کیا ہے۔

''ایک بار ایک پریشان حال غرض مند نے فون کر کے ہم سے پوچھا
''کیا آپ پردھان منتری کی کوٹھی سے بول رہے ہیں؟

ہم نے آواز تو خیر سن لی تھی۔ پھر اس کا یہ پوچھنا ہمیں اچھا لگا۔
اپنے گھر کو پردھان منتری کی کوٹھی بنتے دیکھنا کسے اچھا نہیں لگتا......
تمہارا شکریہ کہ تم نے ہمارے دو کمروں والے گھر کو پردھان منتری کی کوٹھی کہہ کر ہماری عزت بڑھادی۔ مان لو اگلے چناؤ میں اگر ہم کھڑے ہوجاتے ہیں اور آپ جیسے ہمدرد ہمیں ووٹ دیتے ہیں تو ہم دونوں کے خواب پورے ہوسکتے ہیں۔ پھر بھی اس وقت تو ہم رانگ نمبر سے بول رہے ہیں۔آواز آئی ''گولی ماریئے رانگ نمبر کو..........
رائٹ نمبر اور رانگ نمبر سب بے کار کی باتیں ہیں جس نمبر سے بھی سننے کے لئے پیار کے دو میٹھے بول اور دیکھنے کے لئے خواب مل جائیں تو

ا۔سوری رانگ نمبر مشمولہ آخر کار ص ۶۱،۶۲

وہی میرے لئے رائٹ نمبر ہے''۔[۱]

مجتبیٰ حسین کا اولین اور سب سے بڑا مقصد معاشرتی اور سماجی بُرائیوں کی اصلاح ہے۔ اُنھوں نے ''طنز کے پردے'' میں کئی بُرائیوں پر سے پردے اُٹھائے ہیں۔ اتنا ہی نہیں بلکہ کئی پردے تو چاک بھی کردیئے ہیں لیکن اتنا تو ضرور ہے کہ ہر ''طنز'' کے پیچھے ''دُکھ'' چھپا ہے۔ چاہے وہ اُردو کے قاری کی کمیابی کا دُکھ ہو یا انسان کی حیوانیت کا۔ اور اس کا اظہار اُنھوں نے مزاح کے پردے میں کیا ہے۔ یہاں اُن کی ہنسی یا قہقہہ ایک احتجاج سے کم نہیں لگتا۔ ایک مضمون ''اُردو کا آخری قاری'' میں یہ تاثر ملتا ہے۔

''نقاد کے بیٹے سے پوچھا گیا، کیا تمہارے والد مرحوم نے تمہیں اُردو نہیں سکھائی تھی؟ جواب ملا میرے والد دوسروں کے لڑکوں کو اُردو ضرور پڑھایا کرتے تھے۔ لیکن ذرا سوچئے وہ خود اپنی اولاد کے ساتھ ایسی زیادتی کیسے کرسکتے تھے۔ اسی اُردو سے بچنے کے لئے تو اُنھوں نے مجھے انگلینڈ بھیجا تھا۔ میرے والد بڑے دور اندیش آدمی تھے۔ اُردو کی خدمت اس ڈھنگ سے کرتے تھے کہ بھلے ہی اُردو تباہ ہوجائے، لیکن خاندان پر کوئی آنچ نہ آئے۔ نتیجہ میں آج ہمارا خاندان دن دونی رات چوگنی ترقی کررہا ہے اور اُردو کا حشر دیکھئے کیا ہوچکا ہے''۔[۲]

مجتبیٰ حسین کسی مسئلہ پر قلم اُٹھانے سے پہلے اس کے اسباب و محرکات کا بھرپور جائزہ لیتے ہیں ان کی ہر تحریر میں فکر کا پہلو نمایاں نظر آتا ہے۔ دیمکوں کی ملکہ سے گفتگو کے دوران وہ اُردو زبان وادب کی دن بہ دن گرتی ہوئی حالت سے متفکر نظر آتے ہیں۔ اُردو کتب خانے بے شمار نادر

۱۔ سوری رانگ نمبر مشمولہ آخر کار ص ۶۳، ۶۴

۲۔ اردو کا آخری قاری، مشمولہ بالا آخر، ص ۱۲، ۱۳

کتابوں سے بھرے پڑے ہیں لیکن اُردو پڑھنے والوں کی کمی مجتبیٰ حسین کو کھل رہی ہے۔اُردو کی نادر کتب دیمکوں کے حوالے ہو چکی ہیں۔اس افسوس کا اظہار درج ذیل اقتباس میں ملتا ہے۔

''میں یہاں آرام سے رہنے لگی ہوں تو تمھیں کیوں تکلیف ہو رہی ہے۔میں نے پوچھا لیکن تمھیں یہاں سکون کس طرح مل جاتا ہے بولی۔ان کتابوں کو پڑھنے کیلئے اب یہاں کوئی نہیں آتا۔مجھے یوں لگتا ہے جیسے یہ ساری کتابیں میرے لئے فوڈ کارپوریشن آف انڈیا کا درجہ رکھتی ہیں شرما کر بولی مجھے کہتے ہوئے لاج سی آتی ہے۔اُردو کے ادیبوں اور شاعروں کو تو اب میرے سوائے کسی اور کا شکریہ ادا نہیں کرنا چاہیے کیونکہ بالآخر اب میں ہی ان کی کتابوں میں پائی جاتی ہوں ورنہ انھیں کون پوچھتا''۔[۱]

مجتبیٰ حسین کی ہر تحریر زندگی اور اس کے مسائل سے مربوط ہے۔اُنھوں نے اس دنیا میں جینے والے انسانوں کی اُلجھنوں اور مسائل کو نہ صرف پرکھا بلکہ اس کا اظہار بھی کیا۔آج کے مصروف ترین ماحول میں ہر شخص کسی نہ کسی کا محتاج ضرور ہے۔موجودہ دور کے انسان کی محتاجی کا ذکر مجتبیٰ حسین نے مضمون ''مجھے میرے دھوبی سے بچاؤ'' میں کیا ہے۔

''مرزا جسے ''میں'' سمجھ بیٹھے تھے وہ اصل میں ''میں'' نہیں تھا بلکہ میرا دھوبی تھا اور یہ کوئی نئی بات نہیں ہے کہ لوگوں نے ہمیشہ میرے دھوبی کے ساتھ وہی سلوک کیا ہے جو وہ میرے ساتھ کرتے ہیں۔ایک بار تو حد ہو گئی کہ میرا بچہ میرے دھوبی کے پیچھے پیچھے پپا پپا کہتا ہوا دوڑ پڑا۔ لیکن جب وہ قریب پہنچا تو اس کی حیرت کی کوئی انتہا نہ رہی کہ اس کے

۱۔ دیمکوں کی ملکہ سے گفتگو، مشمولہ آخر کار، ص ۹

پپا کے لباس میں اس کے پپا کا دھوبی سامنے کھڑا ہے‘‘۔[۱]

گھریلو نوکروں کے بڑھتے ہوئے مطالبات اور بدلتے ہوئے تقاضوں کو موضوع بنا کر اُنھوں نے نوکر کے ہاتھوں مجبور ایک عام انسان کی بے بسی کا ذکر خوشگوار انداز میں کیا ہے۔

’’ادھر چند دنوں سے ماڈرن نوکروں کی بھی ایک نسل نمودار ہو گئی ہے۔ جو کھانے، کپڑے پر ملازم بننے کے لئے قطعاً تیار نہیں ہوتی۔ ہم نے ایک ایسے ہی نوکر سے کہا تھا کہ ہم تمہیں کھانا کھلا کر تیس روپے دیا کریں گے اس پر اس نے کہا تھا کہ جی نہیں میں اس شرط پر کام نہیں کروں گا مجھے کھانے، کپڑے کی چنداں ضرورت نہیں میرے پاس اللہ کا دیا بہت کچھ ہے۔ مجھے ہر روز سنیما دیکھنے کے لئے ٹکٹ کے پیسے چاہئیں کیونکہ کھانے کے بغیر تو انسان زندہ رہ سکتا ہے لیکن پکچر دیکھے بغیر میرے لئے سانس لینا بھی دوبھر ہے‘‘۔[۲]

مجتبیٰ حسین کی طنز و مزاح نگاری کا ایک مقصد تہذیب و ثقافت کی پاسداری اور اس کی حفاظت بھی ہے وہ اپنی اکثر تحریروں میں اقدار کی پامالی سے مایوس نظر آتے ہیں۔ تہذیب و ثقافت کی حالتِ زار انھیں بار بار جھنجوڑتی ہوئی نظر آتی ہے۔ ’’چار مینار اور چار سو برس‘‘ میں اُنھوں نے دم توڑتی ہوئی تہذیب کی بربادی پر دو آنسو گرانے کی بجائے بھرپور طنز کیا ہے۔

’’پہلے مینار نے کہا۔ اور تمہیں یاد ہے اسی تہذیب نے گولکنڈہ کے قلعہ کے دروازے پر ایک عبدالرزاق لاری کو بھی کھڑا کر دیا تھا جو آخر وقت تک دشمنوں سے لڑتا رہا وہ آخر کس تہذیب کا پروردہ تھا۔ تیسرے مینار نے کہا بہت خوب اس تہذیب نے ایک جان نثار پیدا

۱۔ مجھے میرے دھوبی سے بچاؤ، مشمولہ تکلف برطرف، مجتبیٰ حسین ص ۴۶

۲۔ ہمارا نوکر مشمولہ قطع کلام ص ۸۰

کیا تھا اور اسی جان نثار کو اس تہذیب کی قربان گاہ پر بھینٹ چڑھا دیا اب کون جانتا ہے عبدالرزاق لاری کی اس قربانی کو؟ دوسرے مینار نے کہا۔ یاد ہے وہ دن جب سلطان قلی قطب شاہ اپنے لاؤ لشکر کے ساتھ اس عمارت کا سنگ بنیاد رکھنے آیا تھا۔ پہلے مینار نے کہا وہ گھوڑے، وہ ہاتھی وہ پالکیاں وہ امراء اور شرفاء نہ جانے کہاں گئے وہ لوگ۔ تیسرے مینار نے کہا، یوں لگتا ہے جیسے یہ سب وقت کے فینسی ڈریس شو میں حصہ لینے آئے تھے اور چلے گئے''۔[۱]

آگے لکھتے ہیں:

''پہلے حیدرآبادی تہذیب آدمی کے کردار سے جھلکتی تھی۔ اب اس کی ڈکار سے جھلکتی ہے''۔[۲]

مضمون ''چار مینار اور چار سو برس'' میں کئی جگہ مجتبیٰ صاحب سچا اور باشعور قہقہہ لگاتے ہوئے نظر آتے ہیں:

''میں نے چار مینار سگریٹ کی ڈبیا پر نظر ڈالی۔ وہاں چار مینار کے چاروں مینار صحیح و سالم کھڑے تھے۔ یوں بھی ان دنوں صرف کاغذ پر ہی ہر چیز محفوظ نظر آتی ہے۔ چاہے وہ عمارت ہو یا ہمارا کردار۔ فلسفہ ہو یا ہماری تہذیب''۔[۳]

مضمون ''ابھینیتا نیتا بن گئے'' میں سیاسی قائدین پر طنز ملتا ہے جن سے ملک کے امن و امان کو خطرہ محسوس ہوتا ہے۔

۱۔ چار مینار اور چار سو برس، مجتبیٰ حسین کی بہترین تحریریں ص ۱۰۲

۲۔ چار مینار اور چار سو برس، مجتبیٰ حسین کی بہترین تحریریں ص ۱۰۵

۳۔ چار مینار اور چار سو برس، مجتبیٰ حسین کی بہترین تحریریں، حسن چشتی ص ۱۰۰

"اے بی سی ڈی نے کہا پربھو! آپ کی باتیں اب کچھ میرے پلے پڑنے لگی ہیں۔ آپ کا حکم ہے کہ میں ملک میں سوشلزم کو لے آؤں مگر یہ تو بتائیے کہ سوشلزم کیا ہوتا ہے، کتنی ٹانگیں ہوتی ہیں، سوشلزم ویجٹیرین ہوتا ہے یا نان ویجٹیرین؟

پربھو بولے یہ سارا لفڑا نیتاؤں نے کھڑا کیا ہے۔ سوشلزم تو سیدھی سادھی سی چیز ہے مگر نیتاؤں نے سوشلزم کے ایسے طوطا مینا بنائے کہ اب تو اُس کی ٹانگیں تک ڈھونڈنے لگا ہے۔ نیتاؤں نے اپنی کرسی کی ٹانگوں کو سلامت رکھنے کے لئے سوشلزم کے بھی ٹانگیں لگا دیں۔ وہ یہ چاہتے ہیں کہ انھیں سوشلزم تک چل کر جانے کی زحمت نہ ہو بلکہ سوشلزم خود چل کر اُن کے پاس آئے"۔[۱]

جس احتیاط اور سادگی کے ساتھ مجتبیٰ حسین بڑی سے بڑی بات کہہ جاتے ہیں یہ فن چند ادیبوں کے ہاں ہی ملتا ہے۔ وہ ایک وسیع النظر ادیب ہیں۔ وہ قاری کو مزاح کے گل بوٹوں سے سجی خوبصورت پگڈنڈی کی سیر کرواتے ہیں۔ ان خوبصورت گل بوٹوں میں طنز کے جو خار پوشیدہ ہیں ان کی چبھن اچانک یہ احساس دلاتی ہے کہ ہنسی اور ظرافت کے پردے میں ایک حساس دل بھی ہے، جو کبھی کبھی روتا بھی ہے۔ اس کا اظہار اُنھوں نے اس طرح کیا ہے۔

آج کے انسان کی ہنسی کا المیہ یہ ہے کہ اس کی ہنسی کبھی کبھی آنسو بن کر آنکھ سے ٹپک جاتی ہے۔ نہ جانے ہر قہقہے کے پیچھے مجھے تلخیوں، نا آسودگیوں اور محرومیوں کے آنسو کیوں نظر آتے ہیں"۔[۲]

۱۔ ابھینیتا، نیتا بن گئے، مجتبیٰ حسین کی بہترین تحریریں، حسن چشتی ص ۲۱۱

۲۔ پس و پیش لفظ، قطع کلام ص ۸،۹

مجتبیٰ حسین کی تحریروں سے ان کے بیان کی عکاسی ہوتی ہے۔ مضمون ''ڈائریکٹر کا کتا'' میں کتے کو پکڑنے کے پُرلطف بیان کے درمیان سبھاش بگائی کے ذکر پر ان کی ہنسی اچانک آنسو بن کر ٹپک پڑی ہے۔ دیکھیئے:

> ''ڈائریکٹر کا نام سنتے ہی کتے نے فائل اپنے منہ سے چھوڑ دی اور سینئر کلرک سبھاش بگائی کا ٹفن باکس لے کر بھاگ گیا۔ سبھاش بگائی کے ہاتھوں کے طوطے اُڑ گئے اس نے چیخ کر کہا۔ دوستو یہ ٹفن باکس اس کے منہ سے چھینو۔ یہ میری عزت کا سوال ہے۔ اگر کتے نے اس ٹفن باکس کو کھول دیا تو میں کسی کو منہ دکھانے کے قابل نہیں رہوں گا۔ آج تک دفتر میں کسی کو یہ پتہ نہیں ہے کہ میں سالن کے بغیر ہی ایک چپاتی ٹفن باکس میں ڈال کر لاتا ہوں۔ پھر یہ اکلوتی چپاتی بھی اس قابل نہیں ہے کہ اسے ڈائرکٹر صاحب کا کتا کھا سکے''۔[۱]

مغنی تبسم نے مجتبیٰ حسین کو بنیادی طور پر قصہ گو کہا ہے۔[۲]

کیونکہ ان کے ہر مضمون خاکے، سفرنامے یا کالم میں قصہ گوئی کے بہترین نمونے ملتے ہیں۔ ایک مضمون ''سویز بینک میں کھاتا ہمارا'' سے لیا گیا۔ ایک اقتباس مثال کے طور پر پیش ہے:

> ''پرسوں ایک عجیب وغریب واقعہ پیش آیا۔ میں صبح، ڈرائنگ روم میں بیٹھا داڑھی بنا رہا تھا کہ ایک بھکاری حسبِ معمول میرے گھر پر آواز لگانے لگا۔ دوسرے بھکاری نے جو میرے پڑوسی کے گھر پر کھڑا تھا میرے گھر کے سامنے کھڑے ہوئے بھکاری سے کہا! میاں اس

۱۔ ڈائرکٹر کا کتا، مجتبیٰ حسین کی بہترین تحریریں ص ۷۵

۲۔ مجتبیٰ حسین کی مزاح نگاری، مغنی تبسم، مشمولہ شگوفہ کا مجتبیٰ حسین نمبر صفحہ ۶۱

گھر پر آواز لگا کر کیوں اپنا وقت اور گلا ضائع کرتے ہو۔ اُن کا تو سارا پیسہ سویز رلینڈ میں ہے۔ ناحق کیوں اُنھیں تنگ کرتے ہو۔ پانی اب میرے سر سے اونچا ہو چکا تھا۔ میں نے فوراً اپنی بیوی کو طلب کیا اور کہا۔ تمہیں یاد ہوگا کہ تین مہینے پہلے میں نے تمہیں اس راز سے واقف کرایا تھا کہ سویز رلینڈ کے ایک بینک میں میرا اکاؤنٹ موجود ہے''۔ بیوی نے کہا............تم نے پہلی بار اپنے اکاؤنٹ کا جو اعتراف کیا تھا وہ غلط تھا۔ میں نے کہا غلط تو نہیں تھا مگر میرا اعتراف ادھورا تھا۔ میں نے تمہیں اپنے کھاتے کا نمبر، کھاتے کا خفیہ نام اور کھاتے میں جمع شدہ رقم کے بارے میں کچھ بھی نہیں بتایا تھا۔ کھاتے کا خفیہ نام گوبھی کا پھول ہے، اور اس کھاتے میں سویز رلینڈ کے صرف دس مارک جمع ہیں۔ میں نے حیرت سے پوچھا، تمہیں کس نے بتایا۔ بولی میں نے اس سلسلے میں ایک خفیہ ایجنسی کی خدمات حاصل کی تھیں''۔[۱]

دیمک سے گفتگو، قصہ پہلے گریجویٹ کا، چار مینار اور چار سو برس میں میناروں کی گفتگو، مرزا غالب کی پریس کانفرنس وغیرہ میں بھی اس طرح کی قصہ گوئی ملتی ہے۔ ملاحظہ کیجیے:

''پریس کانفرنس کی تیاریاں شروع ہو گئیں، مرزا غالب اور میر مہدی مجروح عارضی طور پر اس دنیا میں آ گئے۔ غالب دن بھر پریس کانفرنس کی تیاریوں میں مصروف رہتے اور رات کو اپنے صحافتی بیان لکھنے میں مگن ہو جاتے۔ مرزا غالب نے بڑے انہماک کے ساتھ ان غالب نمبروں کا مطالعہ شروع کر دیا جو مختلف رسالوں نے اُن کی صدی تقاریب کے موقع پر شائع کئے تھے۔............ جب مرزا غالب کا

۱۔ سوئز بینک میں کھاتا ہمارا

صحافتی بیان تیار ہو گیا تو مرزا غالبؔ نے میر مہدی کے مشورے سے پریس کانفرنس کی تاریخ مقرر کی اور ایک اخبار کے ایڈیٹر سے ملنے چلے گئے۔ اخبار کے ایڈیٹر نے پہلے تو ان کا پر تپاک استقبال کیا۔ مگر جب مرزا غالبؔ نے بتایا کہ وہ مرزا غالبؔ ہیں تو اس نے فوراً اپنے نوکر کو آواز دی اور کہا۔ اُن صاحب کو باہر لے جاؤ۔ مجھے غالبؔ پر ایک مقالہ لکھنا ہے۔ میرے پاس ایسے غیر ضروری لوگوں سے ملاقات کے لئے وقت نہیں ہے"۔[۱]

مجتبیٰ حسین کے معیاری مزاح کے بہترین نمونے ان کی تحریوں میں ملتے ہیں۔ جہاں واقعہ، الفاظ، جملوں اور لطائف سے مزاح پیدا کرتے ہیں۔ درجہ ذیل اقتباس میں اس طرح کی مثالیں دیکھنے کو ملتی ہیں۔

"ایک دفعہ کا ذکر ہے کہ مقامی کالج کے طلباء نے ہڑتال کی اور جلوس نکالا۔ ایک مقام پر جلوس مشتعل ہو گیا اور پولیس پر سنگباری کرنے لگا۔ پولیس نے لاٹھی چارج کیا مگر جلوس پر اس کا کوئی اثر نہیں ہوا۔ جب صورتحال بہت نازک ہوگئی تو سب انسپکٹر کے ذہن میں اچانک ایک ترکیب آئی۔ وہ سیدھا علامہ کے گھر گیا اور انھیں اپنے ساتھ لے آیا۔ اِدھر طلباء کی سنگ بازی بدستور جاری تھی کہ اچانک مائیکروفون پر اعلان ہوا! خواتین وحضرات اب آپ علامہ نارسا سے اُن کی تازہ غزل سماعت فرمائیے...... مائیکروفون پر یہ اعلان ہونا تھا کہ طلباء اپنے سر پر پاؤں اور پاؤں پر سر رکھ کر بھاگنے لگے۔ اور ابھی علامہ نے اپنی غزل کا مطلع ہی سنایا تھا کہ مطلع صاف ہو گیا۔ طلباء تو طلباء پولیس کی

۱۔ مرزا غالب کی پریس کانفرنس

ساری جمعیت بشمول سب انسپکٹر پولیس مقام حادثہ سے غائب تھی“۔[۱]

یہ ایک خیالی قصہ ہے، یہ حقیقت بھی ہوسکتا ہے لیکن جس معاشرے میں ہم رہتے ہیں وہاں ایسی حقیقتوں کا ظہور پذیر ہونا مشکل ہے۔شائد مجتبیٰ حسین نے مزاح پیدا کرنے کی خاطر یہ قصہ گھڑ لیا ہے۔

مبالغہ آمیز قصہ گوئی کا ایک اور نمونہ دیکھئے:

> ”ہمارے ایک اور دوست کا قصہ ہے کہ انھیں عرصہ سے بلڈ پریشر کی شکایت تھی۔ جب وہ بستر پر سوجاتے تو اُن کا بلڈ پریشر آسمان سے باتیں کرنے لگتا۔ جب ایلوپیتھی علاج سے فائدہ نہ ہوا تو ایک حکیم صاحب کی خدمات حاصل کیں۔ حکیم صاحب نے اُن کا بغور معائنہ کیا۔ زبان اتنی بار باہر نکلوائی کہ وہ ہانپنے لگے۔مگر اسی اثناء میں حکیم صاحب کی نظر تکیہ پر پڑی اور وہ تکیہ کی جانب لپکے شعر کو غور سے پڑھا اور تنک کر بولے۔اس تکیہ کو ابھی یہاں سے ہٹائیے بلڈ پریشر کی اصل جڑ تو یہ تکیہ ہے واہ صاحب واہ! کمال کردیا آپ نے۔آپ کو بلڈ پریشر کی شکایت ہے اور آپ نے شاعر انقلاب حضرت جوشؔ ملیح آبادی کا شعر تکیہ پر طبع کروا رکھا ہے۔ جانتے ہو جوشؔ کی شاعری میں کتنا جوش ہوتا ہے۔ جوشؔ کے شعر پر آپ سوجائیں گے تو دورانِ خون نہیں بڑھے گا تو اور کیا ہوگا؟ تکیہ کو اسی وقت یہاں سے ہٹائیے۔ خبردار جو آئندہ سے آپ نے جوشؔ کے تکیہ پر سر رکھا۔ اگر شعروں پر سونا ایسا ہی ضروری ہے تو داغؔ کے غلاف پر سوجائیے۔ جگرؔ کے غلاف کو اپنے سر کے نیچے رکھئے۔ ان شعراء کا کلام آپ کے بلڈ پریشر کو کم

۱۔ مجتبیٰ حسین کی بہترین تحریریں ص ۱۴۱-۳

> کردے گا۔ آپ کو فرصت ملے گی بھوک زیادہ لگے گی۔ آپ کے جسم میں خون کی مقدار میں اضافہ ہوگا وغیرہ وغیرہ۔ حکیم صاحب کے اس مشورے کے بعد ہمارے دوست نے نہ صرف ''جوش کا غلاف'' بدل دیا بلکہ اب وہ جوش کے غلاف کو ہاتھ لگاتے ہوئے بھی خوف محسوس کرتے ہیں کہ کہیں پھر بلڈ پریشر کا عارضہ لاحق نہ ہوجائے''۔[۱]

مجتبیٰ حسین نے اپنی تحریروں میں تشبیہات، محاوروں اور کہاوتوں کے استعمال سے بھی دلکشی پیدا کی ہے۔

مجتبیٰ حسین نے کم ہی سہی لیکن سیاست پر طنز ضرور کیا ہے اس سلسلے میں ان کے مضمون ''ریل منتری مسافر بن گئے'' میں ریل منتری اوران کے سکریٹری کی گفتگو ملاحظہ کیجیے۔

> ''ریل منتری تو وہ ہوتا ہے جو ہمیشہ ہوائی جہاز سے سفر کرتا ہے۔ آپ تو ابھی منتری کی گدی پر براجمان ہیں۔ پھر عام چناؤ کا بھی دور دور تک کہیں کوئی پتہ نہیں۔ ایسے میں آپ پر ایسی کون سی بپتا آن پڑی ہے کہ آپ ریل میں سفر کریں''۔[۲]

یہ ایک عام بات ہے کہ ملک میں کہیں بھی کوئی واقعہ پیش آجائے، سیلاب ہو یا قحط پڑجائے تو سیاسی قائدین وہاں کا دورہ ضرور کرتے ہیں۔ مجتبیٰ حسین ایسے ہی ایک موقع کی تصویر یوں کھینچتے ہیں۔

> ابھی چند روز پہلے ہمارے وزیر خوراک قحط زدہ علاقوں کے دورے پر گئے ہوئے تھے، وہ بھی جانکاری حاصل کرنا چاہتے تھے۔ واپسی پر انھوں نے بتایا کہ ''قحط زدہ علاقوں میں مجھے کہیں بھی قحط نظر نہیں آیا۔

۱۔ تکیۂ کلام مشمولہ مجتبیٰ حسین کی بہترین تحریریں، مرتبہ حسن چشتی، ص ۱۶۳

۲۔ ریل منتری مسافر بن گئے، مشمولہ مجتبیٰ حسین کی بہترین تحریریں، جلد اول، حسن چشتی ص ۱۷

کیونکہ مجھے تو تینوں وقتوں کا کھانا پابندی سے ملتا رہا بلکہ دوسرے پردیشوں کے مقابلے میں یہاں کا کھانا زیادہ لذیذ محسوس ہوا۔ کیسا قحط اور کہاں کا قحط؟ ایسا معلوم ہوتا ہے کہ قحط کی افواہ صرف اپوزیشن والوں نے اڑائی ہے"۔[۱]

دیکھئے یہاں مجتبیٰ حسین نے سیاسی رہنماؤں کے رویے کا کس خوبصورتی سے ذکر کیا ہے یہ ہماری سیاست پر ایک بھرپور طنز ہے کہ قحط زدہ علاقے کا معائینہ کرنے والے وزیر کو نہ صرف کھانا پابندی سے ملتا رہا بلکہ وہ بہت زیادہ لذیذ بھی تھا۔

اپنی تحریروں میں سیاست کا ذکر کرتے وقت مجتبیٰ حسین نے معاشرت کو بھی ذہن میں رکھا ہے۔ وہ حیدرآباد کی معاشرت کو لندن میں دیکھ کر نہ صرف حیرت زدہ ہوتے ہیں بلکہ وہاں شادی کی تقریب میں مدعو کیے جانے والے انگریزوں کی حماقتوں کا بھی نہائت ظرافت آمیز انداز میں ذکر کرتے ہیں۔

مجتبیٰ حسین کو لندن کے قیام کے دوران شادی کی ایک تقریب میں شریک ہونے کا موقع ملا۔ اسی تقریب میں مدعو انگریز مہمانوں کو بتایا گیا کہ جب عقد کے بعد چھوارے اچھالے جائیں تو انھیں لوٹا جائے انگریزوں کے مزاج اور ان کی لوٹ مار کی صلاحیتوں کے بارے میں مجتبیٰ حسین کا یہ جملہ بڑا پر معنی ہے۔

"انگریزوں کی نوآبادیت جب سے ختم ہوئی ہیں وہ لوٹ مار کے عادی نہیں رہے۔ مگر چھواروں کی لوٹ مار میں ان کی فطری صلاحتیں کام کر گئیں۔ ہم نے دو بادام، ایک کھجور اور مصری کی ایک ڈلی لوٹی تھی، ہم لوٹ کا یہ مال ہاتھ میں لیے بیٹھے تھے کہ ایک انگریز نے اچانک ہمارے ہاتھ کو زبردستی مروڑ کر یہ مال غنیمت حاصل کیا اور بھیڑ میں

۱۔ ریل منتری مسافرین گئے، مشمولہ مجتبیٰ حسین کی بہترین تحریریں، جلد اول، حسن چشتی ص ۱۷، ۱۸

غائب ہوگیا''[۱]

اسی دعوت میں مہمانوں کی تواضع حیدرآبادی کھانوں سے کی گئی تھی جن سے انگریز واقف نہیں، چنانچہ مجتبیٰ حسین لکھتے ہیں:

''ہم نے دیکھا کہ ایک انگریز دہی کی چٹنی میں ڈبل کا میٹھا ملا کر نہ صرف کھا رہا تھا بلکہ حیدرآبادی پکوان کی تعریف بھی کر رہا تھا۔ ایک انگریز کباب میں بگھارے بینگن ملا کر کھا رہا تھا۔ ایک اور انگریز مرغ کی ٹانگ کی مدد سے خوبانیوں کا میٹھا کھا رہا تھا انگریز جس طرح حیدرآبادی تہذیب کو کھا رہے تھے اسے دیکھ کر ہمارے منہ میں پانی بھر آ رہا تھا''۔[۲]

سماجی مسائل مجتبیٰ حسین کا خاص موضوع رہا ہے۔ ہندوستانی سماج بھی بڑا عجیب ہے۔ وہ دکھاوے اور ظاہرداری کے لیے بہت کچھ کرتا ہے بعض اوقات اس کی وجہ اپنی کم مائیگی کی پردہ پوشی بھی ہوتی ہے۔ چند حیدرآبادی کہاوتیں ہیں جیسے ''اوپر شیروانی اندر پریشانی''، ''حیدرآباد نگینہ اندر مٹی اوپر چونا''۔ اسی طرح کی کیفیت ہم کو ''ڈائریکٹر کا کتا'' میں نظر آتی ہے جہاں دفتر کے سینئر کلرک سبھاش بگائی کا ٹفن کتا لے کے بھاگ جاتا ہے اور وہ چیخ کر کہتا ہے۔

''دوستو! یہ ٹفن باکس اس کے منہ سے چھینو، یہ میری عزت کا سوال ہے۔ اگر کتے نے اس ٹفن باکس کو کھول لیا تو میں کسی کو منہ دکھانے کے قابل نہیں رہوں گا، آج تک دفتر میں کسی کو پتہ نہیں ہے کہ میں سالن کے بغیر ہی ایک چپاتی ٹفن باکس میں ڈال کر لاتا ہوں۔ پھر یہ اکلوتی

۱۔ حیدرآباد کا جوذکر کیا، مشمولہ مجتبیٰ حسین کی بہترین تحریریں، حسن چشتی ص ۴۷

۲۔ حیدرآباد کا جوذکر کیا، مشمولہ مجتبیٰ حسین کی بہترین تحریری، جلداول، ص ۴۷، ۴۸

چپاتی بھی اس قابل نہیں ہے کہ اسے ڈائریکٹر صاحب کا کتا کھا سکے‘‘[۱]

مضمون ’’برف کی الماری‘‘ میں بھی دکھاوے اور جھوٹی شان اور اس سے ہونے والے نقصانات کو پر لطف انداز میں بیان کیا گیا ہے۔

> ’’بیوی نے ہمارے ہاتھ میں سودے کا تھیلا تھماتے ہوئے کہا ذرا جا کے بازار سے سبزیاں تو لے آیئے ہم نے کہا اتنی ڈھیر ساری مہینہ بھر کی سبزیاں تو ریفریجریٹر کے پیٹ میں ابھی ابھی جھونک چکا ہوں اب مزید سبزیاں لانے کی کیا ضرورت ہے۔ بولیں، تمہیں اپنی عزت کا مطلق خیال نہیں رہتا۔ جانتے ہو نیا نیا ریفریجریٹر آیا ہے، محلے کی ساری عورتیں، بچّے، بوڑھے، جوان سبھی اسے دیکھنے آئیں گے۔ آئیں گے تو اسے کھولیں گے بھی۔ اور تم خود سوچو کہ اس وقت اگر ریفریجریٹر خالی ہو تو چار لوگوں میں تمہاری کیا عزت رہ جائے گی‘‘۔[۲]

اس دکھاوے اور جھوٹی شان کے نتیجہ کے طور پر حالات اور بھی بگڑ جاتے ہیں ’’برف کی الماری‘‘ میں نتیجہ یوں ظاہر ہوا۔

> ’’اب ہم آمدنی کے لحاظ سے ایک مہینہ پیچھے رہ گئے تھے کیونکہ ایک مہینہ کی آمدنی ریفریجرٹر میں بند رہتی تھی اور ہر جاریہ مہینہ قرض پر چلتا تھا‘‘۔[۳]

اور یہ بھی سماج کا ایک عجیب پہلو ہے کہ جب تک لوگ ملازمت سے وابستہ رہتے ہیں اپنے عہدیدار بالا کی اور اس کے تمام متعلقین کی عزت کرتے ہیں اور جب ریٹائر ہو جاتے ہیں تو

۱۔ ڈائریکٹر کا کتا، مشمولہ مجتبیٰ حسین کی بہترین تحریریں، جلد اول، ص، ۷۵

۲۔ برف کی الماری مشمولہ مجتبیٰ حسین کی بہترین تحریریں، جلد اول، ص، ۱۵۴، ۱۵۵

۳۔ برف کی الماری مشمولہ مجتبیٰ حسین کی بہترین تحریریں جلد اول، ص ۱۵۵

پھران کی ساری برائیاں یاد آنے لگتی ہیں۔ کچھ ایسی ہی کیفیت ’’ڈائریکٹر کا کتا‘‘ میں رحمت علی کی ہے، جو ڈائریکٹر کے گمشدہ کتے کو اس لیئے نہیں پکڑنا چاہتا کہ دوسرے ہی دن سے وہ ریٹائر ہونے والا ہے جب کہ دفتر کے سارے لوگ اس کتے کو پکڑنے کی کوشش میں لگے ہوئے ہیں مجتبیٰ حسین نے رحمت علی کے کردار میں سرکاری ملازمین کی فطرت کو محسوس کرکے بے نقاب کرنے کی کامیاب کوشش کی ہے۔ یہ مجتبیٰ حسین کی فنکاری ہے کہ ایسے ہی عام موضوعات جن پر سب کی نظر نہیں جاتی مجتبیٰ حسین اسے اپنی تحریر کا موضوع بنا لیتے ہیں۔

مجتبیٰ حسین نے عام گھریلو مسائل کو اپنی ذات سے جوڑ کر تقریباً ہر گھر کی کہانی بیان کی ہے۔ اپنے ایک مضمون ’’قصہ داڑھ کے درد کا‘‘ میں انھوں نے گھریلو مسائل کا ذکر چھیڑ دیا ہے۔ ان کی بیوی (اپنی بیوی کے کردار میں انھوں نے ہر شخص کی بیوی کی فطرت اور سوچ کا احاطہ کیا ہے) شوہر کے گھر میں داخل ہونے کے بعد یہ سوچتی ہے کہ کہیں اسے ڈانٹ نہ پڑ جائے۔ مجتبیٰ حسین کا منہ داڑھ میں درد کی وجہ سے سوج گیا ہے اس پر بیوی سوچتی ہے کہ شائد موڈ اچھا نہیں۔ کہتی ہے۔

> ’’مجھے آپ سے ہمیشہ ہی شکایت رہی کہ دفتر میں اپنے عہدیدار کی ڈانٹ سن کر آتے ہیں اور غصہ ہم لوگوں پر نکالتے ہیں۔ میں تو آپ کے گھر میں داخل ہوتے ہیں ہی سمجھ گئی تھی کہ آج آپ کا ’’موڈ‘‘ اچھا نہیں ہے۔ جبھی تو آپ گال پھلائے اور منہ بسورے گھر میں داخل ہو رہے ہیں۔ اب کوئی آپ کا حال پوچھے تو کیسے؟ آپ تو ایسی حالت میں کاٹ کھانے کو دوڑتے ہیں میں سمجھتی ہوں کہ آج آپ کے عہدیدار نے کچھ زیادہ ہی ڈانٹ پلائی ہے۔ ذرا دیکھئے تو آپ کا گال کتنا پھول گیا ہے۔ اتنی ڈانٹ تو آپ نے پہلے کبھی نہیں کھائی تھی‘‘[۱]

۱۔ قصہ داڑھ کے درد کا، مشمول، مجتبیٰ حسین کی بہترین تحریریں، جلد اول، ص ۸۲، ۸۳

دلچسپ اضافہ مجتبیٰ حسین نے یوں کیا ہے کہ جب سارے بچوں کو یہ معلوم ہوتا ہے کہ گال پھولنے کی وجہہ دفتر کی ڈانٹ نہیں بلکہ داڑھ کا درد ہے تو سب خوش ہو کر لپٹ جاتے ہیں کیونکہ اب ان کی پٹائی نہیں ہوگی۔

مجتبیٰ حسین کی خوبی یہ ہے کہ انھیں ہر چھوٹی بڑی بات کا احساس ہے۔ حد تو یہ ہے کہ وہ روزمرہ کے مسائل کے علاوہ روزمرہ کے استعمال کی اشیاء پر بھی لطف اندوز اظہار خیال کرتے ہیں اس کی اچھی مثال ان کا مضمون ''چینی ایش ٹرے کی یاد میں'' ہے۔ لکھتے ہیں:

> '' کبھی کبھی میں ایش ٹرے کی مدد سے ملک کی معاشی صورت حال کا جائزہ بھی لے لیتا ہوں۔ محمودؔ کے بجھے ہوئے سگریٹ میں اس کی معیشت جھانکنے لگتی ہے یہ بجھے ہوئے امپورٹڈ سگریٹ پروفیسر بھٹا چاریہ کے ہیں۔ وہ اپنے سگریٹ اور منطق دونوں ہی بیرونی ممالک سے درآمد کرتے ہیں مگر جب بحث کرتے ہیں تو ملک کو'' خود کفیل'' بنانے کے موضوع پر گھنٹوں بول سکتے ہیں اس ایش ٹرے میں بعض اوقات میرے کلرک دوست خالدؔ کی بیڑی بھی چلی آتی تھی۔ ہمہ اقسام کے سگریٹوں کے بیچ جب خالدؔ کی بیڑی اچانک نکل آتی تھی تو مجھے یوں محسوس ہوتا جیسے ہمارے ملک سے غربت اتنی آسانی سے نہیں ہٹے گی''۔ا

مجتبیٰ حسین خود پر ہنسنے کی اہلیت رکھتے ہیں۔ کئی تحریروں میں انھوں نے خود اپنی ذات کو ہی نشانہ بنا کر مزاحیہ کیفیت پیدا کی ہے۔ '' دیمکوں کی ملکہ سے ایک ملاقات'' میں یہ بات ملتی ہے۔

'' میں نے حیرت سے پوچھا تم نے کیسے پہچانا کہ میں مصنف ہوں'' بولی میں تمہیں

ا۔ چینی ایش ٹرے کی یاد میں مشمولہ مجتبیٰ حسین کی بہترین تحریریں، جلد اول، ص ۱۴۵

جانتی ہوں۔ایک رسالہ کی ورق نوشی کرتے ہوئے میں نے تمہاری تصویر دیکھی تھی بلکہ تھوڑی سی تصویر کھائی بھی تھی۔ایک دم بدذائقہ اور کڑوی کسیلی نکلی حالانکہ وہ تمہاری نوجوانی کی تصویر تھی، پھر بھی اتنی کڑوی کہ کئی دونوں تک منہ کا مزا خراب رہا''۔[۱]

''دیمکوں کی ملکہ سے ایک ملاقات'' میں مجتبیٰ حسین نے امکانی نتائج ظاہر کیے ہیں۔اُردو کا قاری ناپید ہوتا جارہا ہے اس بات کو ذہن میں رکھتے ہوئے مجتبیٰ حسین نے دیمکوں کی ملکہ سے فرضی ملاقات میں اپنے خدشات دیمک کی زبانی یوں ظاہر کیئے ہیں۔

بالآخر میں ہی اُن کی کتابوں میں پائی جاتی ہوں۔ورنہ انھیں پوچھتا کون ہے''۔[۲]

مجتبیٰ حسین عام آدمی کے بیشمار مسائل ضبطِ تحریر میں لائے ہیں۔ایک مضمون ''ہماری بے مکانی دیکھتے جاؤ'' میں ایک عام انسان کی غربت' مفلوک الحالی اور آئے دن مکانوں کی قلت کے مسئلے کا دردانگیز ذکر، پرمزاح اسلوب میں یوں کیا ہے۔

''گھر واپس ہوا تو بیوی نے پوچھا، کوئی مکان ملا؟ میں نے کہا مکان تو نہیں ملا، البتہ ایک ووست کے ہاں دو پرانے رین کوٹ مل گئے۔وہ اُن کا کرایہ بھی نہیں لے گا۔ایک تم پہنو، دوسرا میں پہنتا ہوں، پھر دیکھو ساون کا مزہ کیسے آتا ہے''۔[۳]

مجتبیٰ حسین نے ایک جگہ لکھا ہے

''نہ جانے ہر قہقہے کے پیچھے مجھے تلخیوں، ناآسودگیوں اور محرومیوں کے

۱۔دیمکوں کی ملکہ سے ایک ملاقات، مشمولہ مجتبیٰ حسین کی بہترین تحریریں جلد اول، ص ۱۶۹

۲۔دیمکوں کی ملکہ سے ایک ملاقات، مشمولہ مجتبیٰ حسین کی بہترین تحریریں جلد اول، ص ۱۷۲

۳۔ہماری بے مکانی دیکھتے جاؤ مشمولہ مجتبیٰ حسین کی بہترین تحریریں، جلد اول، ص ۳۱

آنسو کیوں نظر آتے ہیں''[1]

یہی بات مضمون ''چار مینار اور چار سو برس'' میں تیسرے مینار کی زبانی کہتے ہیں۔

''ہر تہذیب پر ایک ایسا وقت آتا ہے جب ہر سانحے کے جواب میں قہقہہ لگانا ضروری ہو جاتا ہے۔ چوٹ جتنی گہری ہو قہقہہ اتنا ہی بلند بانگ ہونا چاہیے''[2]

مجتبیٰ حسین کے ہاں کوئی مخصوص فرضی کردار موجود نہیں ہے جس کا تذکرہ بار بار وہ کرتے ہیں، لیکن چند کردار مختلف موقعوں پر مجتبیٰ حسین کی تحریروں میں ہمیں ملتے ہیں جن کے ذریعہ وہ مزاحیہ فضاء قائم کرنے میں کامیاب نظر آتے ہیں۔ مجتبیٰ حسین کے مزاحیہ کرداروں میں علامہ نارسا، مرزا دعوت علی بیگ، مرزاؔ (مرزا کی یاد میں)، قاضی (لوٹ پیچھے کی طرف) موجو ہیں۔ جن کی باتوں اور مزاحیہ حرکات کے ذریعہ مجتبیٰ حسین نے اپنی مزاح نگاری کو عروج پر پہنچانے میں مدد لی ہے۔ لیکن ایک کردار مرزا کا ہے جس کو مجتبیٰ حسین نے ایسے بے بس اور مجبور انسان کا نمائندہ بتایا ہے جو اپنے ادھورے خوابوں کی تکمیل کی خواہش میں زندگی کا سفر مکمل کر لیتا ہے ''مضمون مرزا کی یاد میں'' سے ایک اقتباس پیش ہے جس میں عام انسان کی نامکمل خواہشات کا ذکر پر لطف انداز میں ملتا ہے۔

مرزاؔ بھی زندگی بھر گزیٹیڈ آفیسرز کے ٹائیلٹ روم سے استفادہ کرنے کی حسرت اپنے دل میں پالتے رہے، لیکن بالآخر اُن کے وظیفے پر سبکدوش ہونے کا وقت آ گیا۔ جس روز وہ وظیفہ پر علیحدہ ہوئے، اُس روز انہوں نے سارے دفتر میں گھوم کر سارے عہدداروں سے رخصت ہو کر دفتر سے نکلنے لگے تو تھوڑی دیر کے لئے گزیٹیڈ آفیسرز

۱۔ پس و پیش لفظ، قطع کلام، ص ۸، ۹

۲۔ پس و پیش لفظ، قطع کلام، ص ۸، ۹

کے ٹائیلٹ روم کے سامنے کھڑے ہو گئے۔ اچانک ان کی آنکھوں سے ایک جھیل سی بہہ نکلی۔ ٹائیلٹ روم پر ایک مغموم سی نگاہ ڈالی اور ایک طویل و عریض آہ بھر کر کہا

اے بَسا آرزُو کہ خاک شُدہ [۱]

مرزا دعوت علی بیگ ایک ایسا کردار ہے جس کی زندگی کا مقصد کھانا اور صرف کھانا ہے۔ مرزا دعوت علی بیگ معہ اپنی بیوی کے کسی دعوت میں بن بلائے مہمان کے طور پر جانے پر بھی عار محسوس نہیں کرتے تھے۔

اس حرکت پر انھیں کئی مرتبہ بے عزت کر کے نکالا بھی گیا لیکن مرزا دعوت علی بیگ مزیدار کھانوں کے شوقین تھے اور مرتے دم تک ان کی نیت نہیں بھری تھی۔

ایک اقتباس ملاحظہ کیجیے۔

> مرزا ان لوگوں میں سے تھے جنہوں نے خود اپنے دانتوں سے اپنی قبر کھودی۔ گورکنوں تک کو زحمت نہ دی۔ جب اُن کا آخری وقت آیا تو مجھے بلوا بھیجا۔ ڈاکٹروں نے مرغن کھانوں سے پرہیز بتایا تھا مگر مرزا کی روح تو نہاری میں اٹکی ہوئی تھی۔ مجھ سے راز دارانہ انداز میں بولے" بھیا! یہ ڈاکٹر لوگ تو اپنے پیٹ کے لئے دوسروں کا پیٹ کاٹتے ہیں۔ میں پرہیز کے ساتھ مرنے کو گناہِ عظیم سمجھتا ہوں۔ میری یہ خواہش ہے کہ آپ کل صبح مجھے نہاری کھلائیں۔ میں چپ چاپ آپ کو دعا دیتا ہوا اس دنیا سے نکل جاؤں گا۔" اس وقت مجھے مرزا کی آنکھوں میں نہاری کے ذائقہ کی جھلک صاف دکھائی دے گئی۔ دوسرے دن میں اُن کی خواہش کے احترام میں نہاری لے گیا

۱۔ مرزا کی یاد میں مشمولہ مجتبیٰ حسین کی بہترین تحریریں، جلد اول، ص ۴۳

تو زبان سے کچھ نہ کہا چپ چاپ نہاری کھائی اور آنکھیں بند کر کے جو لیٹے تو پھر آنکھیں نہیں کھولیں۔ یہ اُن کی آخری دعوت تھی۔

حق مغفرت کرے عجب آزاد مرد تھا[۱]

علامہ نارسؔا کا کردار ایسے شعراء کی نمائندگی کرتا ہے جو راہ گیروں تک کو اپنا کلام سنانے میں خوشی اور اطمینان محسوس کرتے ہیں چاہے سننے والا بیزار ہی کیوں نہ ہو جائے۔ علامہ نارسؔا جب مشاعروں میں کلام سنانے جاتے تو ہوٹنگ ہوتی لیکن علامہ ٹس سے مس نہ ہوتے۔ اس کا پُر لطف بیان مجتبیٰ حسین نے یوں کیا ہے۔

"مگر افسوس کہ علامہ کے کلام سنانے کا یہی انداز بالآخر اُن کی موت کا سبب بنا اور وہ شاعری کی راہ میں شہید ہو گئے۔ ہوا یوں کہ ایک شعر میں "قتل" کا تذکرہ تھا۔ چنانچہ علامہ نے قتل کا سماں باندھنے کے لئے اپنی جیب سے اُسترا نکالا اور آن کی آن میں اُسے اپنے گلے پر پھیر لیا۔ علامہ کی نعش اسٹیج پر تڑپنے لگی اور دیکھتے ہی دیکھتے علامہ کی روح "قفسِ عنصری" کا تالا توڑ کر پرواز کر گئی۔ اب علامہ ہم میں نہیں رہے جس پر جتنی مسرت کا اظہار کیا جائے کم ہے۔ زندگی بھر علامہ کو بہتیرا سمجھایا گیا کہ علامہ ایسے مہلک اشعار نہ کہئے جن سے آپ کی جان کے لالے پڑ جائیں مگر وہ نہ مانے اور گزشتہ پیر کو شاعری کے میدان میں شعر پڑھتے پڑھتے شہید ہو گئے۔"[۲]

مجتبیٰ حسین نے اپنے ایک مضمون "لوٹ پیچھے کی طرف" میں قاضی غیاث الدین کا کردار پیش کیا جن کا تعلق محکمہ آثار قدیمہ سے بتایا گیا ہے۔ جو ہر پرانی اور بوسیدہ چیز پسند کرتے ہیں اسی

۱۔ مرزا دعوت علی بیگ مشمولہ مجتبیٰ حسین کی بہترین تحریریں جلد اول، ص ۲۸۴

۲۔ علامہ نارسؔا کی وفاتِ مسرت آیات پر، مشمولہ مجتبیٰ حسین کی بہترین تحریریں، جلد اول، ص ۳۴۳

مضمون سے ایک اقتباس ذیل میں درج ہیں۔جس میں مجتبیٰ حسین نے اپنی مزاح نگاری کے بہترین نمونے پیش کئے ہیں۔مجتبیٰ حسین کے قاضی صاحب کے گھر جانے کا پر لطف منظر پیش ہے۔

> ایک دن قاضی صاحب مجھے اپنے گھر لے گئے۔تنگ وتاریک گلیوں سے جب ہم گزرنے لگے تو مجھے یوں محسوس ہوا جیسے ہم ہڑپا وموہنجوداڑو کے صدیوں پرانے راستوں سے گزر رہے ہیں۔قاضی صاحب کا گھر، گھر نہیں بلکہ اچھا خاصا مقبرہ تھا۔جب یہ مجھے اندر لے جانے لگے تو میں نے پوچھا:''قاضی صاحب! یہاں کون مدفون ہے؟''مدفون ہے! بھائی صاحب یہ میری رہائش گاہ ہے۔''میں نے رہائش گاہ کو چھو کر دیکھنے کی کوشش کی تو مجھ پر تھوڑی سی رہائش گاہ آن گری۔قاضی صاحب نے مجھے فوراً پرے کھینچتے ہوئے کہا:''برخودار! آثار قدیمہ کو اس طرح نہیں دیکھا جاتا، اس کے بھی کچھ آداب ہوتے ہیں''۔[۱]

درج بالا اقتباس میں رہائش گاہ کو چھو کر دیکھنا اور تھوڑی سی رہائش گاہ کا آن گرنا مجتبیٰ حسین کی لفظی بازی گری کی ایک اچھی مثال ہے اس طرح کی اور مثالیں''قصہ پہلے گریجویٹ درویش کا''میں ملتی ہیں ملاحظہ کیجیے۔

> ''دوستو وہ بھی عجیب دن تھے کہ جب ہر صبح مرغانِ خوش الحان ریڈیو سے فلمی نغمے سنایا کرتے تھے۔اور کانوں میں گنے کا رس گھولا کرتے تھے۔''[۲]

مجتبیٰ حسین نے اشعار میں تحریف کے ذریعہ بھی لطف پیدا کیا ہے۔ایک مثال پیش ہے

۱۔لوٹ پیچھے کی طرف، مشمولہ مجتبیٰ حسین کی بہترین تحریریں، جلداول، ص ۲۹۱

۲۔قصہ پہلے گریجویٹ درویش کا، مشمولہ مجتبیٰ حسین کی بہترین تحریریں، جلداول، ص ۱۷۷

”پہلا گریجویٹ سوچ میں اتنا غرق ہوگیا کہ ڈوبتے ڈوبتے بچا اور جب ابھرا تو بولا: ”لو صاحبو مجھے شعر یاد آگیا ہے نہ جانے کس افسانہ نگار کا ہے۔

ہزاروں سال نمی اپنی بے نوری پہ روتی ہے
بڑی مشکل سے ہوتا ہے چمن میں دیدہ ور پیدا

اس شعر کو سن کر ادب کا گریجویٹ پھر اٹھ کھڑا ہوا اور بولا: ”اے برادر خورد، اپنی زبان سنبھال اور شعر کو غلط نہ پڑھ۔ کیوں کہ مجھے اچھی طرح یاد ہے کہ یہ شعر علامہ اقبال کا ہے اور اس شعر میں تو جہاں اداکارہ نمی کا ذکر کر رہا ہے وہاں پدما شری نرگس کا ذکر ہونا چاہیے“۔[۱]

مجتبیٰ حسین کی یہ تحریریں انھیں ایک بلند پایہ مزاح نگار ثابت کرتی ہیں۔ مجتبیٰ حسین نے مزاح کے ساتھ طنز کو بھی شامل رکھا ہے لیکن ان کا خوبصورت مزاحیہ اسلوب طنز کی ساری کڑواہٹ کو گوارہ بنا دیتا ہے اور ہم مجتبیٰ حسین کو ایک بلند پایہ طنز و مزاح نگار تسلیم کرنے پر مجبور ہو جاتے ہیں۔

بقول پروفیسر مغنی تبسم:

”مجتبیٰ حسین کے اسلوب کی تشکیل میں محاوروں اور کہاوتوں کے برجستہ، معنی خیز اور پُرمزاح استعمال کا خاص حصہ ہے“۔[۲]

آگے لکھتے ہیں:

”مجتبیٰ حسین کی تشبیہات میں بڑی تازگی اور انفرادیت ہوتی ہے“۔[۳]

۱۔ قصہ پہلے گریجویٹ درویش کا، مشمولہ مجتبیٰ حسین کی بہترین تحریریں، جلد اول، ص ۱۷۶

۲۔ مجتبیٰ حسین کی مزاح نگاری، پروفیسر مغنی تبسم، مشمولہ مجتبیٰ حسین نمبر شگوفہ ۶۳

۳۔ مجتبیٰ حسین کی مزاح نگاری، پروفیسر مغنی تبسم، مشمولہ مجتبیٰ حسین نمبر شگوفہ ص ۶۲

مجتبیٰ حسین نے اپنی ہر تحریر میں تشبیہات کے استعمال سے جان ڈال دی ہے۔ ملاحظہ کیجیے:

۱۔ ''ہر ادیب نے ادب کو ایک نیا موڑ دینا چاہا۔ چنانچہ ہمارا ادب اتنا تڑا مڑا ہو گیا کہ اسے دیکھتا ہوں تو احساس ہوتا ہے کہ برسوں بعد کسی گھڑے میں سے نکالی ہوئی شیروانی کو دیکھ رہا ہوں''۔

(اُردو کا آخری قاری مشمولہ مجتبیٰ حسین کی بہترین تحریریں ص، ۹۸)

۲۔ ''اور ایک دن اچانک ہماری داڑھ میں یوں درد شروع ہو گیا۔ جیسے آسمان پر یکا یک قوسِ قزح نکل آئی''۔

(قصہ داڑھ کے درد کا)

۳۔ ''وہ جب کبھی ان فائلوں کے انبار میں بیٹھ جاتے تو یوں معلوم ہوتا جیسے وہ کسی خندق میں گر کر باہر نکلنے کی ساری کوششوں میں ناکام ہو گئے ہوں''۔

(اُردو کا آخری قاری)

۴۔ ''لیڈر کی اس تقریر پر دل پذیر کو سن کر میں گیند کی طرح اُچھل پڑا''۔

(سندباد جہازی کا سفر نامہ)

۵۔ آپ فساد کو تلاش کرنے کے لئے کسی خوش حال اور آباد شہر کی طرف چلے جائیں اس وقت تو فساد نے شہر کو لیموں کی طرح نچوڑ لیا ہے''۔

(سندباد جہازی کا سفر نامہ)

۶۔ ''لوگوں کا کہنا تھا کہ انھیں اپنے مزاج کے اعتبار سے دفتر میں بلکہ فوج میں ملازم ہونا چاہیے تھا۔ شکل ہمیشہ یوں بنائے رکھتے جیسے ارنڈی کا تیل پی رکھا ہو۔ پھر اپنے اندر غصے کو یوں پالتے رہتے جیسے کوئی مالی کسی نفیس پودے کی نگہداشت کرتا ہے''۔

(چوتھا کندھا)

۷۔ ''ہم لوگ بھی اس طرح زندگی گزار رہے ہیں جیسے بنا چینی کی چائے میں چمچہ ہلا رہے ہوں''۔ (میں نہیں آؤں گا)

۸۔ یوں لگا جیسے ہماری داڑھ میں اچانک ایک ہرن نے کلیلیں بھرنا شروع کر دیا ہو۔ جیسے کسی نے داڑھ میں توپ داغ دی ہو یا ایک ٹرین چلتے چلتے ہماری داڑھ میں سے پٹری اُتر گئی ہو یا جیسے ہماری داڑھ میں فوجی انقلاب آیا ہو۔

(قصہ داڑھ کے درد کا)

۹۔ ''ایک دن رکشا والے کو عابد روڈ پر دیکھا، رکشا کو فٹ پاتھ سے لگائے ہوئے وہ اپنے رکشا کی کشتی میں اس انداز سے بیٹھا تھا جیسے شاہ جہاں تختِ طاؤس پر جلوہ افروز ہو''۔

(یہ رکشا والے)

۱۰۔ بیماریوں کے معاملے میں ''زندہ طلسمات'' کو جو اہمیت حاصل ہے وہی اہمیت بمبئی کی تہذیبی زندگی میں غفور صاحب کو حاصل ہے۔ (خاکہ، خواجہ عبد الغفور)

۱۱۔اس واقعے کے بعد لوتھر صاحب میری نظر میں اچانک ایک عمر رسیدہ آدمی بن گئے۔ عہدہ آدمی کو سب کچھ بنا دیتا ہے۔ تاہم جب بھی انھیں اس طرح موٹر میں آتا دیکھتا ہوں تو لگتا ہے کہ موٹر کی پچھلی نشست پر محکمہ ڈائریکٹر نہیں بلکہ Transparent شیشے کا مجسمہ رکھا ہے۔ محکمہ اطلاعات کی اس بوسیدہ اور شکستہ بلڈنگ میں اس قسم کے آدمی کی آمد کچھ عجیب سا احساس پیدا کر دیتی ہے، جیسے ویرانے میں چپکے سے بہار آ جائے''۔

(مہرباں کیسے کیسے ص ۲۱۲)

۱۲۔ ''رسمی تعارف کے بعد پروفیسر سوزوکی نے ہمیں اپنے شاگردوں کے آگے یوں ڈال دیا جیسے قدیم روم میں بھوکے شیر کے آگے مجرم کو ڈال دیا جاتا تھا''۔

(جاپان میں مزید اُردو)

محاورے اور ضرب المثال

۱۔ ''چراغ تلے اندھیرے کو دیکھ کر ادیب پریشان ہو گئے اُنھوں نے فوراً ایک میٹنگ بلائی تا کہ اس نازک صورتحال پر غور کیا جائے''۔

(اُردو کا آخری قاری)

۲۔ ''اگر حکومت ہمارے مطالبہ کو تسلیم نہیں کرتی تو ہم اس کے خلاف نظمیں کہیں گے، افسانے لکھیں گے اور حکومت کی اینٹ سے اینٹ بجا دیں گے''۔

(اُردو کا آخری قاری)

۳۔ میں بھی ان درویشوں میں شامل ہو گیا جیسے دودھ میں چینی شامل ہوتی ہے۔ ہم سب ایک ہی تھالی کے چٹے بٹے تھے''۔

(سندباد جہازی کا سفرنامہ)

۴۔ ''سچ پوچھئے تو یہ بڑی آسان قسم کی مہمان نوازی ہے کیوں کہ اس میں میزبان کو ہینگ لگتی ہے نہ پھٹکری اور رنگ بھی چوکھا آجاتا ہے''۔

۵۔ ''ہم نے بیوی سے پوچھا چھاپہ مارنے والے کہاں چلے گئے؟ بیوی نے ہمیں ڈانٹتے ہوئے کہا، کوئی خواب دیکھا ہے کیا؟ ابھی میں نے تمہارے پرس پر چھاپہ مارا تھا صرف دو روپے نکلے ''یہ منہ اور مسور کی دال''۔ (ہمارے گھر پر چھاپا)

۶۔ گویا تعزیتی جلسہ مرنے والے کے تابوت میں آخری کیل کا درجہ رکھتا ہے۔

(تعزیتی جلسے)

۷۔ دوسرے بھکاری نے جو میرے پڑوسی کے گھر پر کھڑا تھا میرے گھر کے سامنے کھڑے ہوئے بھکاری سے کہا میاں! اس گھر پر آواز لگا کر کیوں اپنا وقت اور گلا ضائع کرتے ہو۔ اُن کا تو سارا پیسہ سوئزرلینڈ میں ہے۔ ناحق انھیں تنگ کرتے ہو۔ پانی اب میرے سر سے

اونچا ہو چکا تھا۔ (سوئز بینک میں کھاتا ہمارا)

۸۔ دریا کو کوزے میں یوں ہی بند کیا جاتا ہے۔ آپ یقین کریں کہ اس ایک ڈبہ میں ہمارے ایک گاؤں کی پوری آبادی سما سکتی ہے۔

(ریل منتری مسافر بن گئے)

۹۔ ایک تو کتا اور اوپر سے ڈائریکٹر کا کتا، گویا کریلا اور وہ بھی نیم چڑھا۔

(ڈائرکٹر کا کتا)

۱۰۔ حضور سلامتی کی چال چل کر تو اس نوبت کو پہنچے ہیں اور اب مزید سلامتی کی چال چلیں تو زمانہ قیامت کی چال چل جائے گا اور ہم منہ دیکھتے رہ جائیں گے۔

(یہ رکشا والے)

۱۱۔ کتاب کا کام یہ ہوتا ہے کہ وہ سینہ بہ سینہ منتقل ہوتی چلی جائے۔

(ٹرین میں پڑھنا)

۱۲۔ ہادی رحیل کو ابراہیم شفیق کے ساتھ دیکھا تو میرا ماتھا ٹھنکا کہ ضرور دال میں کچھ کالا ہے۔ (خاکہ، ابراہیم شفیق مشمولہ مہرباں کیسے کیسے، ص ۱۳۷)

مجتبیٰ حسین کی تحریروں میں حیدرآباد اور گلبرگہ کا ذکر

مجتبیٰ حسین طنز و مزاح کے اُس تناور درخت کا نام ہے جس کی جڑیں حیدرآباد اور گلبرگہ میں ہیں۔ ان کی بے شمار تحریریں حیدرآباد اور گلبرگہ کے ذکر سے مزین ہیں۔ مجتبیٰ حسین نے نہ صرف اپنے ہی ملک کے دوسرے شہروں بلکہ کئی دوسرے ممالک میں بھی گلبرگہ اور حیدرآباد کو یاد کیا ہے۔ حیدرآباد کے باشندے حیدرآباد کو چھوڑ کر دوسرے ممالک کا رُخ کرنے لگے ہیں۔ اس بات کا تذکرہ ذیل کے اقتباس میں موجود ہے۔

> ''سچ پوچھئے تو پچھلے برس یورپ، امریکہ اور کینیڈا کے دورے کے بعد ہی ہمیں یہ احساس ہوا کہ جس حیدرآباد کو ہم حیدرآباد کی سڑکوں پر تلاش کرتے پھرتے ہیں وہ تو اب لندن کی سڑکوں پر ملتا ہے۔ پیرس کی گلیوں میں پایا جاتا ہے۔ شکاگو کے چنچل گوڑہ میں ملتا ہے۔ ٹورنٹو کے بنجارہ ہلز میں پایا جاتا ہے''۔[۱]

حیدرآباد اور مجتبیٰ حسین کا رشتہ اٹوٹ ہے۔ اس کے متعلق مشہور شاعر زبیر رضوی لکھتے ہیں:

> ''حیدرآباد اور حیدرآبادی مجتبیٰ حسین کی دکھتی رگ ہیں، فائن آرٹس اکیڈیمی اور زندہ دلانِ حیدرآباد کے بیشتر ذہین فنکاروں کو باہر کی دنیا سے متعارف کرانے میں مجتبیٰ حسین کا بڑا ہاتھ ہے۔ ٹوکیو، لندن، پیرس ہر جگہ چارمینار کا ماڈل مجتبیٰ کی جیب میں رہتا ہے لیکن حیدرآباد جاکر

۱۔ حیدرآباد کا جو ذکر کیا، مشمولہ شگوفہ کا مجتبیٰ حسین نمبر ص ۳۳۳

اُن کی جیب میں رکھا چار مینار کا ماڈل ٹوٹ پھوٹ جاتا ہے۔ حیدرآباد کی سڑکوں پر مجتبیٰ کو بس اپنے ہی قدموں کی چاپ سنائی دیتی رہے۔ وہ تنہا سے ہو جاتے ہیں، انھیں اس حیدرآباد کے گم ہو جانے کا بڑا دُکھ ہے جو مخدوم، اریب، سرور ڈنڈا اور ان کے بھائی ابراہیم جلیس کا حیدرآباد تھا۔ مجتبیٰ کی تحریروں میں حیدرآباد اور اس کی سانولی سلونی تہذیبی زندگی کو وہی مقام حاصل ہے جو رشید احمد صدیقی کی تحریروں میں علیگڑھ کو ہے''۔[۱]

پروفیسر وحید اختر نے حیدرآباد کو مجتبیٰ حسین کا شناس نامہ قرار دیا ہے۔ بقول پروفیسر وحید اختر:

''اگر مجتبیٰ کے انشائیوں، خاکوں اور سفرناموں کو بہ نظر غائر پڑھا جائے تو معلوم ہوگا کہ وہ بھی ہر شخص، ہر واقعے اور ہر ادبی حادثے کو حیدرآباد کی اُردو تہذیب کی عینک سے دیکھتے اور اسی سیر بین سے دوسروں کو دکھاتے ہیں۔ جاپان کے سفر کی روداد میں گو حیدرآباد براہِ راست موضوع نہیں بنتا تب بھی ایک حیدرآبادی بخوبی سمجھ سکتا ہے کہ اگر وہ دنیا کے کسی خطے کی سیر کو نکلے تو اسی نظر سے اسے دیکھے گا جس نظر سے مجتبیٰ نے جاپان کو دیکھا اور بیان کیا ہے۔ مجتبیٰ کی تحریروں میں حیدرآباد رچا بسا ہے، لیکن اسی طرح جیسے پھول کی پتی میں خوشبو اور رنگ روح بسے ہوتے ہیں۔ ان کی حیدرآبادیت، رشید صاحب کی علیگڑھیت یا اودھ پنچ کے طنز نگاروں کی لکھنویت کی طرح جارحانہ نہیں جو دوسروں پر زور وشور سے حملہ آور ہو یا شاید خود حیدرآباد اور

---

[۱] ا۔ج۔ت۔ب۔ی۔س۔ی۔ن، از زبیر رضوی مشمولہ شگوفہ کا مجتبیٰ حسین نمبر ص ۱۶۹

شمالی ہند کے مزاح کا فرق ہو"۔[1]

وحید اختر آگے لکھتے ہیں:

"اگر مجھ سے یہ پوچھا جائے کہ ہندوستان کے مزاحیہ ادب کی بھرپور نمائندگی کونسا شہر کرتا ہے تو بلا جھجک حیدرآباد کا نام لوں گا اور اگر یہ دریافت کیا جائے کہ حیدرآباد کی نمائندگی کون کرتا ہے تو میں بے دریغ ایک ہی نام لے سکتا ہوں اور وہ ہے۔ مجتبیٰ حسین...... مجتبیٰ اس وقت برصغیر کے معدودے چند بہترین مزاح نگاروں میں شمار کئے جاتے ہیں جو خصوصیت انھیں دوسروں سے ممتاز کرتی ہے وہ ان کی حیدرآبادیت ہے"۔[2]

حیدرآباد سے اپنی اُنسیت اور عقیدت کا اظہار خود مجتبیٰ حسین نے خود وفاقیہ "اپنی یاد میں" اس طرح کیا ہے:

"اتنے سارے شہروں کی سیر کرنے کے بعد کوئی شہر اُن کے دل میں حیدرآباد کی جگہ نہ لے سکا۔ حیدرآباد کو چھوڑے ہوئے تیس برس بیت گئے تھے۔ سچ تو یہ ہے کہ اب اس شہر میں اُن کے دوست احباب تو کیا رشتہ دار بھی کم باقی رہ گئے تھے۔ پھر بھی نہ جانے کیوں بار بار اس شہر کے چکر لگاتے تھے۔ پتہ نہیں کیا ڈھونڈنے جاتے تھے...... حیدرآباد اصل میں اُن کے لئے باہر آباد نہیں تھا بلکہ ان کے اندر آباد تھا"۔[3]

حیدرآباد مجتبیٰ حسین کے ماضی اور حال سے منسلک ہے۔ اُنھوں نے روزنامہ سیاست

۱۔ مجتبیٰ حسین کا شناس نامہ۔ حیدرآباد مشمولہ شگوفہ کا مجتبیٰ حسین نمبر ص ۵۰

۲۔ مجتبیٰ حسین کا شناس نامہ۔ حیدرآباد مشمولہ شگولہ کا مجتبیٰ حسین نمبر ص ۵۴

۳۔ "اپنی یاد"، مشمولہ مجتبیٰ حسین کی بہترین تحریریں جلد دوم ص

کے لئے ایک کالم لکھا تھا ''حیدرآباد میں شادیوں کا موسم'' اس میں اُنھوں نے اپنے ماضی کو یاد کیا ہے۔ذیل میں درج اقتباس میں ماضی کا تذکرہ براہِ راست نہیں ہے۔

''حیدرآباد میں شادیاں اب بڑے طمطراق اور شان وشوکت کے ساتھ ہونے لگی ہیں۔ براتی بھی اب ایسی سج دھج کے ساتھ آتے ہیں کہ بعض اوقات براتی اور دولہا میں فرق کرنا دشوار بن جاتا ہے''۔[۱]

ذیل میں درج اقتباس سے پتہ چلتا ہے کہ مجتبیٰ حسین حیدرآباد کے ساتھ ساتھ حیدرآبادیوں سے بھی محبت کا جذبہ رکھتے ہیں۔ان کی مختلف تحریروں میں ایسی کئی شخصیتوں کا ذکر ملتا ہے جنھوں نے حیدرآباد کو خیرباد کہنے کے باوجود بھی اسے اپنے دل میں آباد کر رکھا ہے۔ایسی ہی ایک شخصیت پروفیسر خسرو کا ذکر مجتبیٰ حسین نے بڑے خلوص کے ساتھ کیا ہے۔ملاحظہ کیجیے:

''آخر میں یہ عرض کرتے چلیں کہ پروفیسر خسرو کو سابق ریاست حیدرآباد کے بے شمار واقعات اور لاتعداد باتیں یاد ہیں جن کا ذکر وہ بڑے فخر لیکن ساتھ ہی ساتھ ایک کسک کے ساتھ کرتے ہیں۔ایک بار تو اُنھوں نے نظام حیدرآباد کی فوج کا ایک ترانہ بھی ایک فوجی کی طرح چل کر اور گا کر دکھایا تھا۔حیدرآباد سے انھیں بے پناہ محبت ہے جس کا ثبوت یہ ہے کہ اُنھوں نے دہلی میں اپنے گھر کا نام ''چراغِ دکن'' رکھ چھوڑا ہے۔اگرچہ دہلی میں خود ان کی ذات کو ''چراغِ دکن'' کی حیثیت حاصل ہے لیکن اُنھوں نے یہ لقب بھی اپنے گھر کو دے رکھا ہے''۔[۲]

حیدرآبادی تہذیب ایک زندہ تہذیب ہے، تھی اور رہے گی بھی۔اس میں مختلف ادوار

۱۔روزنامہ سیاست، ۱۳؍جنوری ۲۰۰۲ء کا شمارہ

۲۔پروفیسر علی محمد خسرو، مشمولہ مجتبیٰ حسین کی بہترین تحریریں جلد دوم ص ۲۷۷

میں مختلف تبدیلیاں آئیں لیکن حیدرآبادیوں نے ہر تبدیلی کا بڑی خوش اسلوبی کے ساتھ استقبال کیا۔اس بات کا تفصیلی بیان مجتبیٰ حسین نے اپنے ایک کالم ''گزشتہ حیدرآباد سے موجودہ حیدرآباد تک'' میں کیا ہے۔ملاحظہ کیجیے:

''حیدرآباد سے جذباتی وابستگی کے باعث ہم حیدرآباد سے متعلق تحریروں کو نہایت ذوق وشوق سے پڑھتے ہیں۔اُردو کے علاوہ انگریزی میں بھی اس موضوع پر کئی کتابیں شائع ہو چکی ہیں......لیکن ہمیں حیدرآباد کی تہذیب کے بارے میں ایسی کوئی جامع اور مبسوط کتاب دکھائی نہیں دیتی جیسی کہ عبدالحلیم شررؔ نے لکھنو کے بارے میں لکھی تھی.......... ہمارا خیال ہے کہ حیدرآباد کی تہذیب ملک کے کسی بھی شہر کی تہذیب سے کہیں زیادہ توانا اور مستحکم تھی۔اس کا ثبوت یہ ہے کہ لکھنو کے لوگ برسوں اودھ کی تہذیب کے زوال کا ماتم کرتے رہے لیکن حیدرآبادیوں نے کسی بھی سیاسی،سماجی اور ثقافتی تبدیلی کے پسم نظر میں اپنی تہذیب کے زوال پر ماتم کرنے کو ضروری نہیں سمجھا۔ ہر تبدیلی کو خندہ پیشانی کے ساتھ قبول کرنا بھی حیدرآبادی تہذیب کی ایک روشن علامت ہے''۔[۱]

ہم اس بات سے انکار نہیں کر سکتے کہ ممالک یا شہروں کی تہذیبیں وہاں بسنے والے انسانوں سے بنتی ہیں لیکن جب وہاں کے مہذب باشندے دوسرے ممالک کا رُخ کرنے لگ جائیں تو قدیم تہذیبیں رفتہ رفتہ مٹ جاتی ہیں۔حیدرآبادی تہذیب بھی اسی عمل سے دوچار ہے جس کا مجتبیٰ حسین کو افسوس ہے۔لکھتے ہیں:

''آپ ڈیڑھ سو برس پرانے حیدرآباد کی بات کرتے ہیں ہمیں تو وہ

۱۔گزشتہ حیدرآباد سے موجودہ حیدرآباد تک،مشمولہ کالم برداشتہ ص ۶۴

حیدر آباد بھی اب نہیں دکھائی دیتا جسے ہم ابھی تیس برس پہلے چھوڑ کر گئے تھے''۔[۱]

حیدر آبادی تہذیب کی زوال پذیری پر افسوس مغنی تبسم پر لکھے گئے خاکے میں بھی ملتا ہے۔ لکھتے ہیں:

''میں جب بھی حیدر آباد کے بکھرتے ہوئے ادبی ماحول اور تار تار ہوتی ہوئی حیدر آبادی تہذیب کو دیکھ کر افسردہ ہو جاتا ہوں تو مجھے اچانک حیدر آباد میں مغنی تبسم کی موجودگی کا خیال آجاتا ہے''۔[۲]

مجتبیٰ حسین نے اپنی تحریروں میں حیدر آباد کی تہذیب کے حال اور ماضی کا تقابل کیا ہے اور اس تقابل کے دوران ایک بات سامنے آتی ہے کہ ماضی کی شاندار تہذیب کی جگہ حال میں جہالت اور بد تہذیبی نے لے لی ہے۔ ذیل میں درج اقتباس میں اس کا بیان ملتا ہے۔

''یوں تو کہنے کو حیدر آباد، جوں کا توں موجود و محفوظ ہے لیکن اس کے باوجود اِدھر چند برسوں سے جب بھی ہم حیدر آباد آتے ہیں تو حضرت جگر مراد آبادی کی طرح ہمیں بھی یہاں کی ہر شئے میں کسی شئے کی کمی نظر آتی ہے۔ حیدر آباد وہی ہے فرق صرف اتنا ہے کہ اب حیدر آباد میں ہمیں خود حیدر آباد کی کمی نظر آتی ہے۔ تیرہ برس پہلے شام کو معظم جاہی مارکٹ پر نکلتے تھے تو ہر چند قدم کے بعد کوئی ملنے والا پیچھے سے ہمارے کندھے پر ہاتھ رکھ دیتا تھا کہ بھیّا کہاں چلے؟ کیسے ہو؟ کس حال میں ہو؟ اب معظم جاہی مارکٹ پر نکلتے ہیں تو اس کی سڑک تو وہی ہے مگر وہ ہاتھ جو پیچھے سے ہمارے کندھے پکڑ لیتا تھا کہیں غائب ہو گیا

۱۔ گزشتہ حیدر آباد سے موجودہ حیدر آباد تک، مشمولہ کالم بر داشتہ ص ۶

۲۔ خاکہ مغنی تبسم مشمولہ مجتبیٰ حسین کی بہترین تحریریں ص ۳۰۵

ہے۔ بہت ہوا تو اتنا ہوتا ہے کہ کوئی رکشہ والا اچانک ہمارے کندھے پر ہاتھ رکھ کر دھکا دے دیتا ہے کہ ابے سڑک پر کدھر چلتا ہے فٹ پاتھ پر چل۔ فٹ پاتھ پر جاتے ہیں تو کوئی بزرگ ہمارے کندھے پر ہاتھ رکھ کر کہتے ہیں۔ ارے میاں کیا اندھے ہو گئے ہو۔ دیکھتے نہیں فٹ پاتھ پر پردہ دار خواتین بیٹھی ہیں۔ سڑک پر جاؤ۔ ادھر کئی برسوں سے ہم حیدرآباد میں اس محبت بھرے ہاتھ کی تلاش میں ہیں جس کی اچانک گرمی ہمیں اس شہر سے جوڑ دیتی ہے''۔[١]

مجتبیٰ حسین جس قدیم اور مشہور تہذیب کے زوال پذیر ہو جانے پر اظہار افسوس کرتے ہیں جو حیدرآباد کی پہچان تھی۔ وہ قدیم رفاقتیں جو خود مجتبیٰ حسین کی زندگی کا حصہ تھیں انھیں مغربی ممالک میں اچانک پا کر حیدرآبادی تہذیب کی یاد تازہ ہو جاتی ہے اور وہ اطمینانِ قلب محسوس کرتے ہیں۔ ذیل کے اقتباس میں اس بات کا تفصیلی بیان ہے۔

''ہمیں یاد ہے کہ پچھلے سال مارچ میں لندن کی ایک سرد شام کو آکسفورڈ اسٹریٹ سے گزر رہے تھے کہ ہو بہو ایک نرم گرم ہاتھ ہمارے کندھے پر رکھا گیا پیچھے پلٹے بغیر ایک لمحے کے لئے سوچتے رہے کہ ایک اجنبی ہاتھ ہے جس کا لمس جانا پہچانا سا لگتا ہے۔ ہم نے پیچھے مڑ کر دیکھا تو کیا دیکھتے ہیں کہ ہماری نوجوانی کا دوست مجید اپنے بالوں میں چاندی سجائے کھڑا ہے۔ اس نے ہم سے بے ساختہ بغلگیر ہوتے ہوئے کہا۔ ارے تم! تم آکسفورڈ اسٹریٹ پر کیسے آ گئے۔ ہم نے کہا یار میں لندن کی آکسفورڈ اسٹریٹ پر کہاں ہوں مجھے تو یوں لگ

١۔ حیدرآباد کا جو ذکر کیا، مشمولہ مجتبیٰ حسین کی بہترین تحریریں جلد اول ص ۴۵

رہا ہے جیسے میں کئی برسوں بعد حیدر آباد کی عابد روڈ پر کھڑا ہوں''۔[۱]

مجتبیٰ حسین کو صرف حیدر آباد کی سڑکوں اور گلیوں سے وابستگی نہیں ہے بلکہ وہ تو حیدر آبادی تہذیب کے عقیدت مند ہیں اس بات کا اعتراف اُنھوں نے اس طرح کیا ہے:

''ایک عرصے تک ہم اپنے آپ کو حیدر آبادی ہی سمجھتے رہے کیونکہ ہمارے نزدیک حیدر آباد کسی علاقے کا نہیں بلکہ ایک تہذیب، ایک تمدن کا نام ہے''۔[۲]

مجتبیٰ حسین کو حیدر آباد سے وابستگی کے علاوہ ان احباب سے ہمدردی بھی ہے جنھوں نے بہ حالتِ مجبوری حیدر آباد کو چھوڑا ہے۔ مجتبیٰ حسین نے ان احباب کی حیدر آباد کے لئے تڑپ کو بھی محسوس کیا ہے۔ ایسی ہی ایک شخصیت خواجہ حمید الدین شاہد کے متعلق لکھتے ہیں:

''دیکھا جائے تو شاہد صاحب سورج مکھی کا پودا ہیں اور حیدر آباد اُن کا سورج .... ذرا غور فرمایئے کہ شاہد صاحب کی جڑیں پچھلی تین دہائیوں سے کراچی میں پیوست ہیں مگر اُن کا چہرہ اپنے سورج یعنی حیدر آباد کی طرف مستقلاً مڑا ہوا ہے.........غرض حیدر آباد میں شاہد صاحب علمی ادبی اور تہذیبی سرگرمیوں کے روحِ رواں تھے''۔[۳]

مجتبیٰ حسین نے حیدر آباد کے ذکر کے ساتھ ہی ساتھ یہاں کے پکوان اور شادی بیاہ کی مخصوص رسومات کا بھی دلچسپ ذکر کیا ہے۔ ذیل میں درج اقتباس میں عقد کے بعد مصری بادام کی لوٹ کا مزے دار ذکر ملتا ہے۔

''ہمیں اس وقت پچھلے سال ۱۰/ مارچ کی وہ شام یاد آ رہی ہے جب

۱۔ حیدر آباد کا جو ذکر کیا، مشمولہ مجتبیٰ حسین کی بہترین تحریریں جلد اول ص ۴۵

۲۔ حیدر آباد کا جو ذکر کیا، مشمولہ مجتبیٰ حسین کی بہترین تحریریں جلد اول ص ۴۵

۳۔ خواجہ حمید الدین شاہد، مشمولہ مجتبیٰ حسین کی بہترین تحریریں جلد دوم ص

جنوبی لندن کے ایک ہال میں ہمارے دوست حبیب حیدرآبادی کی لڑکی کی شادی مقرر تھی۔ ہم تقریبِ عقد میں پہنچے تو یوں لگا جیسے ہم کئی برس بعد حیدرآباد واپس آئے ہیں۔ وہ سارے حیدرآبادی جو حیدرآباد میں ہم سے منہ چھپاتے تھے وہ سب کے سب وہاں موجود تھے۔ حیدرآبادی شیروانیوں میں ملبوس ان حیدرآبادیوں کو دوبارہ زندہ سلامت پا کر ہمیں کتنی خوشی ہوئی، اس کا حال ہم کیا بیان کریں...... جس تقریب کا ہم ذکر کر رہے ہیں اس کی خصوصیت یہ تھی کہ دولہا انگریز تھا اور ایک حیدرآبادی لڑکی سے شادی کرنے کی کوشش میں مسلمان ہوگیا تھا۔ یہاں شادی حیدرآبادی رسومات کے مطابق ہو رہی تھی .... انگریزوں کو بتایا گیا کہ عقد کے بعد جب چھوارے اُچھالے جائیں تو انھیں لوٹا جائے..........ہم نے دو بادام ،ایک کھجور اور مصری کی ایک ڈلی لوٹی تھی۔ ہم لوٹ کا یہ مال ہاتھ میں لئے بیٹھے تھے کہ ایک انگریز نے اچانک ہمارے ہاتھ کو زبردستی مروڑ کر یہ مالِ غنیمت حاصل کیا اور بھیڑ میں غائب ہوگیا"۔[۱]

اپنی تحریروں میں مجتبیٰ حسین حیدرآباد سے نہ صرف خود اپنی محبت کا تذکرہ کرتے ہیں بلکہ اپنے ان احباب کا ذکر بھی کرتے ہیں جن کو حیدرآباد سے رغبت اور محبت ہے۔ درج ذیل اقتباس میں حیدرآباد کے مخصوص پکوان نہاری، زبان اور پائے کے شوقین حیدرآبادیوں اور اس کے بہترین ذائقہ سے ناآشنا انگریزوں کا ذکر ملتا ہے۔ ملاحظہ کیجیے:

"عامر موسوی نے ہمیں بتایا کہ حیدرآبادیوں کے لندن آنے سے پہلے انگریز اپنی زبان کی اہمیت سے تو واقف تھے۔ لیکن بکرے کی زبان

۱۔ حیدرآباد کا جو ذکر کیا مشمولہ مجتبیٰ حسین کی بہترین تحریریں جلد اول ص ۷ ۴

کی اہمیت اور افادیت سے ناآشنا تھے۔ انگریزوں نے اپنی زبان کے علاوہ بکرے کی زبان کی عزت کرنا حیدرآبادیوں سے ہی سیکھا۔ پہلے انگریز قصائی بکرے کی زبان کو پھینک دیتا تھا۔ مگر اب حیدرآبادیوں کے انتظار میں سینت سینت کر ریفریجریٹر میں رکھتا ہے۔ اگر کوئی حیدرآبادی نہیں آتا تو خود کھالیتا ہے۔ سچ تو یہ ہے کہ اب بعض انگریز بھی صبح کو کھچڑی، خاگینہ، اچار اور املی کی چٹنی، پاپڑ وغیرہ کھانے لگے ہیں''۔[۱]

مجتبیٰ حسین کی تحریروں میں حیدرآباد اور حیدرآبادیوں کا ذکر صرف یہاں کی تہذیب کھانے اور پکوان تک ہی محدود نہیں بلکہ اُنھوں نے حیدرآبادی گالیوں کا تذکرہ بھی کیا ہے جو ہم وطنوں کو وطن سے جوڑے رکھتی ہیں۔ ملاحظہ کیجیے:

''شکاگو میں ہی ہمیں اپنے پرانے دوست عزیز الرحمن ملے جنھوں نے اپنے اطمینان قلب کے لئے ٹھیٹ حیدرآبادی گالیوں کا ٹھیٹ انگریزی میں ترجمہ کر رکھا ہے۔ جنھیں وہ آئے دن ہسپانوی ٹیکسی ڈرائیوروں کو پابندی سے دیتے رہتے ہیں۔ ہم نے پوچھا ہسپانوی ڈرائیور ناراض تو نہیں ہوتے۔ بولے سچ پوچھئے تو حیدرآبادی گالیوں میں اتنی تجرید ہوتی ہے کہ یہ جب اُردو میں ہی بُری نہیں معلوم ہوتیں تو ترجمہ کی چھلنی سے گزرنے کے بعد انگریزی میں کیا بُری معلوم ہونگی۔ میں نے تو بس اپنے اطمینان قلب کے لئے اُن کا ترجمہ کر رکھا ہے۔ چلو اپنے ڈھنگ سے گالی دے دی اور وطن والوں سے اپنا رشتہ بنائے رکھا''۔[۲]

۱۔ حیدرآباد کا جوذکر کیا، مشمولہ مجتبیٰ حسین کی بہترین تحریریں جلد اول ص ۴۸

۲۔ حیدرآباد کا جوذکر کیا، مشمولہ مجتبیٰ حسین کی بہترین تحریریں جلد اول ص ۵۲

زبیر نے آزادی سے پہلے اور آزادی کے بعد کا کچھ عرصہ حیدرآباد میں گزارا تھا لہذا زبیر جب بھی حیدرآباد کی بات کرتے ہیں تو اسی حیدرآباد کی بات کرتے ہیں اور یہی حیدرآباد میری بھی کمزوری ہے۔[۱]

مجتبیٰ حسین نہ صرف حیدرآباد کو اپنی کمزوری کہتے ہیں بلکہ یوں لگتا ہے کہ وہ حیدرآبادیوں کے ماہر نفسیات ہیں۔اس کا اظہار حسن الدین احمد پر لکھے گئے خاکے میں ہوتا ہے۔ملاحظہ کیجیے:

''حیدرآبادی جب دہلی یا شمال کے کسی شہر میں پہنچتا ہے تو اندر ہی اندر بڑا بے چین سا رہتا ہے۔کیونکہ وہ پوری بے تکلفی کے ساتھ لوگوں کے سامنے نہ تو جی ہو، جی ہو کہہ سکتا ہے اور نہ ہی میں آتوں، میں جاتوں اور میں بولتوں کہہ سکتا ہے۔اس مجبوری کی وجہ سے حیدرآبادیوں کی رگوں میں بڑا تناؤ سا چھایا رہتا ہے۔طبیعت بڑی مضمحل اور بوجھل سی رہتی ہے''۔[۲]

آگے لکھتے ہیں:

''بولے، کھانے میں تو میں بھی یقین نہیں رکھتا البتہ اس بات میں یقین رکھتا ہوں کہ اسی بہانے دو حیدرآبادیوں کی روزانہ ملاقات ہو سکے گی''۔[۳]

''جب بھی میں حیدرآباد جاتا ہوں تو اختر بھائی سے ضرور ملتا ہوں۔ یوں بھی وہ حیدرآباد جسے ہم نے تیس بتیس برس پہلے دیکھا تھا اب دھواں دھواں سا ہوتا جا رہا ہے۔دھند لکے بڑھتے جا رہے ہیں۔وہ

۱۔خاکہ مصطفی علی بیگ، مشمولہ مہرباں کیسے کیسے، مرتب امتیاز الدین ص ۱۶۱

۲۔حسن الدین احمد، مشمولہ مہرباں کیسے کیسے، مرتب امتیاز الدین ص ۱۹۸

۳۔حسن الدین احمد، مشمولہ مہرباں کیسے کیسے، مرتب امتیاز الدین ص ۲۰۰

شخصیتیں جن سے حیدر آباد، حیدر آباد کہلاتا تھا، اب عنقا ہوتی جا رہی ہیں"۔[۱]

لگتا ہے حیدر آباد اور حیدر آبادی تہذیب مجتبیٰ حسین کے اوسان پر سوار ہے۔ ان کی تحریروں میں حیدر آباد اور حیدر آبادی تہذیب کا ذکر ایک لازمی عنصر کے طور پر آ جاتا ہے۔

"میں انھیں حیدر آبادی تہذیب کی آخری پنجابی نشانی سمجھتا ہوں۔ کہنے کو کھنہ صاحب پنجابی ہیں لیکن ان کی پنجابیت اب صرف لہجہ میں اٹک کر رہ گئی ہے، ورنہ تہذیب اور رکھ رکھاؤ کے اعتبار سے وہ جتنے حیدر آبادی ہیں، اتنے حیدر آبادی شائد آپ کو حیدر آباد میں بھی نہ ملیں"۔[۲]

"حیدر آباد کو وہ جب بھی یاد کرتے ہیں تو اُن کے چہرے پر ایک عجیب سی چمک پیدا ہو جاتی ہے۔ کہتے ہیں حیدر آباد کی تہذیب ایسی جامع اور مکمل تھی کہ اپنے آپ ہی نوجوانوں کی ہمہ گیر ذہنی نشو و نما ہو جاتی تھی ....حیدر آباد کی تہذیب وسیع المشربی اور روشن خیالی سے عبارت تھی۔ آج ہم ان عناصر کو ملک میں پھر سے تلاش کرنے کی کوشش کر رہے ہیں اور ہمیں ان کے سرے نہیں ملتے"۔[۳]

"وہ اکثر مجھے فرید آباد آنے کی دعوت دیتے ہیں مگر میں جب بھی فرید آباد جانے کا ارادہ کرتا ہوں تو دل میں یہ خیال آتا ہے کہ جب فرید آباد جانا ہی ہے تو کیوں نہ حیدر آباد چلا جاؤں"۔[۴]

۱۔خاکہ اختر حسن، مشمولہ مہرباں کیسے کیسے ص ۶۸

۲۔خاکہ، بھارت چند کھنہ، مشمولہ مہرباں کیسے کیسے ص ۷۸

۳۔خاکہ، پروفیسر رشید الدین خاں، مہرباں کیسے کیسے ص ۱۴۷

۴۔خاکہ ساحر ہوشیار پوری، مشمولہ مہرباں کیسے کیسے ص ۱۱۶

حسن چشتی نے کتاب ''مجتبیٰ حسین کے سفرنامے'' کا انتساب اس طرح لکھا ہے:

''حیدرآباد اور اس کی تہذیب کے نام جسے میں حیدرآباد میں ڈھونڈتا ہوں اور مجتبیٰ حسین اس کی تلاش میں دیس بدیس کی خاک چھانتے ہیں''۔

کتاب مجتبیٰ حسین اور گلبرگہ میں ''پیش گفتار'' کے تحت وہاب عندلیب رقم طراز ہیں:

''گلبرگہ اور مجتبیٰ حسین کا تعلق گہرا اور اٹوٹ ہے۔ الغرض گلبرگہ اور مجتبیٰ حسین کا چولی دامن کا ساتھ ہے۔ اُن کی شخصی اور تہذیبی زندگی کی تعمیر میں جن شہروں کو خصوصیت ہے ان میں گلبرگہ کو اولیت حاصل ہے''[۱]

خود مجتبیٰ حسین گلبرگہ سے اپنی عقیدت کا اظہار یوں کرتے ہیں:

''گلبرگہ سے ہمارے تعلق کی مدت سات دہائیوں سے بھی زیادہ کی ہے۔ یہی وجہ ہے کہ ہم آئے دن گلبرگہ کے پھیرے لگاتے رہتے ہیں۔ اسی شہر کی گلیوں میں ہم نے وہ جوانی حاصل کی تھی جسے کھونے کی خاطر ہمیں بعد میں کئی شہروں کی گلیوں کی خاک چھاننی پڑی۔ گلبرگہ سے ہمارا تعلق جذباتی بھی ہے اور روحانی بھی، علمی بھی ہے اور ثقافتی بھی۔ یہیں ہمارے شعور نے نامساعد سماجی اور سیاسی حالات میں آنکھیں کھولیں جواب تک کھلی ہوئی ہیں''۔[۲]

ایک اور جگہ لکھتے ہیں:

''یہی وہ جگہ ہے جہاں سے ہم نے سیرِ جہاں کا آغاز کیا تھا۔ سچ تو یہ

۱۔ پیش گفتار، وہاب عندلیب، مشمولہ کتاب مجتبیٰ حسین اور گلبرگہ ص ۸،۹

۲۔ کے جی این ٹائمز کا اجراء، مشمولہ مجتبیٰ حسین اور گلبرگہ ص ۸۰

ہے کہ ہم گلبرگہ سے حیدرآباد آئے تو یہاں بھی گلبرگہ سے اپنے تعلق کو برقرار رکھا، وہ اس طرح کہ ہم نے دو سال تک ''گلبرگہ کاٹیج'' میں قیام کیا''۔[۱]

گلبرگہ کی مٹی سے عقیدت کا بیان ایک جگہ اس طرح ملتا ہے:

''عبدالقادر اریب صاحب سے میرے کئی رشتے ہیں۔ ان کا تعلق بھی اسی مٹی سے ہے جس کا میں ایک حقیر سا ذرّہ ہوں، میری مراد گلبرگہ سے ہے۔ جوانی جن میں کھوئی ہے وہ گلیاں یاد آتی ہیں''۔[۲]

یوں محسوس ہوتا ہے گویا، حیدرآباد اور گلبرگہ کا ذکر مجتبیٰ حسین کی تحریروں کا لازمہ ہے۔

۱۔ کرناٹک اُردو اکیڈیمی کا ایوارڈ ملنے پر، مشمولہ مجتبیٰ حسین اور گلبرگہ ص ۶۶

۲۔ خوشگوار آواز، مشمولہ مجتبیٰ حسین اور گلبرگہ ص ۱۴۶

مزاحیہ مضامین کے مجموعے

۱- تکلف برطرف.........فروری ۱۹۶۸ء..........ناشر حسامی بک ڈپو، حیدرآباد

انتساب.........اُن سات برسوں کے نام۔ جنھوں نے میری شخصیت اور فن کو نکھارا

کتاب کے شروع میں

ہم نے ہنس ہنس کے تری بزم میں اے پیکرِ ناز
کتنی آہوں کو چھپایا ہے تجھے کیا معلوم

مشمولات

۱۲۔ ادیبوں کے پریم پتر

۱۳۔ حیدرآباد بائی نائٹ

۱۴۔ ایک پلیٹ تخلص بھوپالی

۱۵۔ مزاح نگاروں کی کانفرنس کا رپورتاژ

۱۱- قطع کلام............۱۹۶۹ء............نیشنل بک ڈپو، حیدرآباد

انتساب۔ اپنے بڑے بھائی جناب محبوب حسین جگر کے نام

گرچہ خوردیم نسبتیت بزرگ

ذرّہ آفتابِ ناباتیم

مجموعے کے شروع میں مخدوم کا یہ شعر ہے

ہم نے ہنس ہنس کے تری بزم میں اے پیکرِ ناز
کتنی آہوں کو چھپایا ہے تجھے کیا معلوم

پس وپیش لفظ

۱۔ ناز اُٹھانے کو ہم رہ گئے ڈاکٹروں کے

۲۔ مرزا غالبؔ کی پریس کانفرنس

۳۔ یہ رکشا والے

۴۔ دوڑا دیئے گھوڑے ہم نے

۵۔ چاند اور آدمی

۶۔ سندباد جہازی کا سفرنامہ

۷۔ ہمارا نوکر

۸۔ نیا سال پرانا جال

۹۔ ادیبوں کے گھریلو حالات بے تصویر

۱۰۔ بہت پچھتائے مہمان بن کر

۱۱۔ سکنڈ ہینڈ موٹر سیکل

۱۲۔ باورچی

۱۳۔ عید کی تیاری

خاکے۔اُردو شاعری کے ٹیڈی بوائے۔حکیم یوسف حسین خاں

ط انصاری سے ظ انصاری تک

III- قصہ مختصر..........اپریل ۱۹۸۴ء..........ناشر حسامی بک ڈپو، حیدرآباد

انتساب۔ جناب میر عابد علی ایڈیٹر ''سیاست'' کے نام

اس مجموعے کے شروع میں مخدوم کا شعر ہے

ہم نے ہنس ہنس کے تری بزم میں اے پیکرِ ناز
کتنی آہوں کو چھپایا ہے تجھے کیا معلوم

مشمولات

قصہ مختصر

۱۔ میں اور میرا مزاح

۲۔ ریل منتری مسافر بن گئے

۳۔ مرزا کی یاد میں

۴۔ اس دور میں ہوتے حاتم طائی

۵۔ گھر کا ٹیلی فون

۶۔ سردی کی گرما گرمی

۷۔ مہمان

خاکے

اس مجموعے کے شروع میں بھی مخدومؔ کا شعر ہے

ہم نے ہنس ہنس کے تری بزم میں اے پیکرِ ناز
کتنی آہوں کو چھپایا ہے تجھے کیا معلوم

یہ مجموعہ جناب میر عابد علی خان ایڈیٹر ''سیاست'' کے نام معنون ہے۔

IV- بہر حال............ اکتوبر ۱۹۷۴ء ناشر حسامی بک ڈپو، حیدر آباد

انتساب۔ ناصرہ رئیس کے نام جس نے اپنے قہقہے بھی مجھے سونپ دیئے ہیں

مشمولات

۹۔ ہائے وہ مجرد زندگی

خاکے

۱۔ سلام مچھلی شہری............ کھویا ہوا آدمی

۲۔ عزیز قیسی .... پتھر کا آدمی

۳۔ بھارت چند کھنا............ آخری شریف آدمی

۴۔ فکر تونسوی .... بھیڑ کا آدمی

V۔ بالآخر............ ۱۹۸۲ء............ حسامی بک ڈپو، حیدرآباد

انتساب۔ آمنہ ابوالحسن کے نام

مشمولات

بالآخر (دیباچہ)

۱۔ اُردو کا آخری قاری

۲۔ برف کی الماری

۳۔ ڈائرکٹر کا کتا

۴۔ سورج گہن کی یاد میں

۵۔ کالونی میں رہنا

۶۔ لوٹ پیچھے کی طرف

۷۔ میرے پتہ سے لوگوں کو

۸۔ کیلنڈر جمع کرنے کا شوق

۹۔ خدا کی قدرت

۱۰۔ ایک مشاعرہ کی رننگ کامنٹری

۱۱۔ قصہ آرام کرسی کا

۱۲۔ جشن منانا

۱۳۔ داد کی بیداد

۱۳۔ کچھ اُردو پبلشنگ کے بارے میں

۱۴۔ بلراج ورما نے تناظر نکالا

۱۵۔ جانا ہمارا کٹک اور پانا خطاب ہاسیہ رتن کا

VI- الغرض.........نومبر ۱۹۸۷ء.........حسامی بک ڈپو، حیدر آباد

انتساب

سشما کے نام.........

یوں تجھے یاد کرتا ہوں

تو مجھے بھول گیا ہو جیسے

مشمولات

۵۔ ابھینیتا نیتا بن گئے

۶۔ چہل قدمی اور ہم

۷۔ حیدرآباد کا جوذکر کیا

۸۔ کچھ پھلوں کے بارے میں

۹۔ مرزا دعوت علی بیگ

۱۰۔ خوشامد کا فن

۱۱۔ قصہ ایک نائب وزیراعظم کے شاعر بن جانے کا

۱۲۔ اولادیں

۱۳۔ میرا پہلا ہوائی سفر

۱۴۔ ہم، بیگم اور شاپنگ

۱۵۔ خوش فہمی

۱۶۔ ٹیلی ویژن

۱۷۔ لوٹے ہی لوٹے

VII- آخرکار..........ڈسمبر ۱۹۹۷ء..........ناشر، نئی آواز..........نئی دہلی

انتساب۔ ہمدمِ دیرینہ.....نقی تنویر کے نام

مدتوں پہلے جدا ہم اپنی مرضی سے ہوئے

لگ رہا ہے دل کو یوں جیسے ابھی کی بات ہے (شہریار)

مشمولات

مجتبیٰ حسین کی خاکہ نگاری

انسان کے ہاں اظہار کے مختلف طریقے ہیں جسے یا تو وہ بولتا ہے یا اشاروں سے کام لیتا ہے یا پھر نوکِ قلم کو ہلکی سی جنبش دے کر اپنا مافی الضمیر تحریر کی شکل میں ظاہر کر دیتا ہے اور اس کی یہی تحریریں ادب کا ایک اٹوٹ حصہ بن جاتی ہیں۔

ایک ادیب ادب کی تخلیق کے دوران ''کیا ہو چکا ہے'' اور کیا ''ہو رہا ہے'' سے آگے بڑھ کر ''کیا ہو سکتا ہے'' تک پہنچ جاتا ہے اور اس کا ذہن لاتعداد خیالات کی وجہِ تحریک بن جاتا ہے۔ یہی وجہ ہے کہ ایک خیال دیگر کئی خیالات کے وجود میں آنے کا باعث بنتا ہے۔

یہ بات تو طے ہے کہ انسان کی فکر پر پہرے نہیں لگائے جا سکتے لیکن اس مقصد کے تحت کوئی سانچہ یا کوئی پیمانہ تو بنایا جا سکتا ہے۔ یہی سوچ کر ہمارے ادیبوں اور شاعروں نے ادب کو مختلف اصناف کے خانوں میں تقسیم کر دیا ہے۔ جن میں سے بعض تہہ در تہہ خصوصیات کی حامل ہیں اور ان ہی میں سے ایک ہے ''خاکہ'' خاکہ یا قلمی خاکہ انگریزی کے لفظ Pensketch کا ترجمہ ہے۔

خاکہ کسی شخص کی وہ تصویر ہے جس میں اس کی شخصیت، شکل وصورت کے ساتھ ساتھ اس کے طرزِ زندگی، عادات واطوار، انداز گفتگو، چال ڈھال، حلیہ، مزاج، پسند اور ناپسند وغیرہ کے علاوہ اس کی زندگی کے کسی خاص پہلو پر اِس طرح روشنی ڈالی جاتی ہے کہ اس کی شخصیت واضح ہو کر ہمارے سامنے آجاتی ہے۔

ڈاکٹر صابرہ سعید لکھتی ہیں کہ:

> اس کو (خاکے کو) اشاروں کا آرٹ کہا جاتا ہے اس میں اتنی وسعت ہوتی ہے کہ ایک پھول کے مضمون میں تمام گلشن کی روح بند کی جاسکتی ہے خاکے میں زندگی کے ہر پہلو کو سمو لینے کی صلاحیت موجود ہوتی ہے۔[۱]

ہر ادبی تخلیق کا نشانہ اس کا قاری یا سامع ہوتا ہے۔ خاکہ نگار بھی نہ صرف پڑھنے والے کے لئے لطف اور انبساط مہیا کرتا ہے بلکہ اس کے ساتھ ساتھ قاری اور اس شخصیت کے درمیان ایک پُل کا کام کرتا ہے جس کا اس نے خاکہ لکھا ہے کیونکہ خاکہ قاری کو مذکورہ شخصیت کے بارے میں ایسی معلومات فراہم کرتا ہے جو شخصیت کے مختلف پہلوؤں کو اجاگر کرتی ہیں۔

خاکہ کسی بھی شخصیت کا لکھا جاتا ہے لیکن اس شخصیت میں اگر ایسی خصوصیات ہوں جو انسان کی فکر کو مہمیز کرے تو ایسا خاکہ مؤثر ہونے کے ساتھ ساتھ مقصدی بھی ہوتا ہے۔

مولوی عبدالحق نے نام دیو مالی اور نور خان (گدڑی کا لعل) کا خاکہ اور رشید احمد صدیقی نے ''کندن'' لکھا تو اس کے پیچھے زندگی کی وہ اقدار تھیں جس کو عبدالحق اور رشید احمد صدیقی قاری تک پہنچانا چاہتے تھے۔ خاکہ عام اسلوب کے علاوہ مزاحیہ اسلوب میں بھی لکھا جاسکتا ہے

بیسویں صدی کی ابتداء میں مزاحیہ خاکہ نگاری کے اچھے نمونے مرزا فرحت اللہ بیگ (نذیر احمد کی کہانی کچھ اِن کی کچھ میری زبانی) شوکت تھانوی (شیش محل) رشید احمد صدیقی

۱۔ اُردو میں خاکہ نگاری، ڈاکٹر صابرہ سعید ص ۹

(گنج ہائے گراں مایہ) کی شکل میں ملتے ہیں۔

مندرجہ بالا تمام شخصیات مزاح نگار اور خاکہ نگار ہیں لیکن ہمارے چند ایک ادیب ایسے بھی ہیں جنھوں نے خاکہ نگار کی حیثیت سے شہرت حاصل نہیں کی لیکن خاکے لکھے ہیں ان میں مشہور افسانہ نگار سعادت حسن منٹو ہیں۔ ''گنجے فرشتے'' کے عنوان سے منٹو کے لکھے ہوئے خاکوں کا مجموعہ اہمیت کا حامل ہے۔ عصمت چغتائی نے بھی اپنے بھائی عظیم بیگ چغتائی کا خاکہ ''دوزخی'' لکھا جو خاکہ نگاری کی تمام جزئیات سے بھرپور ہے۔ گنجے فرشتے میں منٹو نے عصمت چغتائی کا خاکہ لکھا ہے۔ ملاحظہ کیجیے:

> ''مجھے عصمت کے چہرے پر وہی سہا ہوا حجاب نظر آیا جو عام گھریلو لڑکیوں کے چہرے پر ناگفتنی شئے کا نام سن کر خود بخود نمودار ہوا کرتا ہے۔ مجھے سخت نا اُمیدی ہوئی اس لئے کہ میں ''لحاف'' کی تمام جزئیات کے متعلق اس سے باتیں کرنا چاہتا تھا۔ جب عصمت چلی گئی تو میں نے دل میں کہا ''یہ تو کمبخت بالکل عورت نکلی''۔ ۱

یہاں منٹو نے عصمت کی سچائی اور اصلیت کو ظاہر کرنے کی کامیاب کوشش کی ہے۔

ہندوستان کی آزادی سے پہلے اور بعد میں بھی خاکہ نگاری کا سلسلہ چلتا رہا۔ لیکن ۱۹۸۰ء کے بعد مزاحیہ خاکہ نگاری کے اُفق پر مجتبیٰ حسین کا نام روشن تارے کی طرح چمکا اور اس کی چمک ابھی تک ماند نہیں پڑی ہے۔ اپنی خاکہ نگاری کی ابتداء کے متعلق وہ لکھتے ہیں:

> ''میں نے پہلا خاکہ ۱۹۶۹ء میں اپنے بزرگ دوست حکیم یوسف خاں کا لکھا تھا۔ اب وہ اس دنیا میں نہیں رہے۔ خدا انھیں کروٹ کروٹ جنت نصیب کرے۔ مرحوم کئی خوبیوں کے مالک تھے جب

۱۔ اُردو میں خاکہ نگاری، ڈاکٹر صابرہ سعید ص ۹

ان کی کتاب ''خوابِ زلیخا'' کی تقریب رونمائی کا مرحلہ آیا تو نہ جانے انکے جی میں کیا آئی کہ مجھ سے اپنا خاکہ لکھنے کی فرمائش کر بیٹھے۔ اس وقت تک میں نے مزاحیہ مضامین ہی لکھے تھے۔ کسی کا خاکہ نہیں لکھا تھا۔ بہتیرے عذر پیش کئے پہلے تو اپنی کم علمی اور کم مائیگی کا حوالہ دیا۔ یہ عذر قابل قبول نہ ہوا تو عمر کے اس فرق کا حوالہ دیا جو میرے اور ان کے بیچ حائل تھا۔ اس پر بھی وہ مصر رہے کہ مجھے خاکہ لکھنا ہی ہوگا۔ یہ پہلا خاکہ تھا جسے سامعین اور صاحب خاکہ دونوں نے پسند فرمایا تھا''۔[۱]

مجتبیٰ حسین کے اب تک خاکوں کے حسب ذیل مجموعے منظر عام پر آچکے ہیں۔

(۱) آدمی نامہ (۲) سو ہے وہ بھی آدمی (۳) چہرہ در چہرہ (۴) ہوئے ہم دوست جس کے (۵) مہرباں کیسے کیسے۔

مجتبیٰ حسین مختصر عرصے میں کسی شخصیت کے اندرون کو پہچان لیتے ہیں اور اسے خاکے کی شکل میں پیش کر دیتے ہیں اور اس شخصیت کو مسخ ہونے نہیں دیتے۔ اُردو میں اتنے زیادہ خاکے کسی اور خاکہ نگار کے ہاں نہیں ملتے۔ مجتبیٰ حسین نے تقریباً دوسو خاکے لکھے ہیں، مجتبیٰ حسین کے خاکوں میں ہمیں خلوص کا ایک سیل رواں ملے گا اور یہ خلوص بے غرض اور بے لوث ہے۔ ان خاکوں میں زندگی کی بھرپور جھلک ملتی ہے۔ مجتبیٰ حسین شخصیت کا وہ وصف چن لیتے ہیں جس کے سہارے ساری شخصیت کی عکاسی ہوسکتی ہے۔ فیض احمد فیضؔ کو اُنھوں نے محض شاعری کے پردے میں پرکھ کر بے پردہ کر دیا ہے۔

خاکہ نگاری کے دوران مجتبیٰ حسین کسی شخصیت پر طنز نہیں کرتے بلکہ شخصیت کے کسی ایک روشن پہلو کی وضاحت کرتے ہوئے اس کی خوبیاں بیان کرتے ہیں ساتھ ہی وہ راست مضحکہ نہیں اُڑاتے بلکہ اپنے پُرمزاح جملوں سے نہ صرف قاری کو بلکہ صاحبِ خاکہ کو بھی محظوظ کرنے کا کام

۱۔ دو باتیں، آدمی نامہ، مجتبیٰ حسین، ص ۵ سنہ اشاعت ۱۹۸۱ء

کرتے ہیں۔مجتبیٰ حسین ''شخص'' کا کم،اور ''شخصیت'' کا سراپا زیادہ اُتارتے ہیں۔یہ سراپا سرتاپا ضرور ہوتا ہے لیکن ضروری نہیں کہ سر سے ہی شروع ہو۔فیض احمد فیض کا خاکہ لکھتے ہوئے وہ ایک ہم سفر لڑکی کا ذکر یوں کرتے ہیں

''پوچھا! آپ کس زبان میں لکھتے ہیں؟

میں نے کہا اُردو نام کی ایک زبان ہے اس میں لکھتا ہوں'

لڑکی نے تیوری پر بل ڈال کر کہا ''اُردو! کہیں نام ضرور سنا ہے۔

کہیں یہ وہ زبان تو نہیں جس میں فیض احمد فیض شاعری کرتے ہیں؟

راستے بھر سوچتا رہا کہ یہ کیسی عجیب بات ہے کہ اور شاعر تو اپنی زبان کے حوالے سے جانے جاتے ہیں لیکن اُردو زبان فیض کے حوالے سے جانی جاتی ہے۔شاعر اس زبان سے بھی بڑا ہو جائے جس میں وہ لکھتا ہے تو یہی ہوتا ہے''۔[۱]

دیکھئے یہاں مجتبیٰ حسین نے فیض کی شخصیت کو کیسے ابھارا ہے ہوسکتا ہے یہ لڑکی واقعی مجتبیٰ حسین کی ہم سفر رہی ہو اور یہ بھی ہوسکتا ہے کہ اس لڑکی کا کردار مجتبیٰ حسین کے ذہن کی پیداوار ہو۔یہاں وہ یہ ظاہر کرنا چاہتے ہیں کہ اردو نہ جاننے والے بھی فیض کی شاعری کے بارے میں جانتے ہیں۔

مجتبیٰ حسین نے ایسے افراد کے خاکے تحریر کئے ہیں جن سے وہ اچھی طرح واقف اور بے تکلف ہیں اس لیے ان کے خاکوں میں شخصیت سے اپنا پن ،لگاؤ اور بے تکلفی ملتی ہے۔ویسے تو مجتبیٰ حسین نے کسی کی شکل وصورت کا ذکر کہیں کہیں ہی کیا ہے لیکن جہاں بھی کیا ہے دل کھول کر کیا ہے اور ایسا کیا کہ قاری تو قاری جس پر خاکہ لکھا گیا ہے وہ بھی خفا ہونے کی بجائے ہونٹوں پر مسکراہٹ سجا لیتا ہے۔کنہیا لال کپور کے خاکے میں میں وہ کنہیا لال کپور کی طویل قامتی پر

۱۔فیض احمد فیض۔سو ہے وہ بھی آدمی مشمولہ آدمی نامہ ص ۹

پر لطف انداز میں یوں لکھتے ہیں۔

''کپور صاحب اور قطب مینار میں مجھے فرق یہ نظر آیا کہ قطب مینار پر رات کے وقت ایک لال بتی جلتی رہتی ہے تا کہ ہوائی جہاز وغیرہ ادھر کا رُخ نہ کریں، کپور صاحب پر رات کے وقت یہ حفاظتی انتظام نہیں ہوتا، جو خطرے سے خالی نہیں ہے۔ کیا پتہ کسی دن کوئی ہوائی جہاز اندھیرے میں کپور صاحب سے نبرد آزما ہو جائے (مراد ہوائی جہاز سے ہے) ایسی سات منزلہ شخصیتیں اب بہت کم دیکھنے کو ملتی ہیں۔ ایک بار بس میں سوار ہوئے تو فوراً اپنے آپ کو یوں دوہرا تہہ کر لیا جیسے کسی نے انگریزی کے ''U'' کو اُلٹ دیا ہو۔ لمبا قد بھی کیا عجیب شئے ہے''۔[۱]

مجتبیٰ حسین اپنے مخصوص اندازِ بیان اور اچھوتے اسلوب کے ذریعہ کسی شخصیت پر اس طرح روشنی ڈالتے ہیں کہ اس کی تہہ در تہہ شخصیت پڑھنے والے کے آگے کھلی کتاب بن جاتی ہے۔ کسی کی زندہ دلی کا تذکرہ ہو، علمیت کی بات ہو یا پھر خرابیٔ صحت کا تذکرہ یہ سب کچھ اس انداز سے بیان کرتے ہیں کہ قاری ایک زیرِ لب مسکراہٹ کے ساتھ بات کی تہہ تک پہنچ جاتا ہے۔ مثال کے طور پر یہ اقتباس ملاحظہ ہو:

''اعجاز صاحب بھی ہر بات کا سلسلہ اپنی خرابیٔ صحت سے جوڑنے کے عادی تھے مسئلہ ادب کا ہو یا سیاست کا وہ اپنی خرابیٔ صحت کا سلسلہ اس سے ضرور جوڑ دیا کرتے تھے۔ میرے پاس ان کے بے شمار خطوط ہیں ہر خط کے آغاز میں یا آخر میں وہ اپنی بیماری کا ذکر بڑی تفصیل اور

۱۔ کنہیا لال کپور، مشمولہ سو ہے وہ بھی آدمی

بڑے ذوق وشوق کے ساتھ کیا کرتے تھے۔ رائج الوقت بیماری کا ذکر کچھ ایسی اپنائیت اور چاؤ سے کرتے تھے کہ لگتا تھا انھیں اس بیماری سے پیار ہوگیا ہے۔ پھر لطف کی بات یہ ہوتی تھی کہ ہر خط میں ایک نئی بیماری کا ذکر ہوتا تھا ایسا نہیں ہوا کہ اُنھوں نے کسی خط میں اپنی بیماری کا ''دوسرا ایڈیشن'' نہ نکالا ہو۔ یوں کہا جائے تو بیجا نہ ہوگا کہ اُن کی ہر بیماری نہ صرف یہ کہ ''غیر مطبوعہ'' ہوا کرتی تھی بلکہ ''قابلِ اشاعت'' بھی ہوا کرتی تھی۔ اُن کی بیماریوں میں بھی ایک قسم کا تنوع تھا''۔[۱]

مجتبیٰ حسین کے ہاں وہ باریک بینی ہے جو ایک خاکہ نگار کے لئے نہایت ہی ضروری اور اہم ہے وہ جس شخصیت کا خاکہ لکھتے ہیں اس کی چھوٹی سی چھوٹی حرکت، عادت اور کوئی ادا اِن کی نظر سے بچنے نہیں پاتی۔

کرشن چندر کے بارے میں لکھتے ہیں:

''مہمان نوازی اُن کا محبوب مشغلہ تھا کوئی ملنے جاتا تو اس کے سامنے پھلوں کی پلیٹ رکھ کر خود پھلوں کو کاٹنے میں مصروف ہوجاتے تھے۔ سیب ایسی نفاست سے کاٹتے تھے کہ ایک چاقو لگادیتے تو سارے چھلکے کو ''بیک جنبش قلم'' اُتار دیتے تھے۔ اُن کو سیب کاٹتے دیکھنا بھی ایک انوکھی مسرت تھی وہ ایک سیب کاٹ لیتے تو جی کہنے کو چاہتا تھا سبحان اللہ، مرحبا، مکرر ارشاد ہو، کیا فصاحت ہے، کیا بلاغت ہے''۔[۲]

سجاد ظہیر کی مسکراہٹ بھی مجتبیٰ حسین کی آنکھوں سے آنکھیں نہیں چرا سکی۔ ان کی مسکراہٹ کو موضوع بنا کر مجتبیٰ حسین نے ساری تفصیلات بیان کی ہیں۔

۱۔ آدمی نامہ، ص ۱۹، ۲۰

۲۔ کرشن چندر، مشمولہ ص

''اُن کی تقریر بھی اُن کی چال کی طرح تھی۔ رکتی ٹھہرتی اور سنبھلتی ہوئی، مگر رُکنے ٹھہرنے اور سنبھلنے کے دوران جب بھی بنّے بھائی (سجاد ظہیر) مسکرادیتے تھے تو اِن کی تقریر میں بڑی جان پیدا ہوجاتی تھی۔ اس دن پہلی بار احساس ہوا کہ بعض مسکراہٹیں اپنے اندر تحریر وتقریر سے کہیں زیادہ اظہار کی صلاحیتیں رکھتی ہیں۔ بنّے بھائی کی مسکراہٹ میں اتنی زبردست قوتِ گویائی تھی کہ وہ صرف مسکرادیتے تو لفظ ومعنیٰ کے دفتر کھل جاتے تھے۔ مسکراہٹ کیا تھی اچھی خاصی ڈکشنری تھی۔ یہ مسکراہٹ بجائے خود ایک زبان تھی۔ ایک رسم الخط تھی اس مسکراہٹ کے رسم الخط کو صرف وہی لوگ پڑھ سکتے تھے جو لطیف جذبوں کا کاروبار کرنا جانتے ہیں''۔[۱]

مجتبیٰ حسین نے بعض شخصیتوں کی شکل وصورت اور حلیے کو بھی دلچسپ پیرائے میں بیان کیا ہے لیکن خوبی یہ ہے کہ اُنھوں نے خاکہ نگاری کے اُصولوں سے گریز نہیں کیا۔ عمیق حنفی کے متعلق لکھتے ہیں:

''یہ میں اس تصویرِ پارینہ کی بات کررہا ہوں جس میں عمیق حنفی کا چہرہ داڑھی کی تہمت سے پاک تھا۔ اُن کی تصویر کو دیکھ کر یوں معلوم ہوتا جیسے آپ جزیرہ نمائے عرب کے نقشے کو دیکھ رہے ہوں بلکہ غور سے دیکھا جائے تو اِس میں کہیں کہیں عرب کا صحرا بھی صاف دکھائی دیتا ہے بالکل سپاٹ سا چٹانی اور کرخت چہرہ ویسے اب بھی عمیق حنفی کے چہرے کے اس صحرا میں نخلستان کے اُگ آنے کے باوجود آپ اُن کے چہرے کو دیکھیں تو نہ جانے کیوں جزیرۂ عرب کا خیال آجاتا

۱۔ سجاد ظہیر۔ مسکراہٹوں کا آدمی، مشمولہ سو ہے وہ بھی آدمی

ہے۔ فرق صرف اتنا ہے کہ داڑھی کے بغیر اُن کا چہرہ عرب کے جغرافیے سے قریب تھا اور اب داڑھی کے بعد یہ عرب کی تاریخ اور تمدن سے قریب ہوگیا ہے اور تاریخ وتمدن کی چونکہ جغرافیہ سے زیادہ اہمیت ہوتی ہے اس لئے اُن کا چہرہ اب قابلِ قبول سا بن گیا ہے"۔[۱]

"دیکھا کہ عمیق حنفی اپنے پستہ قد کو زمین سے گھستے ہوئے چلے جارہے ہیں پستہ قد لوگوں کو مشورہ دیتا ہوں کہ وہ زمین پر کم سے کم چلیں، قدرت نے جتنا بھی قد دیا ہے اس کی جی جان سے حفاظت کریں اگر خدانخواستہ یہ کثرتِ استعمال سے گھس گھسا گیا تو زمین پر آدمی کی بجائے ٹوپی چلے گی"۔[۲]

مجتبیٰ حسین ایک جگہ خود لکھتے ہیں:

"اگرچہ جانتا تھا کہ کسی کی جسمانی ساخت کا مذاق اُڑانا اچھے مزاح کا شیوہ نہیں ہے"۔[۳]

اس کے باوجود بھی اُنھوں نے چند ایک شخصیات کی جسمانی ساخت کا بھرپور مذاق اُڑایا ہے۔ عزیز قیسی پر لکھا گیا خاکہ اس کی بہترین مثال ہے۔

"میرے ایک ساتھی نے عزیز قیسی کی طرف اشارہ کرکے پوچھا یار! یہ صاحب اپنے خدوخال اور وضع قطع سے کوئی مجرم نظر آتے ہیں کیا یہ بھی شاعر ہیں؟ .... میں نے کہا ضرور دیکھا ہوگا۔ ہر پولیس

۱۔ عمیق حنفی مشمولہ مجتبیٰ حسین کی بہترین تحریریں جلد دوم ص ۱۳۶

۲۔ عمیق حنفی مشمولہ آدمی نامہ ص ۹۰

۳۔ عمیق حنفی مشمولہ آدمی نامہ ص ۹۰

تھانے میں ان کی تصویر لگی رہتی ہے۔۔۔۔۔میرے ساتھی نے کہا ارے یہ کیا خاک شاعری کریں گے شاعری پہلوانوں کا شیوہ نہیں ہوتی۔ڈنڈ پیلنے اور شعر کہنے میں زمین آسمان کا فرق ہوتا ہے یہ تو بالکل پتھر کا مجسمہ ہیں اور وہ بھی اَن فنشڈ (Un Finished) مجسمہ۔میرا بس چلے تو میں انھیں اجنتا کے کسی غار میں نصب کر آؤں‘‘۔[۱]

ایک خاکہ میں حسن الدین احمد کی بھنوؤں کو موضوع بنا کر مزاح پیدا کیا ہے۔

’’اب جو میں نے تفصیل سے اُنھیں دیکھنے کی کوشش کی تو اُن کی آنکھوں کے اوپر پھیلی ہوئی تفصیلی بھنوؤں پر ہی نظر جم کر رہ گئی۔ایسی تفصیلی بھنویں میں نے بہت کم دیکھی ہیں ایسی گھنی اور گنجان بھنویں کہ لگتا ہے بھنویں نہیں مونچھیں ہیں۔ پھر لطف کی بات یہ کہ حسن الدین احمد صاحب مونچھوں کے معاملے میں تفصیل کے قائل نہیں ہیں کیونکہ اُنھوں نے مختصر سی مونچھیں رکھی ہیں جو ہٹلر کی مونچھوں سے بس ذرا سی بڑی تھیں‘‘۔[۲]

خاکہ نگار ادیب اور فنکار ہونے کے ساتھ ساتھ ایک مصور کا مزاج رکھتا ہے۔ایک سنگ تراش کی خصوصیات کا حامل ہوتا ہے اور اس بات کی کوشش کرتا ہے کہ شخصیت کے تمام تاثرات واضح طور پر اس کی تحریر میں نظر آسکیں اس میں خاکہ نگار اپنے مزاج سے ہم آہنگ رنگ استعمال کرتا ہے۔ وہ مزاجی کیفیات جو خاکہ نگار کو متاثر کرتی ہیں ان کے دلکش رنگوں سے ایک اچھا خاکہ نگار اپنے خاکے کو دل آویز اور متاثر کن بناتا ہے۔شاذ تمکنت پر لکھا گیا خاکہ اس کی اچھی مثال ہے جس میں مجتبیٰ حسین نے شاذؔ کی شخصیت کے تمام تاثرات

۱۔عزیز قیسی، پتھر کا آدمی، مشمولہ مجتبیٰ حسین کی بہترین تحریریں جلد دوم ص ۱۵۶

۲۔حسن الدین احمد، لفظوں کا آدمی، مشمولہ آدمی نامہ ص ۱۲۱ سنہ ۱۹۸۱ء

کی وضاحت بڑے سلیقے سے کی ہے۔

''شاذ جب بھی دہلی کے کسی مشاعرے میں آتا تو میں اس میں ضرور شرکت کرتا تھا۔ اس لئے نہیں کہ شاذ میری کمزوری تھا...... وہ ایک سادہ لوح رومانی شاعر تھا جس نے جب دیکھا کہ دنیا اس کی رومانیت کی سطح تک اُٹھ کر جی نہیں پا رہی ہے تو وہ چپ چاپ دنیا ہی کو چھوڑ کر چلا گیا۔ شاذؔ جیسا طرحدار شاعر اب دکن دیس میں کہاں ملے گا۔ جس نے سوائے اپنے کسی کو نقصان نہیں پہنچایا۔ اپنی اَنا کی حفاظت کے لئے وہ بڑے سے بڑے آدمی سے ٹکر لے لیتا تھا اور اپنے ادنیٰ سے ادنیٰ چاہنے والے کی محبت کے آگے اپنا سب کچھ قربان کر دیتا تھا''۔[۱]

یوں تو مجتبیٰ حسین کی خاکہ نگاری، مزاح نگاری سے علیحدہ نہیں ہے۔ اکثر خاکوں میں ایسے واقعات کا بیان ہے جس کے سننے یا پڑھنے سے قاری یا سامع اچانک ہنس پڑتا ہے۔ اس طرح کی کیفیت ہمیں شاذؔ تمکنت پر لکھے گئے خاکے میں ملتی ہے۔ شاذؔ کا بار بار پلین کے ٹکٹ کی طرف اشارہ کرنا اِس پر دوستوں کی سوچی سمجھی سرد مہری لیکن آخر میں مجتبیٰ حسین کے ایک جملے نے سارے ماحول کو رنگین بنا دیا۔ ملاحظہ کیجیے:

''وہ ایک ادا کے ساتھ چلتا ہوا، اپنے ہاتھ میں ٹکٹ کو لہراتا ہوا، ہماری میز کی طرف چلا آیا۔ پہلے تو اس نے ٹیبل کے بیچوں بیچ پلین کے ٹکٹ کو رکھا، اِدھر اُدھر کی باتیں کیں، پلین کے ٹکٹ کو دو ایک بار اُٹھا کر پھر ٹیبل پر رکھا۔ مگر کسی نے ٹکٹ کے بارے میں کچھ نہیں پوچھا۔ جب ہوٹل کا بیرا پانی کا گلاس ٹیبل پر رکھنے لگا تو شاذؔ نے بیرے کو ٹوکتے ہوئے کہا

۱۔ شاذ تمکنت۔ سو ہے وہ بھی آدمی۔ مجتبیٰ حسین کی بہترین تحریریں جلد دوم ص ۱۵۳

میاں ذرا احتیاط سے پانی رکھنا، یہاں پلین کا ٹکٹ رکھا ہے۔ ہم تب بھی خاموش رہے دوسری بار جب بیرا چائے کی پیالیاں ٹیبل پر رکھنے لگا تو شاذ نے پھر ایک بار اُسے ٹوکا۔ ہمارے منہ تب بھی بند رہے۔ اسی اثناء میں سوشلسٹ پارٹی کے لیڈر گوسوامی صاحب نے کسی بات پر زوردار قہقہہ لگایا تو میں نے اُنھیں ٹوکا ذرا احتیاط سے قہقہہ لگایئے یہاں پر پلین کا ٹکٹ رکھا ہوا ہے''۔[۱]

اچھے خاکہ نگار کا وصف یہ ہے کہ وہ چہرے کے پیچھے چھپی کہانی کو جذب کرتا ہے۔ مجتبیٰ حسین کی آنکھیں بھی X-Ray مشین کی طرح کام کرتی ہیں۔ وہ شخصیت کے اندر جھانک کر وہ گوہرِ آبدار نکال لاتے ہیں جو اس شخصیت کی تزئین میں نمایاں نظر آتے ہیں جب کبھی کسی سے ان کی قربت بڑھی تو سمجھ لیجئے کہ اُنھوں نے اس شخصیت کو پرکھنا شروع کر دیا۔ یعنی اس کے ہر پہلو پر گہری نظر رکھتے ہیں۔ ایک خاکے میں عمیق حنفی کی شخصیت میں پوشیدہ خوبیوں کا اظہار مجتبیٰ حسین نے بڑے ہی فنکارانہ انداز میں کیا ہے۔

''مجھے اِن تیس برسوں میں عمیق حنفی کو مختلف زاویوں سے دیکھنے کا موقع ملا ہے۔ عمیق حنفی اصل میں کئی اچھے بُرے عمیق حنفیوں کے مجموعے کا نام ہے۔ شاعر عمیق حنفی، تاریخ داں عمیق حنفی، فلسفہ شناس عمیق حنفی، ناقد عمیق حنفی، ریڈیو فیچر نگار عمیق حنفی، ہندی اور سنسکرت کے ماہر عمیق حنفی، مذہب پرست عمیق حنفی، مقروض عمیق حنفی، سیکولر عمیق حنفی، منہ پھٹ عمیق حنفی، پریشان حال عمیق حنفی، عجیب عمیق حنفی، غریب

۱۔ شاذ تمکنت، مشمولہ سو ہے وہ بھی ہے آدمی ص ۱۴۷

عمیق حنفی، مجھے سالم عمیق حنفی کچھ Over Populated سے لگتے ہیں''۔[۱]

شخصیت کا گہرا مطالعہ اور اس کا بہترین اظہار مجتبیٰ حسین کی نمایاں خوبی ہے۔ اس خوبی کا اظہار ابراہیم جلیس پر لکھے گئے خاکے میں بھی ملتا ہے۔

''جلیس صاحب زندگی بھر بھوتوں سے لڑتے رہے اور ظالم کے خلاف مظلوم کی حمایت کرتے رہے۔ یہ بات اُن کی فطرت میں بنیادی اہمیت رکھتی تھی۔ اُن کی ایک عادت یہ بھی تھی کہ ہر کام میں جلد بازی دکھاتے تھے، یوں لگتا جیسے اُن کی رگوں میں خون نہیں پارہ دوڑ رہا ہے''۔[۲]

مجتبیٰ حسین شخصیت کو ''کھنگالنے'' اور ''رولنے'' کا عمل کچھ اس طرح انجام دیتے ہیں کہ شخصیت کا ایک ایک گوشہ مکئی کے سنہرے دانوں کی مانند چمک اُٹھتا ہے۔ سلیمان خطیب کی شخصیت کے اہم گوشے اِن پر لکھے گئے خاکے میں روشن نظر آتے ہیں۔

''سلیمان خطیب کے اندر جہاں ایک بڑا شاعر بیٹھا ہوا تھا، وہیں اس کے برابر ایک معصوم سا بچہ بھی بیٹھا ہوا تھا جو اُن سے بچوں کی طرح حرکتیں کرواتا تھا۔ چھوٹی سی چھوٹی بات پر جذباتی ہو جاتے، ضد کرنے لگتے تو ضد ہی کرتے رہ جاتے۔ اُنھیں اپنی شہرت کا نہ صرف احساس بلکہ ضرورت سے زیادہ احساس تھا۔ اُن کی ایک عادت یہ تھی کہ پیٹ میں کوئی بات نہیں رہتی تھی۔ کوئی بات انھیں معلوم ہو جائے تو وہ سارے شہر کو سنانے کیلئے نکل کھڑے ہوتے تھے، سلیمان خطیب عملی

۱۔ عمیق حنفی۔ آدمی ہی آدمی، مشمولہ آدمی نامہ ص ۱۰۲، ۱۰۳

۲۔ ابراہیم جلیس۔ مشمولہ مجتبیٰ حسین کی بہترین تحریریں، جکلد دوص ۱۲۴، ۱۲۵

آدمی بالکل نہیں تھے''۔[۱]

مجتبیٰ حسین کی تحریریں سچی اور کھری ہیں، ان کا انداز نہ تو خوشامدانہ ہے اور نہ ہی تضحیک آمیز۔ خوبیوں کے بیان میں وہ مبالغے سے کام نہیں لیتے اور خامیوں کا بیان کرتے وقت صاحبِ خاکہ سے بغض اور عداوت کا اظہار نہیں ملتا۔ مخمور سعیدی لکھتے ہیں:

''مجتبیٰ حسین کے خاکوں کی زبان صاف، سلیس اور رواں دواں ہے، تکلف اور تصنع سے دور ایک فطری بہاؤ کا انداز جو قاری کو اپنے ساتھ بہالے جاتا ہے اور خوشگوار احساسات و تاثرات کے اس کنارے اُسے جالگاتا ہے جہاں مجتبیٰ حسین اس کی وارفتگی کا نظارہ اور اندازہ کرنے کے لئے تبسم بہ لب کھڑے ہوتے ہیں۔''[۲]

مجتبیٰ حسین کے خاکوں کا تصنع سے دور فطری بہاؤ والا جو انداز ہے اس میں بہتے ہوئے قاری کو خود خاکہ نگار کی جھلک اور کبھی کبھی جھلکیاں بھی نظر آتی ہیں اور تبسم بہ لب کھڑے خاکہ نگار کے ساتھ قاری بھی Same to you والی کیفیت سے گزرتا ہے۔ مجتبیٰ حسین کے خاکوں میں ہمیں وہی بات ملتی ہے جو غالبؔ کی شاعری اور ان کے خطوط میں موجود ہے۔ غالبؔ خود کو نشانہ بناکے خود پر ہنستے تھے۔ مجتبیٰ حسین بھی اپنوں سے زیادہ اپنے آپ پر ہنستے ہیں اور اِس ہنسی کے پیچھے ایک بہت بڑا سچ اور اس سچ سے بھی بڑا کرب پوشیدہ ہے اس کی اچھی مثال ''اپنی یاد میں'' عنوان سے لکھا گیا خود وفاقیہ ہے۔ اسی میں مجتبیٰ حسین نے اپنی مزاح نگاری کے متعلق بھی لکھا ہے۔ ملاحظہ کیجیے:

''یہ ۱۹۶۲ء کی بات ہے۔ ایک دن یہ ادیب اللہ کو پیارے ہوگئے تو اخبار کے انتظامیہ نے اِنھیں حکم دیا کہ وہ طنز و مزاح کا یہ کالم لکھنے کی

۱۔ سلیمان خطیب، مشمولہ سو ہے وہ بھی آدمی ص ۱۲۷، ۱۲۵

۲۔ کتاب نما کا خصوصی شمارہ، مجتبیٰ حسین فن اور شخصیت ص ۶۵

ذمہ داری سنبھال لیں۔ اس سے پہلے انھیں پتہ نہیں تھا کہ طنز کسے کہتے ہیں اور مزاح کس چڑیا کا نام ہے، ہاتھ پیر جوڑے کہ یہ کام اِنھیں نہ سونپا جائے لیکن اِن کی ایک نہ چلی۔ لوگ پیٹ کے لئے روتے ہیں، یہ پیٹ کے لئے ہنسنے لگے۔ آدمی کیونکہ ڈرپوک تھے"۔[۱]

پیٹ کے لئے رونا اور پیٹ کے لئے ہنسنا دونوں انسان کی مجبوری اور بے بسی کی دلیلیں ہیں لیکن اس مجبوری اور بے بسی کا اظہار اتنی آسانی سے کر دینا مجتبیٰ حسین کے علاوہ کسی اور کے لئے اتنا آسان نہیں ہوگا۔

بقول پروفیسر اشرف رفیع:

"مجتبیٰ نے اپنے خاکوں میں اشخاص کی ہر خوبی و خامی کا احاطہ کرنے کی کوشش کی ہے۔ خوبیوں کا معاملہ آتا ہے تو ایسا معلوم ہوتا ہے جیسے اِن خوبیوں نے مجتبیٰ کو پسپا ہی کر دیا ہے اور کمزوریوں اور خامیوں کا تذکرہ کرتے ہیں تو اتنی محبت سے کہ یہ کمزوریاں، کمزوریاں نہیں معلوم ہوتیں بلکہ اس شخصیت کی شناخت کا ایک لازمی عنصر بن جاتی ہیں۔ خاکوں میں اگر یہ خوبی نہ ہو تو خاکے ادھورے اور پھیکے معلوم ہوتے ہیں"۔[۲]

بے شک یہ کمزوریاں اور خامیاں آدمی کو فرشتے کی حد تک پہنچانے میں حائل رہتی ہیں اس طرح شخص کی اصل اور خالص شخصیت نہ صرف نمایاں ہوتی ہے بلکہ واضح ہو کر سامنے آجاتی ہے۔

فیض احمد فیض کا خاکہ ملاحظہ کیجیے جس میں خوبیوں اور خامیوں کا فنکارانہ اظہار یوں ملتا ہے۔

۱۔ اپنی یاد میں مشمولہ چہرہ در چہرہ ص ۱۴۸

۲۔ شگوفہ مجتبیٰ حسین نمبر، مجتبیٰ حسین کی خاکہ نگاری، پروفیسر اشرف رفیع ص ۱۰۲

''میں نے فیض کو کئی برس پہلے حیدر آباد کے ایک مشاعرے میں دیکھا تھا۔ اپنے محبوب شاعر کو دیکھنے کا یہ پہلا موقع تھا۔ ایک سامع کی حیثیت سے میں انھیں بہت دیر تک دیکھتا رہا۔ مگر جب اُنھوں نے کلام سنانا شروع کیا تو اِنھیں دیکھنے کا سارا مزہ کرکرا ہو گیا۔ ایسی بے دلی سے کلام سناتے تھے جیسے کسی دشمن کا کلام سنا رہے ہوں، سناتے وقت وہ اپنی اچھی بھلی شاعری کے ساتھ بہت بُرا سلوک کرتے تھے۔ آخری عمر میں سانس کی تکلیف کی وجہ سے وہ ایک مصرعہ کو کئی حصوں میں توڑ توڑ کر پڑھتے تھے، اپنے شعر کو بُرے ڈھنگ سے پڑھنے کی ادا بھی اُردو میں فیض نے ہی شروع کی مگر اُن کی اِس ادا کا ایک فائدہ یہ ہوا کہ گلوکاروں نے اُن سے اُن کا کلام چھین لیا تاکہ دنیا کو معلوم ہو کہ دیکھو فیض اگر شعر نہیں پڑھ سکتے تو کیا ہوا ہم اُن کا کلام گا سکتے ہیں''۔[۱]

فیض احمد فیض کی کمزوریوں کے ساتھ ساتھ خاکہ نگار نے جو خوبیاں بیان کی ہیں وہ ہر کمزوری پر حاوی نظر آتی ہیں جیسا کہ درجہ ذیل اقتباس میں بیان کیا گیا۔

''ہمارا جی چاہتا کہ ہم بھی خونِ دل میں اُنگلیاں ڈبونے کے علاوہ ہر حلقہ زنجیر میں اپنی زبان رکھ دیں، فیض سے پہلے یہ سب کہاں تھے۔ فیض سے پہلے دار و رسن کی بات ایسی کہاں تھی، فیض سے پہلے درِ قفس پر صبا پیام لے کر کہاں کھڑی ہوتی تھی، اور تو اور اپنی محبوب کو پہلی سی محبت نہ دینے کا خیال کسے آتا تھا۔ .... یہ سب فیض کا فیضِ جاریہ ہے''۔[۲]

۱۔ خاکہ، فیض احمد فیض، مشمولہ مجتبیٰ حسین کی بہترین تحریریں، جلد دوم ص ۳۳، ۳۴

۲۔ خاکہ، فیض احمد فیض، مشمولہ مجتبیٰ حسین کی بہترین تحریریں، جلد دوم ص ۳۳

شخصیت کا مطالعہ ایک دشوار عمل ہے۔ ساجدہ زیدی کا خیال ہے کہ:

''انسانی شخصیت ایک ایسی پیچیدہ اکائی ہے جس میں تضادات کی کارفرمائی ہے اور جس کے مطالعہ میں ہمیں قدم قدم پر تضادات کے جوڑوں یا متضاد عناصر کی باہم دگر آمیزش و آویزش سے دوچار ہونا پڑتا ہے''۔[۱]

یہ ایک تسلیم شدہ بات ہے کہ ہر شخصیت میں تضادات ہوتے ہیں یہ تضادات مثبت اور منفی دونوں طرح کے ہوسکتے ہیں ایک اچھا خاکہ نگار ان تضادات کو دیکھا تو ان میں سے اپنے کام کی باتوں کو منتخب کرلیتا ہے۔ اور اپنے مخصوص انداز بیان سے شخصیت کے مختلف پہلوؤں کو اجاگر کرتا ہے۔

ساجدہ زیدی کے قول کی روشنی میں جب ہم مجتبیٰ حسین کی خاکہ نگاری کو پرکھنے کی کوشش کرتے ہیں تو پتہ چلتا ہے کہ اُنھوں نے اپنے خاکوں میں متضاد عناصر کی باہم دگر آمیزش اور آویزش سے رنگ بھرا ہے۔ اس رنگ آمیزی کے نتیجہ میں مجتبیٰ حسین قاری کو بھی بڑی آسانی سے اپنے رنگ میں رنگ لیتے ہیں۔ یوں لگتا ہے جیسے مجتبیٰ حسین شخصیت میں جھانکتے جھانکتے، آہستہ آہستہ اس کے دل میں بھی اُتر گئے ہوں تاکہ وہاں کا حال معلوم کیا جاسکے۔ لیکن بات دراصل یہ ہے کہ مجتبیٰ حسین جیسے خاکہ نگار کے لئے دل کی بستی تک زحمت کرنا ضروری نہیں کیونکہ اس سے پہلے چہرہ بھی ملتا ہے جو دل کی کتاب ہوتا ہے۔ ضرورت ہے تو بس اس چہرے کو پڑھنے کی، اور اس فن میں مجتبیٰ حسین اوروں کے مقابلے کچھ زیادہ ہی مہارت رکھتے ہیں۔ خواجہ حمیدالدین شاہد پر لکھے گئے خاکے میں مجتبیٰ حسین نے حیدرآباد کے لئے ان کی تڑپ کا اندازہ کس خوبی سے لگایا ہے، ملاحظہ ہو:

---

۱ شخصیت کے نظریات، ساجدہ زیدی، ص ۲۱

''ذرا غور فرمائیے کہ شاہد صاحب کی جڑیں پچھلی تین دہائیوں سے کراچی میں پیوست ہیں، مگر اُن کا چہرہ اپنے سورج مکھی یعنی حیدرآباد کی طرف مستقلاً مڑا ہوا ہے۔ آپ اس پوزیشن میں تین دہائیوں تک کھڑے ہو کر دکھادیں تو پتہ چلے کہ جینے کا کرب کسے کہتے ہیں۔ یوگا کا ایک مشکل ترین آسن جمائے کھڑے ہیں''۔[۱]

مجتبیٰ حسین کا کمال ہے کہ اُنھوں نے ایک سنجیدہ موضوع کو پُرلطف انداز میں بیان کیا۔ کون ہوگا جس کے دل کو اس کے وطن کی یاد نہ تڑپاتی ہو یہی حال شاہد صاحب کا بھی تھا مجتبیٰ حسین اپنی خوبصورت تحریروں کی وجہ سے اپنے قارئین میں بے حد مقبول ہیں۔

اگر شاہد صاحب کے خاکے میں مزاحیہ انداز اختیار نہ کیا جاتا تو یہ موضوع منٹو کے ٹوبہ ٹیک سنگھ سے قربت حاصل کر لیتا، مجتبیٰ حسین نے بے ساختہ مزاح کے اچھے نمونے پیش کئے ہیں۔ خاکہ جیسی محتاط صنف کے لئے مزاح جیسے نازک فن کا استعمال اس خوبی کے ساتھ کرنا کہ کہیں کسی لغزش کا اظہار نہ ہو مجتبیٰ حسین کو ایک کامیاب خاکہ نگار قرار دیتا ہے۔ مجتبیٰ حسین کے فن کی اس خوبی کو تقریباً سبھی نے سراہا ہے اس سلسلے میں مخمور سعیدی لکھتے ہیں:

''مجتبیٰ حسین کی مزاح نگاری زندگی سے کسی باشعور کھلنڈرے کی کھلواڑ نہیں بلکہ زندگی کے ناگوار پہلوؤں کا ادراک رکھنے والے ایک ایسے فنکار کے دل کی پکار ہے جو ان میں خوشگواری کے رنگ بھرنا چاہتا ہے''۔[۲]

کوئی موضوع یا کوئی مسئلہ مجتبیٰ حسین کی نظر سے بچ نہیں سکتا، گجرال رپورٹ کی عمل آوری میں تاخیر کو بھی اُنھوں نے موضوع بنا کر مزاح کے پردے میں گہرا طنز کیا ہے۔

۱۔ خواجہ حمید الدین شاہد، مشمولہ چہرہ در چہرہ ص ۳۰

۲۔ کتاب نما کا خصوصی شمارہ مجتبیٰ حسین فن اور شخصیت، مجتبیٰ حسین کی خاکہ نگاری، مخمور سعیدی ص ۶۱

۱۔ ''یار میں اس لڑکی سے شادی کرنا چاہتا ہوں مگر وہ میرے ساتھ گجرال کمیٹی کررہی ہے''۔

۲۔ ''بیٹی تمہارے والدین نے جہیز میں ایک تنکا تک نہیں دیا۔ کچھ دینے کی سکت نہیں تھی تو گجرال کمیٹی کی رپورٹ ہی دے دیتے۔ جس پرعمل آوری کی آس لگائے بیٹھے تو رہتے''۔

۳۔ ''ایک زمانہ تھا جب آٹھوں پہر تمہاری یاد آتی تھی۔ اب یہ حال ہے کہ گجرال کمیٹی کی طرح یاد آتی ہو''۔

۴۔ ''بھیا وہ جو میں نے تمہیں دس سال پہلے قرض دیا تھا اسے اب واپس ہونا چاہیے۔ اس سے زیادہ گجرال کمیٹی نہیں چلے گی۔ گجرال کمیٹی کی بھی تو ایک حد ہوتی ہے''۔[۱]

یہ خاکہ اندر کمار گجرال کا ہے لیکن جب گجرال کا نام آئے تو گجرال کمیٹی کا ذکر آنا لازمی ہے مجتبیٰ حسین نے اسی بات کا فائدہ اٹھا کر گجرال کمیٹی اور اس کی تاخیر کو اپنے تحریروں میں نہایت خوبصورتی سے پیش کیا ہے۔

مجتبیٰ حسین اپنے خاکوں میں ایسی باتیں کہہ جاتے ہیں جنھیں پڑھ کر ہم دیر تک ہنستے رہتے ہیں۔ اُنھوں نے محاوروں اور کہاوتوں کے استعمال سے بھی تحریروں میں مزاح پیدا کیا ہے۔ ایم ایف حسین پر لکھے گئے خاکے میں اس طرح کی مثالیں ملتی ہیں۔ چور کی داڑھی میں تنکا والی کہاوت مشہور ہے، مجتبیٰ حسین نے یہاں اسی کے ذریعہ مزاح پیدا کرنے کی کامیاب کوشش کی ہے۔

''حسین صاحب نے اپنی داڑھی میں ایک اور تنکا نکالتے ہوئے کہا،

۱۔ اندر کمار گجرال، چہرہ در چہرہ ص ۱۲

روم کے بعض ٹیکسی ڈرائیور مجھے اداکار چارلسٹن ہسٹن سمجھنے لگے تھے۔ میں نے کہا حسین صاحب! اگر وہ بے چارہ کبھی روم چلا جائے تو لوگ اسے آپ سمجھ کر کوئی اہمیت نہ دیں گے.......... یہ آپ کے ننگے پیر گھومنے پھرنے کی وجہ کیا ہے؟ لوگ آپ کو ننگے پاؤں گھومتے پھرتے دیکھنے کے اس قدر عادی ہوگئے ہیں کہ پرسوں جب آپ اپنے شعری مجموعہ کی رسم اجراء کے موقع پر چپل پہن کر آئے تو ایک صاحب نے کسی قدر رازدارانہ انداز میں مجھ سے پوچھا تھا ''کیا حسین صاحب آج نماز پڑھنے کے لئے گئے تھے''۔ ۱

مجتبیٰ حسین نے اپنی تحریروں میں شائستہ اور صحت مند مزاح کا جابجا استعمال کیا ہے۔ ان کا مزاح ان کے اسلوب کی وجہ سے اور بھی چمک اُٹھتا ہے۔ بلراج ورما پر لکھا گیا خاکہ پڑھنے کے دوران قاری کو محسوس ہوتا ہے کہ وہ بھی بلراج ورما اور مجتبیٰ حسین کے ساتھ ہے۔

''ایک دن اُنھوں نے مجھے فون کر کے کہا ''بھئی آج شام کافی ہاؤس چلے آنا، میں کافی ہاؤس پہنچا تو دیکھا کہ ورما جی کافی ہاؤس کے باہر بغل میں کوئی چیز چھپائے کھڑے ہیں۔ میں نے سوچا شراب کی بوتل ہوگی۔ میں نے کہا باہر کیوں کھڑے ہیں آپ؟ بولے اندر بہت سے اُردو والے جمع ہیں اور میں اس حالت میں اندر جانا نہیں چاہتا میں نے پوچھا کیا بہت پی رکھی ہے؟ بولے پینے کی بات نہیں ہے۔ آؤ تمھیں ایک چیز دکھائیں۔ پھر وہ مجھے ریگل بلڈنگ کے پیچھے والی گلی میں لے گئے بار بار چاروں طرف دیکھتے تھے کہ کہیں کوئی آتو نہیں رہا ہے۔ پھر وہ گلی میں اتنی دور تک چلے گئے جہاں صرف اندھیرا ہی اندھیرا تھا،

۱۔ خاکہ، ایم ایف حسین مشمولہ مجتبیٰ حسین کی بہترین تحریریں جلد دوم ص

کچھ دکھائی نہیں دے رہا تھا۔ اپنی بغل میں سے شئے مذکور نکال کر مجھے دیکھنے لگے۔ میں نے پوچھا یہ کیا ہے؟ بولے ''تناظر'' اس دن وہ بہت خوش تھے اس لئے انگریزی میں مجھ سے مخاطب ہو کر بولے۔

I tell you frankly, without the help of Krishna Mohan this Magzine would not have seen the light of the day.

میں نے اندھیرے میں تناظر کی کاپی اپنے ہاتھ میں لے لی۔ اس میگزین نے ابھی لائٹ آف دی ڈے تو کجا، ڈارکنس آف دی نائٹ بھی نہیں دیکھی تھی، میں نے کہا ''ورما جی مجھے کچھ دکھائی نہیں دے رہا ہے صرف اتنا محسوس کر سکتا ہوں کہ میرے ہاتھ میں چبوترے قسم کی کوئی چیز رکھی ہوئی ہے۔ بولے اُردو میں آج تک کسی ایڈیٹر نے چبوترہ نہیں نکالا ہوگا، میں نے نکالا ہے''۔[۱]

یہ اور بات ہے کہ انسان کو اپنی غیر شعوری حماقتوں کا ادارک نہیں ہوتا وقتیکہ کہ اسے بتایا نہ جائے۔ ایک اچھا خاکہ نگار اپنے مشاہدے کی قوت سے ایسے لمحوں کو اپنی گرفت میں لے لیتا ہے۔ اس سلسلے میں پروفیسر اشرف رفیع لکھتی ہیں:

''عام طور پر آدمی کو اپنی حماقتوں، اضطراری اور غیر شعوری حرکتوں کا احساس نہیں ہوتا اور اگر احساس ہو بھی جائے تو اسے لوگ کوئی اہمیت نہیں دیتے۔ خاکہ نگار اِن اوصاف کو کبھی نظر انداز نہیں کر سکتا۔ مجتبیٰ ایسی باتوں کا ذکر اس خوبی سے کرتے ہیں کہ خود موضوعِ خاکہ کے لئے اپنی کمزوریاں وجہ انبساط بن جاتی ہیں اور قاری کے لئے

۱۔ بلراج ورما، مشمولہ مجتبیٰ حسین کی بہترین تحریریں جلد دوم ص ۳۳۵،۳۳۶

مسکراہٹ کا سامان مہیا کرتی ہیں''۔[۱]

مجتبیٰ حسین کے خاکوں میں ایسی کئی مثالیں ہمیں ملیں گی جس میں اُنھوں نے مختلف شخصیتوں کی غیر شعوری حرکات کو موضوع بنایا ہے۔ سلام مچھلی شہری کے والہانہ انداز کو بڑی خوبی سے بیان کر کے مزاح پیدا کیا گیا ہے۔

''اُن کی ایک خوبی یہ ہے کہ جب بھی ملیں گے ٹوٹ کر ملیں گے اتنا ٹوٹ کر ملیں گے کہ ملنے والا خود ٹوٹ کر رہ جائے۔ میں خود دو ایک بار اُن کے ہاتھوں ٹوٹنے سے بچا ہوں۔ دوستوں سے میل ملاپ کے معاملے میں سلام صاحب اپنے نام کی مناسبت سے چلتے ہیں۔ یعنی پہلے تو ''سلام'' کریں گے پھر ملتے وقت ایسی گرم جوشی اور سرگرمی دکھائیں گے کہ تھوڑی دیر کے لئے ''مچھلی'' بن جائیں گے اور جب یہ مرحلہ گزر جائے گا تو تب کہیں ''شہری'' بنیں گے''۔[۲]

''وہ ہمیشہ مضطرب اور کھوئے کھوئے سے رہتے ہیں اور اس حالت میں اُن سے بعض دلچسپ حرکتیں بھی سرزد ہو جاتی ہیں۔ گھر میں اُن کا یہ حال ہے کہ جب تولیہ مانگتے ہیں تو اُن کے بچے اُنھیں بنیان دے دیتے ہیں۔ اس میں بچوں کا کوئی قصور نہیں، قصور تو سلام صاحب کا ہی ہوتا ہے وہ اصل میں بنیان مانگنا چاہتے ہیں مگر منہ سے تولیہ نکل جاتا ہے۔ ایک بار اپنی محبوبہ کے نام خط لکھا اور بیوی کو بھیج دیا اور بیوی کے نام جو خط لکھا وہ محبوبہ کو بھیج دیا''۔[۳]

۱۔ مجتبیٰ حسین کی خاکہ نگاری مشمولہ شگوفہ کا مجتبیٰ حسین نمبر ص ۱۰۱

۲۔ سلام مچھلی شہری مشمولہ آپ کی تعریف، مجتبیٰ حسین، مرتبہ سید امتیاز الدین ص ۵۳

۳۔ سلام مچھلی شہری مشمولہ، آپ کی تعریف ص ۵۴

کنہیالال کپور کے خاکے میں بھی ان کے مصافحہ کرنے کی عادت کا ذکر مزاحیہ انداز میں کیا گیا ہے۔

''میں بھاگا بھاگا ٹی ہاؤس پہنچا تو دیکھا کہ کپور صاحب، جان نثار اختر اور فکر تونسوی ایک میز پر بیٹھے ہیں۔ کپور صاحب نے مجھے بڑے پیار سے گلے لگالیا۔ کرسی پر بٹھایا پھر کرسی پر بٹھاتے ہی ایک لطیفہ سنایا اور لطیفہ سناتے ہی میری طرف ہاتھ بڑھا کر مجھے کرسی سے کھینچا اور اس زور سے کھینچا کہ میں کرسی سے نیچے آ گیا۔ اپنی ہنسی کو روک کر مجھے قرینے سے کرسی پر رکھا۔ کرسی پر بٹھاتے ہی پھر لطیفہ سنایا اور لطیفہ سناتے ہی میری طرف ہاتھ بڑھا کر مجھے کرسی سے کھینچا اور زور سے کھینچا کہ میں پھر کرسی سے نیچے آ گیا۔ اپنی ہنسی روک کر پھر مجھے کرسی پر............ میں حیران ہوا تو فکر تونسوی بولے کپور صاحب کی یہ عادت ہے کہ جب بھی کوئی اچھا فقرہ یا لطیفہ کہتے ہیں تو اس آدمی سے بے ساختہ مصافحہ کرتے ہیں''۔ ا

اسی طرح مصافحہ کا دلچسپ ذکر مخدوم محی الدین پر لکھے گئے خاکے میں بھی ملتا ہے۔

''اُن کی عادت تھی کہ جب بھی کوئی چبھتا ہوا فقرا، جو وہ اکثر کہتے تھے اور مذاق کی کوئی بات کرتے جو وہ اکثر کرتے تھے تو مخاطب سے مصافحہ ضرور کرلیا کرتے تھے۔ یہی وجہ تھی کہ جب بھی مخدومؔ روبرو ہوتے تو میں بائیں ہاتھ سے سگریٹ پیتا تھا اور دائیں ہاتھ کو مصافحہ کے لئے محفوظ رکھتا تھا۔ ایک بار مجھے اور مخدوم کو ایک ادبی تقریب میں

ا۔ کنہیالال کپور، مشمولہ، آدمی نامہ ص ۱۲

شرکت کے لئے ممبئی جانا پڑ گیا۔ حیدر آباد کے اسٹیشن پر میں پہنچا تو میرے ایک ہاتھ میں اٹیچی کیس تھا اور دوسرے میں ہولڈال۔ مخدوم نے مجھے دیکھتے ہی مصافحہ والا فقرہ کہہ دیا اور میں نے اٹیچی کیس کو نیچے رکھ کر اُن سے مصافحہ کیا پھر اُنھوں نے تابڑ توڑ کئی بار مصافحہ فقرے کہہ کر مجھ سے اٹیچی کیس نیچے رکھوایا۔ میں اُن کے فقروں سے ایسا الرجک ہوا کہ ابھی وہ آدھا فقرہ ہی کہتے تھے کہ میں اٹیچی کیس کو نیچے رکھ دیتا تھا''۔[۱]

ایک خاکے میں عبدالغفور صاحب کے لطیفے سنانے کی عادت کا ذکر یوں کرتے ہیں:

''غفور صاحب نے جاتے ہی مجھے ایک ایسا لطیفہ سنایا جس نے ماحول کے سارے مصنوعی پن کو ختم کر دیا۔ اُنھوں نے کہا ''ایک آئی اے ایس عہدیدار کو اپنے ماتحتین کو لطیفے سنانے کا بڑا شوق تھا۔ وہ ہر روز شام کے وقت اپنے ماتحتین کو طلب کرتے اور لطیفہ سنانے لگتے۔ ماتحتین ان لطیفوں پر جی کھول کر ہنستے ایک شام وہ حسب معمول اپنے ماتحتین کو لطیفے سنا رہے تھے، سب ہنس رہے تھے، مگر ایک ملازم بالکل خاموش تھا۔ اس نے ایک لطیفے پر بھی ہنسنے کی زحمت گوارا نہیں کی۔ محفل برخاست ہوئی تو اس ملازم کے دوسرے ساتھیوں نے پوچھا بھئی آخر تم نے صاحب کے ایک بھی لطیفے پر ہنسنے کی کوشش نہیں کی۔ آخر بات کیا ہے؟ اس پر ملازم نے کہا، بھئی اب مجھے ہنسنے کی کیا ضرورت ہے، میں تو کل سے وظیفہ پر علیحدہ ہو رہا ہوں، تم لوگ ابھی

۱۔ مخدوم محی الدین مشمولہ مجتبیٰ حسین کی بہترین تحریریں ص ۲۰

برسرِ خدمت ہو لہذا تم پر ہنسنا فرض ہے ، ورنہ صاحب تمہارا Explanation طلب کرلیں گے''۔[۱]

اپنے ایک دوست اسداللہ کے تکیہ کلام ''برادر'' کو یوں پیش کیا ہے:

''بولے برادر میں اسداللہ ہوں۔آج ہی برلن سے آیا ہوں۔ برادر آپ سے ملنے کا بڑا اشتیاق تھا اور برادر میں نے آپ کی تحریریں سیاست میں پڑھی ہیں۔اچھا برادر یہ بتایئے آپ سے تفصیلی ملاقات کب ہوگی۔پہلی ہی ملاقات میں اُنھوں نے چار مرتبہ برادر کہہ کر اپنا بھائی تو نہیں بنالیا مگر یہ ضرور ظاہر کردیا کہ ''برادر'' نہ صرف ان کا تکیہ کلام ہے بلکہ گاؤ تکیہ کلام بھی ہے۔گاؤ تکیہ اِس لئے کہہ رہا ہوں کہ ایک بار میں نے اُنھیں ایک خاتون سے بھی باتیں کرتے ہوئے سنا تھا جس کے دوران میں مذکورہ خاتون پر وہ برادر کا بے دریغ استعمال کررہے تھے۔بعد میں، میں نے معاملہ کی نزاکت سے انھیں واقف کروایا تو بولے برادر مجھے معلوم ہے خاتون کو برادر نہیں کہنا چاہیے مگر جس طرح کی یہ خاتون ہیں ان پر ''برادر'' بالکل فٹ بیٹھتا ہے''۔[۲]

مجتبیٰ حسین بے حد سنجیدہ قسم کی شخصیات میں بھی اپنی نظرِ غائیر اور گہرے مشاہدے سے ایسے اوصاف چن لیتے ہیں جو مزاحیہ فضاء ہموار کرنے میں مددگار ثابت ہوتے ہیں۔ خورشید الاسلام کے بارے میں لکھتے ہیں:

''خورشید صاحب کی ایک خاص عادت یہ ہے کہ جب بھی کسی موضوع پر اپنے عالمانہ خیالات کا اظہار کرنے لگتے ہیں تو اُن کے بائیں ہاتھ کا

۱۔خواجہ عبدالغفور لطیفوں کا آدمی مشمولہ آدمی نامہ ص ۱۱۳

۲۔اسداللہ، مشمولہ سو ہے وہ بھی آدمی، ص ۱۶۹

انگوٹھا خود بخود ہلنے لگتا ہے۔ بات جتنی عالمانہ ہوگی، انگوٹھا اتنا ہی ہلے گا۔ بات بہت عالمانہ ہوجائے اور بائیں ہاتھ کے انگوٹھے میں ''حسب علمیت'' ہلنے کی گنجائش باقی نہ رہے تو دائیں ہاتھ کا انگوٹھا بائیں ہاتھ کے انگوٹھے کی تائید میں ہلنے لگ جاتا ہے۔ خورشید صاحب کی باتیں سننے میں جو لطف آتا ہے اتنا ہی لطف اِن کے انگوٹھوں کو ہلتے ہوئے دیکھنے میں آتا ہے۔ کوئی محفل میں شریک نہ بھی ہو تو دور سے خورشید صاحب کے انگوٹھوں کو دیکھ کر پتہ چلاسکتا ہے کہ خورشید صاحب اِس وقت کس پائے کی بات کر رہے ہیں، میں اُن کے انگوٹھوں کو ''بحث پیما'' کہتا ہوں''۔[۱]

مجتبیٰ حسین کسی بھی شخصیت کا مطالعہ اس گہرائی سے کرتے ہیں کہ صاحبِ خاکہ کی ادنیٰ اور معمولی حرکت و عادت بھی ان کی نظر سے بچنے نہیں پاتی۔ اور اس طرح وہ شخصیت کی تہہ تک پہنچنے میں کامیاب ہوجاتے ہیں وہ صاحب خاکہ کی شخصیت میں پوشیدہ تمام خصوصیات کو نہایت باریک بینی سے مطالعہ کر کے خاکہ میں شامل کر دیتے ہیں لیکن اپنی پسند کو کبھی لاگو نہیں کرتے اس سلسلے میں ڈاکٹر مظفر حنفی کی رائے سے اتفاق کیا جاسکتا ہے، وہ لکھتے ہیں کہ:

''مجتبیٰ حسین نے عام خاکہ نگاروں کی طرح اپنی پسند کو معیار بنا کر متعلقہ شخصیتوں کو اس پر، پرکھنے کی روش سے اجتناب کیا ہے وہ جانتے ہیں کہ افراد، خصوصاً فنکار انفرادی خصوصیات کے حامل ہوتے ہیں۔ لہذا وہ اپنے خاکوں میں آزادروی کے قائل ہیں، ان کا خاکہ اپنے فطری انداز میں آگے بڑھتا اور متعلقہ شخصیت کی کم و بیش تمام بنیادی خصوصیات کا احاطہ کرتا ہے اور یہی سبب ہے کہ کوئی خاکہ دوسرے

۱۔ پروفیسر خورشید الاسلام، مشمولہ آپ کی تعریف، مرتبہ امتیاز الدین، ص ۱۶۵

خاکے سے مماثل نہیں ہے"۔[۱]

مشہور شاعر اور صبا کے مدیر سلیمان اریب اپنی بیوی صفیہ اریب سے بہت محبت کرتے ہیں اور ان کی ہر بات کو اہمیت دیتے تھے۔ مجتبیٰ حسین نے اُسی بات کو اپنی گرفت میں یوں لیا ہے۔

> "صفیہ (مسز اریب) اریب صاحب کی سب سے بڑی کمزوری اور سب سے بڑی طاقت تھیں۔ ہر بات میں صفیہ کا بے موقع ذکر کیا کرتے تھے۔ ایک دن فراق کی شاعری پر بحث ہو رہی تھی۔ کسی نے فراق کی شاعری کے بارے میں کہا کہ پروفیسر احتشام حسین کی یہ رائے ہے۔ اس پر اریب نے فوراً کہا "اور صفیہ کی بھی یہی رائے ہے"۔ عرب۔ اسرائیل جنگ کے بارے میں امریکہ نے جو رویہ اختیار کیا ہے اس سے صفیہ متفق نہیں ہے۔ مسز اندرا گاندھی انقلابی اقدامات کے ذریعہ ملک میں سوشلزم لانا چاہتی ہیں اور صفیہ کی بھی یہی رائے ہے۔ اُردو بڑی شیریں زبان ہے کیونکہ صفیہ کی بھی یہی رائے ہے۔ ایک دن اُنھوں نے اپنے دوست احباب کی محفل میں کوئی پندرہ سولہ مرتبہ صفیہ کی رائے کا ذکر کیا۔ محفل برخاست ہونے لگی تو اریب کے ایک بے تکلف دوست نے کسی بات پر اریب سے کہا "اریب تم بڑے احمق اور بے وقوف آدمی ہو" اس پر میں نے فوراً لقمہ دیا اور کہا صفیہ کی بھی یہی رائے ہے۔ اریب نے فوراً پلٹ کر مصافحہ کیا اور بڑی دیر تک ہنستے رہے"۔[۲]

۱۔ مضمون، مجتبیٰ حسین بحیثیت خاکہ نگار/ مظفر حنفی/ مشمولہ شگوفہ کا مجتبیٰ حسین نمبر ص ۹۲

۲۔ سلیمان اریب، مشمولہ مجتبیٰ حسین کی بہترین تحریریں جلد دوم ص ۱۱۵

مجتبیٰ حسین بنیادی طور پر طنز نگار ہیں لیکن ان کے خاکوں میں بھی مزاحیہ عنصر غالب نظر آتا ہے چنانچہ مخمور سعیدی مجتبیٰ حسین کی خاکہ نگاری کے بارے میں رقمطراز ہیں:

''مجتبیٰ حسین کی خاکہ نگاری کو اُن کی مزاح نگاری کا ہی حصہ سمجھا جاتا ہے اور اُن کے خاکوں سے یہ توقع کی جاتی ہے کہ ان میں صاحبِ خاکہ کے وہ خدوخال اُبھر کر سامنے آئیں گے جو لوگوں کو ہنسنے ہنسانے کا موقع فراہم کر سکیں لیکن اپنے ''ہدف'' کے لئے ان کا رویہ غیر ہمدردانہ نہیں بلکہ ہمدردانہ اور بیشتر صورتوں میں دوستانہ رہتا ہے''۔[۱]

جیسا کہ مخمور سعیدی نے لکھا ہے کہ مجتبیٰ حسین کا رویہ اپنے ''ہدف'' کیلئے غیر ہمدرانہ بلکہ پیشتر صورتوں میں دوستانہ رہتا ہے۔ ان کی یہ بات خود مخمور سعیدی پر لکھے گئے خاکہ میں واضح ہو جاتی ہیں۔ جس سے ایک حصہ ذیل میں درج ہے۔

''ایک دوست نے مجھ سے پوچھا آپ مخمور سعیدی کو جانتے ہیں؟
میں نے کہا وہ جو ٹونک کے رہنے والے ہیں۔

دوست بولا، جی ہاں۔

میں نے کہا وہ جن کی تصویر ابھی ایک رسالے میں چھپی تھی جس میں اُنھوں نے اپنے گلے کے اطراف ایک خوبصورت مفلر یوں لپیٹ رکھا تھا جیسے مفلر کی مدد سے خودکشی کرنے جا رہے ہیں .... اب یہی دیکھو مخمور کے پاس ایک قابلِ اشاعت مفلر بھی ہے جو اُن کی غزل کے ساتھ شائع ہوا ہے...... کیا ضروری ہے کہ ہم شاعر کو اس کی شاعری سے ہی ناپیں کبھی کبھار مفلر کو بھی شاعری کی جانچ کا پیمانہ بننا چاہیے۔

۱۔ مجتبیٰ حسین کی خاکہ نگاری، مخمور سعیدی، مشمولہ کتاب نما کا خصوصی شمارہ، مجتبیٰ حسین فن اور شخصیت ص ۶۱

جب ہی تو ہم کسی شاعر کی ٹوٹل پرسنالٹی کے بارے میں کوئی رائے قائم کر سکتے ہیں‘‘۔[۱]

یہاں مجتبیٰ حسین نے مخمور سعیدی کی تصویر میں نظر آنے والے مفلر کو اپنا نشانہ بنایا اور ایک دلچسپ کیفیت پیدا کر دی بظاہر مفلر کوئی ایسی اہم چیز نہیں لیکن مجتبیٰ حسین کا انداز بیان اس مفلر کو بھی ایک مزاح پیدا کرنے والی شئے بنا دیتا ہے۔

خاکہ نگاری کے دوران مجتبیٰ حسین صرف شخصیت پر ہی نہیں بلکہ اس شخصیت کی عادتوں، طریقِ گفتگو، تکیہ کلام، اٹھنے بیٹھے اور نشست و برخاست کے طریقے دوستوں رشتہ داروں اور گھر والوں کے ساتھ رویے پر بھی ’’طبع آزمائی‘‘ کر کے پڑھنے والوں کو ہنسنے کا موقع فراہم کر دیتے ہیں۔ محمد علوی کے ’’خالی مکان‘‘ کو موضوع بنا کر اُنھوں نے فضاء کو پُر مزاح بنا دیا ہے۔

’’محمد علوی کا مجموعہ کلام ’’خالی مکان‘‘ چھپا تھا تو ایک شخص نے محمد علوی کے گھر پہنچ کر کہا تھا کہ حضرت میں نے سنا ہے آپ کے ہاں ایک مکان خالی ہے۔ آپ تو جانتے ہیں کہ ان دنوں مکان کا مسئلہ کتنا سنگین ہو گیا ہے، مجھ پر رحم کیجیے اور اپنے خالی مکان میں مجھے رہنے کی اجازت دیجیے۔ محمد علوی نے ابتداء میں بہت نرمی اور خوش اخلاقی کے ساتھ اُنھیں سمجھایا کہ قبلہ آپ جس مکان کا ذکر کر رہے ہیں اُس میں، میں اپنے احساسات، جذبات، تاثرات، خیالات اور تصورات وغیرہ کو رکھتا ہوں۔ آپ کو یہ مکان کیسے دے سکتا ہوں۔

اس پر اُس شخص نے کہا حضرت آپ میری مشکلات کو سمجھ نہیں رہے ہیں۔ آپ ایسی چیزیں تو مکان کے اسٹور روم میں رکھئے اور بقیہ مکان

۱۔ خاکہ مخمور سعیدی مشمولہ آپ کی تعریف مرتبہ امتیاز الدین ص ۲۲۹

کرایہ پر اُٹھا دیجئے''۔[۱]

بقول مخمور سعیدی:

''مجتبیٰ حسین دوسرے خاکہ نگاروں کے برعکس اپنے خاکوں میں صاحبِ خاکہ کے سوانحی حالات سے چنداں سروکار نہیں رکھتے وہ اس کی کچھ خاص مزاجی کیفیات کو اپنی گرفت میں لیتے ہیں اور پھر ان میں اپنے تخیل کی رنگ آمیزی سے اس کی شخصیت کو اس طرح اُبھارتے ہیں کہ ایک جیتا جاگتا شخصی مرقع تیار ہو جاتا ہے''۔[۲]

عمیق حنفی پر لکھے گئے خاکے میں اُنھوں نے صاحب خاکہ سے ملاقات کا بیان کچھ اس انداز سے کیا ہے کہ عمیق حنفی کی مختلف مزاجی کیفیات کا اظہار بخوبی ہو جاتا ہے۔ یعنی وہ طویل بات چیت کے قائل نہ تھے۔ مصافحہ برائے مصافحہ اور ملاقات برائے ملاقات پر یقین رکھتے تھے۔ ملاحظہ کیجیے:

''تعارف کے بعد میں اُن سے مصافحہ کرنا تو لکھا ہی تھا مگر اُنھوں نے مجھ سے کچھ اس طرح مصافحہ کیا جیسے بجلی کے تار کو چھونے جا رہے ہوں۔ ایک سکنڈ میں مصافحہ کے نام پر وہ مجھے چھو کر یوں چلے گئے جیسے واش بیسن میں اُنھیں اپنے ہاتھوں کو دھونے کی جلدی ہو۔ اپنی ان چھوٹی چھوٹی ٹانگوں کی مدد سے جو بڑی مشکل سے زمین تک پہنچ رہی تھیں، تیز تیز چلتے ہوئے کمرے سے باہر نکل گئے۔ یہ سب کچھ اس قدر آناً فاناً ہوا جیسا کہ عام طور پر بجلی کے شاک میں ہوتا ہے، میں

۱۔ محمد علوی، مشمولہ چہرہ در چہرہ ص ۷۵

۲۔ مجتبیٰ حسین کی خاکہ نگاری، مخمور سعیدی، کتاب نما کا خصوصی شمارہ مجتبیٰ حسین فن اور شخصیت ص ۶۵

بھونچکا سارہ گیا‘‘۔[۱]

مجتبیٰ حسین کا خاص وصف یہ ہے کہ وہ خاکہ لکھتے وقت صاحبِ خاکہ کے ساتھ پیش آئے تجربات ومشاہدات کو بڑے دلچسپ پیرائے میں بیان کرتے ہیں۔ یہی وجہ ہے پروفیسر مغنی تبسم نے اُنھیں بنیادی طور پر قصہ گو کہا ہے۔ لیکن ایک بات تو طے ہے کہ واقعات کے پرلطف بیان سے تحریر میں دلکشی اور دلچسپی برقرار رہتی ہے۔ حمایت اللہ کے خاکے میں وہ رقمطراز ہیں:

> ’’پچھلے مہینے میں اور وہ کامتھ ہوٹل میں کھانا کھا رہے تھے، دو نوجوانوں نے اِن کے بارے میں گفتگو شروع کردی، دوسرے نے ان کے تازہ سیریل کے فلمی رشتہ داروں یعنی فلمی بیٹی، ان کے ہونے والے داماد اور سمدھی کو گالیاں دینی شروع کردیں، ان بدمعاشوں نے اس بڈھے کا جینا حرام کر رکھا ہے...... میں نے انھیں سمجھایا حمایت بھائی یہ آپ کے فلمی رشتہ داروں کو گالیاں دے رہے ہیں، آپ کو ناراض ہونے کی کیا ضرورت ہے۔ بولے اگر وہ میرے اصلی رشتہ داروں کو بھی گالیاں دیں تو مجھے کوئی اعتراض نہ ہوگا۔ لیکن ان کی بدتمیزی دیکھو کہ مجھے بڈھا کہہ رہے ہیں، ابھی کھانا ختم کر کے مزہ بتاتا ہوں۔ لیکن مزہ بتانے کی یہ نوبت اس لئے نہیں آئی کہ اتنے میں دوسرے نوجوان نے میری طرف اشارہ کر کے اپنے ساتھی سے پوچھا مگر اس کے ساتھ یہ دوسرا بڈھا کون ہے؟ پہلے نے کہا یہ کوئی سیریل میں تو کام نہیں کرتا لگتا ہے اس بڈھے کا بڑا بھائی ہے‘‘۔[۲]

یہاں مجتبیٰ حسین نے غالب کی طرح اپنے آپ کو بھی نشانہ بنایا ہے اور دوسروں کی زبانی

۱۔ خاکہ، عمیق حنفی، مشمولہ آپ کی تعریف ص ۱۳۶

۲۔ خاکہ، حمایت اللہ، مشمولہ آپ کی تعریف ص ۲۷۰

خود کو بڈھا کہلوا کر خود کا مذاق اڑایا ہے مجتبیٰ حسین، صاحبِ خاکہ کے حال کو ماضی سے جوڑ کر لطیف مزاح کا عمدہ نمونہ پیش کرتے ہیں۔ حمایت اللہ پر لکھے گئے خاکے کا ایک اور اقتباس اس بات کی دلیل ہے۔

''تاہم اتنا ضرور جانتا ہوں کہ حمایت اللہ تک آتے آتے ان کے سپہ گر خاندان میں اصلی تلواروں کی جگہ لکڑی کی تلواروں نے لے لی تھی۔ چنانچہ کئی برس پہلے میں نے خود حمایت اللہ کو ایک ڈرامے میں لکڑی کی تلوار ہاتھ میں تھامے اور ڈالڈا گھی کے پانچ کیلو والے ڈبے کی مدد سے بنائے گئے ایک خوشنما شاہی تاج کو اپنے سر پر سجائے، جو اِن کے کانوں تک آرہا تھا، ایک ظالم و جابر بادشاہ کا لاجواب رول ادا کرتے دیکھا ہے''۔[۱]

دراصل حمایت اللہ کا خاندان فوج سے وابستہ رہا تھا۔ اب سپہ گر خاندان کا ذکر کر کے انھوں نے حمایت اللہ کو لکڑی کی تلوار سے لیس بتایا جو دراصل ایک ڈرامے کی ضرورت تھی۔ اور اس طرح انھوں نے مزاح کا ایک موقع حاصل کرلیا۔ ساتھ ہی ڈالڈا گھی کے ڈبے سے بننے والے تاج سے حمایت اللہ کی ہیت کذائی کا ذکر قاری کو ہنسنے پر مجبور کر دیتا ہے۔

دورانِ خاکہ لطیفوں کے بیان سے مجتبیٰ حسین خاکے میں موجود مزاح کو دوبالا کر دیتے ہیں۔ خواجہ عبدالغفور پر لکھے گئے خاکے میں ایک لطیفہ یوں بیان کیا ہے:

''مجھے وہ لطیفہ یاد آیا کہ کوریا کی جنگ کے زمانے میں ایک امریکی جنرل کوریا کے سپاہیوں کے سامنے تقریر کر رہا تھا اور ایک مترجم اس کی انگریزی تقریر کا کوریائی زبان میں ترجمہ کر رہا تھا۔ ایک مرحلہ پر

۱۔ خاکہ، حمایت اللہ مشمولہ آپ کی تعریف ص ۲۶۷

امریکی جنرل نے اپنی تقریر میں ایک نہایت طویل لطیفہ سنایا اور اس کے بعد مترجم نے اس طویل لطیفے کے ترجمے کے سلسلہ میں صرف ایک جملہ کہا اور سارے کوریائی سپاہی پیٹ پکڑ پکڑ کر ہنسنے لگے۔ امریکی جنرل حیران ہوا کہ اس کے اتنے طویل لطیفے کا ترجمہ صرف ایک جملے میں کس طرح ہوگیا۔ سو، اِس نے مترجم سے پوچھا بھئی تم نے ایک جملہ میں اتنے بڑے لطیفہ کا ترجمہ کیسے کر دیا۔ اس پر مترجم بولا، حضور میں نے لطیفہ کا ترجمہ نہیں کیا بلکہ میں نے سپاہیوں سے یہ کہا ہے کہ ابھی ابھی جنرل صاحب نے ایک لطیفہ سنایا ہے لہٰذا تم لوگ زور زور سے ہنسنے لگ جاؤ''۔[۱]

اس لطیفے کو پیش کر کے مجتبیٰ حسین نے اپنے افسر کو خوش کرنے کے لئے اس کے سنائے گئے لطیفوں پر ماتحتوں کی مصنوعی ہنسی کو اپنا نشانہ بنایا ہے۔ مجتبیٰ حسین نے جو خاکے لکھے ہیں اِن میں سب سے بہترین ''اپنی یاد میں'' کے عنوان سے لکھا گیا خود وفاتیہ ہے۔ اس کے متعلق مجتبیٰ حسین نے لکھا ہے:

''یہ خاکہ ہندی کے مشہور ادیب اور افسانہ نگار راجندر یادو، مدیرِ ماہنامہ ''ہنس'' کی فرمائش پر لکھا گیا تھا۔ اس خاکے کا پس منظر یہ ہے کہ چار برس پہلے میں نے راجندر یادو کے سامنے یہ تجویز رکھی تھی کہ وہ اپنے رسالے میں ادیبوں سے اپنی Self Obituary یا ''خود وفاتیہ'' لکھوائیں اس سلسلے کا پہلا خود وفاتیہ انتظار حسین نے لکھا تھا''۔[۲]

۱۔ خواجہ عبدالغفور، لطیفوں کا آدمی، آدمی نامہ، ص ۱۱۲، اشاعت ۱۹۸۱ء

۲۔ چہرہ در چہرہ، دو باتیں ص ۸ سنہ اشاعت ۱۹۹۳ء

مجتبیٰ حسین کا قلم مزاح کے بغیر آگے نہیں بڑھ سکتا اور خود وفاتیہ جیسی صنف نے انکی رگِ ظرافت کو پھڑکا دیا اور انھوں نے خود پر مزاحیہ انداز میں لکھ کر یہ ثابت کر دیا کہ وہ خود پر ہنسنے کی اہلیت رکھتے ہیں۔

مجتبیٰ حسین نے مختلف خاکے مختلف موقعوں کی مناسبت سے تحریر کیئے ہیں زیادہ تعداد ایسے خاکوں کی ہے جو تعزیت کے موقع پر لکھے گیئے۔ بیشتر خاکے ایسے ہیں جو کسی کی کتاب کی رسم اجرا یا اس شخصیت کو تہنیت پیش کیئے جانے کے موقع پر لکھے گیئے۔ بزرگوں کے متعلق لکھے گیئے خاکوں میں شخصیت سے عقیدت کا اظہار ہوتا ہے۔ اپنے معاصرین پر لکھے گیئے خاکوں میں مزاح کی چاشنی مقابلتاً زیادہ ملتی ہے۔ خاکہ نگاری کے دوران انھوں نے مختلف شخصیتوں کی شکل وصورت' حلیہ' تکیہ کلام اور اضطراری کیفیات اور مختلف عادات واطوار کو بھی موضوع بنایا ہے کسی شخصیت کی مخصوص عادت یا وہ وصف جو ساری شخصیت کو سمجھنے کے لیئے کافی ہوتا ہے۔ مجتبیٰ حسین نے اسی وصف کے سہارے شخصیت کی ساری خوبیاں اور خامیاں بیان کی ہیں۔ خوبیوں کے بیان میں نہ تو مبالغہ سے کام لیا ہے اور نہ ہی خامیوں کا ذکر کرتے وقت شخصیت سے نفرت کا اظہار کیا ہے۔ اپنے بزرگوں کے متعلق لکھے گیئے خاکوں میں ان شخصیات کی عادات واطوار اور اضطراری کیفیات کا بیان کرتے وقت مجتبیٰ حسین کا لہجہ ظریفانہ ہو جاتا ہے لیکن اسکے باوجود بھی وہ تہذیب کی حدوں کو تجاوز نہیں کرتے۔ بے تکلف احباب پر خاکہ لکھتے وقت بھی کوئی ایسی بات یا ایسا جملہ تحریر نہیں کرتے جو صاحبِ خاکہ کے دل پر گراں گذرے انھوں نے خامیوں کو بھی اس انداز سے بیان کیا ہے کہ وہ نہ صرف خوبیاں معلوم ہوتی ہیں بلکہ شخصیت سے لگاؤ اور اپنے پن کا اظہار بھی ہوتا ہے بعض موقعوں پر صاحب خاکہ کی شخصیت کے ساتھ ساتھ انھوں نے ان کے متعلقات جیسے کسی کا مجموعہ کلام کسی کی خوش خطی وغیرہ کو بھی موضوع بنایا ہے۔ ان کے تمام خاکوں میں

سنجیدہ ترین خاکہ ابراہیم جلیس پر لکھا گیا خاکہ ہے۔اس خاکہ میں عقیدت' جذبات' اپنے پن' محبت کے اظہار کے ساتھ دو بھائیوں کے بچھڑنے کا دکھ جھلکتا ہے۔

مجتبیٰ حسین نے زیادہ تر خاکے علمی وادبی شخصیتوں پر لکھے ہیں۔ان کے علاوہ سیاسی شخصیات جیسے اندر گمار گجرال اور رحمت علی' پر بھی خاکے تحریر کیئے ہیں۔ان خاکوں میں قابل غور بات یہ ہیکہ شخصیت چاہے علمی وادبی رہی ہو یا سیاسی مجتبیٰ حسین نے صرف شخصیت کے متعلق ہی لکھا۔یعنی صرف انسان کا مطالعہ کیا ہے نہ کہ ادیب یا سیاست داں کا۔

خاکوں کے مجموعہ "آدمی نامہ" کے تمام خاکوں کے عنوان کسی کی جسمانی ساخت یا صاحبِ خاکہ کی شخصیت میں موجود کسی ایسی صفت کی جانب اشارہ ملتا ہے۔جو ساری شخصیت کو سمجھنے میں مددگار رہو۔جیسے کنہیالال کپور کی طویل قامتی کے لحاظ سے ان کے خاکے کا عنوان کنہالال کپور لمبا آدمی رکھا گیا۔سجاد ظہیر ہمیشہ مسکراتے رہتے تھے اسی مناسبت سے ان کے خاکے کا عنوان سجاد ظہیر مسکراہٹوں کا آدمی رکھا گیا۔غرض مجتبیٰ حسین نے سینکڑوں کی تعداد میں مزاحیہ خاکے لکھ کر اردو خاکہ نگاری کے باب میں کئ قابل قدر اضافے کیئے ہیں۔

خاکوں کے مجموعے

I- آدمی نامہ .... سنہ اشاعت ۱۹۸۱ء

(پہلی اشاعت)۔ ناشر۔ حسامی بک ڈپو

مشمولات

II- سو ہے وہ بھی آدمی .... ۱۹۸۷ء۔ ناشر حسامی بک ڈپو، حیدرآباد

مشمولات

۱۔ فیض احمد فیض

۲۔ صادقین

۳۔ کنور مہندر سنگھ بیدی سحرؔ

۴۔ مشتاق احمد یوسفی

۵۔ خشونت سنگھ

۶۔ مشفق خواجہ

۷۔ پروفیسر آلِ احمد سرور

۸۔ پروفیسر خورشید الاسلام

۹۔ سلیمان خطیب

III- چہرہ در چہرہ .... ۱۹۹۳ء۔ ناشر نئی آواز جامعہ نگر۔ نئی دہلی

مشمولات

۱۔ اندر کمار گجرال

۲۔ خواجہ احمد عباس

۳۔ اختر حسن

۴۔ خواجہ حمید الدین شاہد

۵۔ ظ۔ انصاری

۶۔ جوگیندر پال

۷۔ احمد سعید ملیح آبادی

۸۔ ظفر پیاسی

۹۔ کشمیری لال ذاکر

۱۰۔ شہریار

۱۱۔ محمد علوی

۱۲۔ شریف الحسن نقوی

۱۳۔ کمار پاشی

۱۴۔ زبیر رضوی

۱۵۔ امیر قزلباش

۱۶۔ وقار لطیف

۱۷۔ ذہین نقوی

۱۸۔ جسٹس جسپال سنگھ

۱۹۔ کے۔ ایل۔ نارنگ ساقی

۲۰۔ اپنی یاد میں (خود وفاتیہ)

IV- ہوئے ہم دوست جس کے .... ۱۹۹۵ء۔ ناشر تخلیق کار پبلشرز، دہلی

مشمولات

۱۔ ڈاکٹر راج بہادر گوڑ

۲۔ شمس الرحمن فاروقی

۳۔ پروفیسر نثار احمد فاروقی

۴۔ وحید اختر

۵۔ پروفیسر شکیل الرحمن

۶۔ پروفیسر قمر رئیس

۷۔ قتیل شفائی

۸۔ پروفیسر رشید الدین خان

۹۔ ابراہیم شفیق

۱۰۔ عوض سعید

۱۱۔ ف۔س۔اعجاز

۱۲۔ سیدہ شانِ معراج

۱۳۔ استاد محمود مرزا

۱۴۔ رشید قریشی

۱۵۔ دیوکی نندن پانڈے

۱۶۔ علی باقر

۱۷۔ وہاب عندلیب

V-مہرباں کیسے کیسے۔ مرتب: سید امتیاز الدین سنہ اشاعت: ۲۰۰۹ء
پبلشر: ایجوکیشنل پبلشنگ ہاؤس، دہلی

مشمولات

عرضِ مرتب۔امتیاز الدین

تم کیا گئے کہ

۱۔ ڈاکٹر محمد حمید اللہ ۲۔ منیر نیازی

۳۔ شیام لال ادیب ۴۔ زینت ساجدہ

۵۔ باقر مہدی ۶۔ عوض سعید
۷۔ قاضی سلیم ۸۔ رفعت سروش
۹۔ کیفی اعظمی ۱۰۔ اختر حسن
۱۱۔ پروفیسر سید سراج الدین ۱۲۔ بھارت چند کھنہ
۱۳۔ خواجہ عبدالغفور ۱۴۔ رشید قریشی
۱۵۔ ساحر ہوشیار پوری ۱۶۔ حسن عسکری
۱۷۔ نقی تنویر ۱۸۔ وقار لطیف
۱۹۔ ابراہیم شفیق ۲۰۔ پروفیسر رشید الدین خان
۲۱۔ مسیح انجم ۲۲۔ سعید بن محمد نقش
۲۳۔ مصطفی علی بیگ ۲۴۔ طیب انصاری
۲۵۔ شمس الزماں

تم سلامت رہو

۲۶۔ احمد سعید ملیح آبادی ۲۷۔ زبیر رضوی
۲۸۔ کشمیری لال ذاکر ۲۹۔
۳۰۔ نریندر لوتھر ۳۱۔ پروفیسر اختر الواسع
۳۲۔ شریف الحسن نقوی ۳۳۔ اسد اللہ
۳۴۔ محبوب الرحمن فاروقی ۳۵۔ ف۔س۔اعجاز
۳۶۔ فیاض احمد فیضی ۳۷۔ پروفیسر شمیم علیم
۳۸۔ پروفیسر شمیم جے راج پوری ۳۹۔ سوم آنند
۴۰۔ ایم۔اے۔وحید ۴۱۔ متین امروہوی
۴۲۔ حقانی القاسمی ۴۳۔ مظہر الزماں خاں

۴۴۔ دولت رام ۴۵۔ عزیزؔ سے عقیلؔ تک

چند خاکے مضامین کے مجموعوں میں بھی شامل ہیں۔

I- قطع کلام میں

۱۔ اُردو شاعری کے ٹیڈی بوائے..........حکیم یوسف حسین خان

۲۔ ط انصاری سے ظ انصاری تک

II- قصہ مختصر میں

۱۔ سلیمان اریب

۲۔ ایم۔ ایف۔ حسین

۳۔ سعید بن محمد نقش

III- بہرحال میں

۱۔ سلام مچھلی شہری .... کھویا ہوا آدمی

۲۔ عزیز قیسی .... پتھر کا آدمی

۳۔ بھارت چند کھنا .... آخری شریف آدمی

۴۔ فکر تونسوی .... بھیڑ کا آدمی

سفرناموں میں طنز و مزاح کے نشتر

اس بات سے ہم قطعی انکار نہیں کر سکتے کہ آدمی مسافر ہے اور سفر انسانی زندگی کا لازمہ ہے۔ انسان کے سفر کا آغاز تو اُسی دن ہو گیا تھا جس دن باوا آدم نے معبودِ حقیقی کی بات نہ مانی اور دانۂ گندم کھالیا اور پھر خدائے برتر نے حضرت آدمؑ کو آسمان سے زمین پر پھینک دیا۔

سفر کی اہمیت سے بھی ہم انکار نہیں کر سکتے، اگر کولمبس نے سفر نہ کیا ہوتا تو امریکہ کیوں دریافت ہوتا۔ متعدد سیاحوں نے اپنے سفرنامے تحریر کئے ہیں۔ ان کے سفر میں پیش آئے اچھے اور بُرے لمحات اور تجربات کا ذکر ان کے سفرناموں میں ہمیں ملتا ہے۔

اُردو کے پہلے سفرنامے کے متعلق مشہور ہے کہ وہ ''عجائباتِ فرنگ'' ہے جسے یوسف حسین خان کمبل پوش نے لکھا تھا۔ دیگر سفرناموں میں سرسید احمد خان کا ''مسافرانِ لندن''، شبلی نعمانی کا ''سفرنامۂ روم و شام''، مولانا محمد حسین آزاد کا ''نگارستانِ فارس'' قاضی عبدالغفار کا ''نقشِ فرنگ''، بیگم حسرت موہانی کا ''سفرنامۂ عراق''، سید سلمان ندوی کا ''سیرِ افغانستان''، مولوی محبوب عالم کا ''سفرنامہ یورپ'' اور احتشام حسین کا ''ساحل اور سمندر'' مشہور ہیں۔

ادب میں سنجیدہ قسم کے سفرناموں کے ساتھ کئی ادیبوں نے مزاحیہ سفرنامے بھی لکھے ہیں۔ مزاحیہ سفرنامہ نگاروں کی ذیل میں سب سے پہلا نام ابن انشا کا لیا جاسکتا ہے۔ ان کے پانچ مزاحیہ سفرنامے ''ابنِ بطوطہ کے تعاقب میں'' (۲) دنیا گول ہے (۳) آوارہ گرد کی ڈائری (۴) نگری نگری پھرا مسافر (۵) چلتے ہو تو چین کو چلئے کافی مقبول ہیں۔

ہندوستان میں مزاحیہ سفرنامے مجتبیٰ حسین نے لکھے ان کا پہلا سفرنامہ، جاپان چلو جاپان چلو، جو سبھاش چندر بوس کے دیئے ہوئے نعرے ''دِلّی چلو دِلّی چلو'' سے مماثلت رکھتا ہے۔

یہ روزنامہ سیاست میں قسط وار چھپتا رہا اور ۱۹۸۳ء میں کتابی شکل میں منظر عام پر آیا۔ یہ ہندی رسالے ''ساریکا'' میں چھپتا رہا۔ اس کا جاپانی ترجمہ جاپان کی مشہور اُردو اسکالر مسز شا شورے نے کیا اور ۱۹۸۷ء میں جاپانی میں شائع ہوا۔

دوسرا سفر نامہ ''سفر لخت لخت'' ہے، جس میں لندن، پیرس، سوویت یونین شکاگو، تاشقند اور سعودی عرب کے سفر کی تفصیلات بیان کی گئی ہیں۔ چونکہ مجتبیٰ حسین غالبؔ کے طرفدار ہیں اسی لئے اُنھوں نے اس سفر نامہ کا عنوان بھی غالبؔ کے ایک شعر سے ہی چنا ہے۔ غالبؔ نے کہا تھا:

کرتا ہوں جمع پھر جگرِ لخت لخت کو
عرصہ ہوا ہے دعوتِ مژگاں کئے ہوئے

غالبؔ کا ''جگرِ لخت لخت'' یہاں ''سفرِ لخت لخت'' بن گیا ہے۔

تیسرا سفر نامہ ''امریکہ گھاس کاٹ رہا ہے'' کے عنوان سے لکھا گیا، جس میں امریکہ کے سفر اور امریکہ سے متعلق مضامین شامل ہیں۔

''جاپان چلو جاپان چلو'' میں وہاں کی تہذیب وثقافت، وہاں کے باشندوں اور وہاں کی اہم ترین یادگاروں کو مجتبیٰ حسین نے طنز ومزاح سے بھرپور اپنے مخصوص انداز میں بخوبی پیش کیا ہے۔ لطف یہ ہے کہ مجتبیٰ حسین نے اس سفر نامے میں خود کو بھی مزاح کا نشانہ بنایا ہے جہاں جہاں موقع ملا انھوں نے اپنے آپ کو اور اپنی تہذیب کو مزاح کا نشانہ بناتے ہوئے انبساط پیدا کیا ہے یہ عمل سوچا سمجھا سا لگتا ہے کیوں کہ وہ خود لکھتے ہیں::

''میں نے ایک طرح کوشش یہ کی کہ اپنا مذاق آپ اُڑاوں۔ میں نے اِس میں جاپان والوں کا مذاق نہیں اُڑایا ہے۔ جاپان کا بھی مذاق نہیں اُڑایا ہے بلکہ ایک طرح سوچا جائے تو میں نے اپنا مذاق آپ اُڑایا ہے۔ خود اپنے ہندوستانی سماج کا، ماحول کا، جس طرح کی کمیاں ہمارے ہاں ہیں اور جاپانیوں کو دیکھنے کے بعد معلوم ہوا کہ وہ بھی

مشرق میں ہیں اور جس مذہب کو وہ اپنائے ہوئے ہیں وہ خود یہاں سے گیا ہوا ہے''۔[۱]

اس سفرنامے کے ایک باب ''ٹوکیو میں یادِ ابنِ انشا کی'' میں جاپان کے کثیر الآبادی ملک ہونے کی وجہ سے پیش آنے والے مسائل کا تذکرہ پُرلطف انداز میں کیا ہے۔ ساتھ ہی ساتھ وہ جاپانیوں کی بلند کرداری کا اعتراف بھی کرتے ہیں، ملاحظہ کیجیے:

''ٹوکیو کی آبادی ایک کروڑ سے زیادہ ہے، ہر دسواں جاپانی ٹوکیو میں رہتا ہے، رہنے کی جگہ کی قلت کے باعث جاپانی اپنی زمین کے ایک ایک انچ کا فائدہ اُٹھاتا ہے۔ جاپانیوں کی ہر چیز چھوٹی ہے سوائے کردار کے''۔

آگے وہ کمرے کے اختصار کے بارے میں اپنے مخصوص انداز میں لکھتے ہیں:

''جب ہم اپنے کمرے میں داخل ہوئے تو دیکھا کہ اس میں ہر سہولت موجود ہے ...... بس ایک تکلیف ہے، جب ہم صبح اُٹھ کر اپنے بستر میں بھرپور انگڑائی لیتے ہیں تو ہماری انگڑائی کبھی ٹیلی ویژن سے ٹکرا جاتی ہے اور کبھی انگڑائی میں ٹیلیفون اٹک جاتا ہے۔ دو تین دن تک اپنی انگڑائی کے ذریعہ ٹیلیفون کے ریسور کو گرانے کے بعد ہم نے اب یہ طریقہ اختیار کیا ہے کہ آنکھ کھلتے ہی لپک کر ہوٹل کے کاریڈور میں چلے جاتے ہیں اور دو چار بھرپور انگڑائیاں لے کر پھر اپنے کمرے میں واپس آجاتے ہیں۔ صرف ۳۵ دنوں تک ٹوکیو میں رہنے کی خاطر ہم اپنی برسوں کی انگڑائی سے دستبردار ہونے سے تو رہے''۔[۲]

۱۔ اُردو ادب کے تین بھائی، مصنف رفیق جعفر ص ۳۲۵

۲۔ مجتبیٰ حسین کے سفرنامے، مرتبہ حسن چشتی، ص ۳۳

درج بالا اقتباس میں بذلہ سنجی کے اچھے نمونے بھی ملتے ہیں۔مجتبیٰ حسین کو رہنے کے لئے جو کمرہ دیا گیا تھا وہ بہت ہی چھوٹا تھا۔اس کا مزیدار ذکر یوں ہے:

''ہم بڑی دیر تک ٹوکیو کی سڑکوں پر گھومتے رہے، دو گھنٹوں بعد واپس ہوئے تو ہم سچ مچ تھک چکے تھے۔جب ہم اپنے کمرے کی طرف جانے لگے تو مس پرینیا نے انگریزی آداب کے مطابق ہم سے کہا، آج رات کوئی اچھا سا خواب دیکھئے۔ہم نے کہا مس پرینیا کیا کریں کمرہ اتنا چھوٹا ہے کہ اس میں کسی خواب کے داخل ہونے کی گنجائش نہیں ہے''۔[۱]

اس سفر نامے میں طنز کے نشتر کئی جگہ ملتے ہیں۔ایک موقع پر ہندوستان میں اچھے پڑوسیوں کی کمی کو طنز کا نشانہ بنایا گیا ہے۔

''سجے سجائے بازاروں پر حیرت کی نظر ڈالتے ہوئے ہم ٹوکیو گرین ہوٹل پہنچے۔یہ ہوٹل مرکزی ٹوکیو میں واقع ہے۔مسز آسانو نے ہمیں یہ خوشخبری بھی سنائی کہ شہنشاہ جاپان کا محل بھی پڑوس ہی میں واقع ہے۔ہم نے اُن کا شکریہ ادا کیا۔زندگی بھر ہمیں بھی اچھے پڑوسی کی تلاش رہی ہے جو کبھی میسر نہ آسکا۔شہنشاہ جاپان کے پڑوسی بن کر کچھ دن آرام سے گزار لیں گے''۔[۲]

اپنی قیام گاہ گرین ہوٹل کا ذکر کرتے ہوئے وہ مزاحیہ جملے استعمال کر کے غیر محسوس طریقے سے قاری کے ذہن و دل کو متاثر کرتے ہیں۔

''نام چونکہ گرین ہوٹل ہے اس لئے ہر چیز ہری ہے، کچھ دن بعد ہمیں

۱۔مجتبیٰ حسین کے سفر نامے، مرتبہ حسن چشتی ص ۳۷

۲۔مجتبیٰ حسین کے سفر نامے، مرتبہ حسن چشتی ص ۳۲

اپنا رنگ بھی طوطے کی طرح ہرا نظر آنے لگا‘‘۔[۱]

مجتبیٰ حسین نے مزاح کے ساتھ مبالغہ آرائی سے بھی کام لیا ہے۔ ان کی تحریر میں مبالغہ کی ذرا سی آمیزش بھی قاری کے لئے لطف و انبساط کی وجہ بن جاتی ہے۔ جاپان کے ڈپارٹمنٹل اسٹورس میں کی گئی شاپنگ کے بیان میں یہ بات ملتی ہے:

’’چونکہ ہانگ کانگ کی بندرگاہ فری پورٹ ہے۔ اس لئے ہر کوئی منہ اُٹھائے چلا آتا ہے۔ یہاں پر ہر چیز بکتی ہے ہمارے ایک دوست اپنا تجربہ بیان کرتے ہیں کہ دو سال پہلے ہانگ کانگ کے ایک ڈپارٹمنٹل اسٹور میں سامان خریدنے گئے۔ چیزیں اُلٹ پلٹ کر دیکھیں، کوئی شئے پسند نہ آئی۔ اچانک سیلز گرل پر جو نظر پڑی تو وہ پسند آ گئی۔ لہذا سیلز گرل کو خرید کر لے آئے۔ ہانگ کانگ سے کوئی شخص خالی ہاتھ واپس نہیں جاتا ہر مراد پوری ہو جاتی ہے۔ کاش سکندر کو ہانگ کانگ جانے کا موقع ملتا‘‘۔[۲]

جاپان میں کئی لوگوں کا ایک جیسا ہی نام ہوتا ہے جو کسی نو وارد کے لئے بے حد پریشان کن بات ہے۔ اِس اُلجھن کا ذکر مجتبیٰ حسین نے اِس طرح کیا ہے:

’’بات دراصل یہ ہوئی کہ ٹوکیو پہنچنے کے چار پانچ دن بعد ہی جاپان کی زنانہ یونیورسٹی میں ہمارا خیر مقدم طے ہو گیا...... زنانہ یونیورسٹی میں ہماری انگریزی کا جاپانی ترجمہ کرنے کی ذمہ داری مسز سوزوکی کی تھی جو اِس یونیورسٹی میں پڑھاتی ہیں۔ بہت مخلص خاتون ہیں ...... مسز سوزوکی نے ہمیں اپنا پتہ اور ٹیلیفون نمبر دیا اور خواہش کی کہ ہم جلدی

۱۔ مجتبیٰ حسین کے سفرنامے، مرتبہ حسن چشتی ص ۳۲

۲۔ مجتبیٰ حسین کے سفرنامے، مرتبہ حسن چشتی ص ۲۷

ہی فون کر کے اُن سے ملاقات کا وقت طے کرلیں۔ جاپان میں ہمارا معمول یہ ہے کہ ہم اُردو بولنے کی چاہت میں صبح اُٹھ کر پہلے پروفیسر سوزوکی کو فون کرتے ہیں۔ لہٰذا دوسرے دن علی الصبح ہم نے پروفیسر سوزوکی کو فون کرنے کی غرض سے غلط فہمی میں مسز سوزوکی کا فون نمبر ملا لیا۔ دوسری طرف سے ایک خاتون کی آواز آئی تو ہم نے انگریزی میں پوچھا آپ کون بول رہی ہیں۔

دوسری طرف سے جواب آیا میں مسز سوزوکی بول رہی ہوں۔ ہم نے اپنا تعارف کرایا تو بیحد خوش ہوئیں۔ بولیں میں آپ کے فون کا انتظار کررہی تھی۔ ہم تھوڑی دیر کے لئے حیران رہ گئے کہ پروفیسر سوزوکی کی بیوی کو ہمارے فون کا انتظار کیوں تھا۔ پھر سوچا غالباً پروفیسر سوزوکی نے اپنی بیگم صاحبہ کو ہماری آمد کے بارے میں بتایا ہوگا۔ بات چیت جاری رہی۔ مسز سوزوکی نے پہلے ہمارا حال پوچھا، طبیعت کے بارے میں استفسار فرمایا۔ یہ بھی پوچھا کہ رات آپ کو نیند برابر آئی یا نہیں۔ کوئی تکلیف ہو تو بتایئے میں اسے دور کئے دیتی ہوں اور پھر یہ بتایئے کہ آپ کی ہماری ملاقات کب ہوگی .... ہم نے راست انداز میں کہا مسز سوزوکی آپ سے ہماری ملاقات تو ضرور ہوگی۔ لیکن ذرا پہلے اپنے شوہر سے ہماری بات کروایئے۔ یوں بھی ہم اُردو بولنے کے لئے بے حد بے چین ہیں۔ مسز سوزوکی ذرا پریشان ہوکر قدرے توقف کے بعد بولیں، میرے شوہر! میرے شوہر سے بات کرکے آپ کیا کریں گے۔ ہم نے کہا ایک ضروری بات کرنی ہے پھر اُردو بھی بولنی ہے۔ مسز سوزوکی بولیں مگر وہ اُردو نہیں جانتے، ہم

نے کہا مسز سوزوکی اب مذاق چھوڑیئے۔ آپ اپنے شوہر کو نہیں جانتیں۔ مسز سوزوکی بولیں میں مذاق نہیں کررہی ہوں، میں سچ کہہ رہی ہوں، وہ اُردو نہیں جانتے بلکہ وہ آپ کو بھی نہیں جانتے۔ ہم نے کہا کیا بات کرتی ہیں آپ بھی، ان سے ہندوستان میں ہماری ملاقات ہوچکی ہے۔ ٹوکیو آنے کے بعد ہم روز اِن سے فون پر بات کرتے ہیں۔ مسز سوزوکی بولیں اگر یہ بات تھی تو کل جب زنانہ یونیورسٹی میں آپ سے ہماری ملاقات ہوئی تھی تو آپ نے اس راز کو کیوں پوشیدہ رکھا۔ ذرا رکئے میں اپنے شوہر کو بلاتی ہوں۔ اپنے شوہر کو بلانے کے لئے جب فون کا ریسور اُنھوں نے رکھا تو اچانک ہمیں یہ احساس ہوا کہ وہ مسز سوزوکی ہیں جن سے کل زنانہ یونیورسٹی میں ہماری ملاقات ہوئی تھی۔ سوزوکیوں کی بہتات میں ہم نے فون کا غلط نمبر ملا لیا تھا اور بیچاری مسز سوزوکی کو پریشان کررہے تھے''۔[۱]

حقیقت میں مجتبیٰ حسین نے ہماری یعنی ہندوستانیوں کی کمیوں، جیسے اپنے فرائض کی ادائیگی میں کوتاہی، آپسی جھگڑے اور لاپرواہی کی جانب اشارہ کیا ہے۔ یہاں پر گہرے طنز کے ذریعہ قاری کو بتایا گیا ہے کہ دوسرے ممالک ہمارے مقابلے میں حددرجہ مہذب ہیں۔

''بلٹ ٹرین سے اُترنے کے بعد ہمارے دوست سینجی تاجما نے پوچھا۔ آپ کا سفر کیسا رہا؟ ہم نے کہا مسٹر تاجما آپ ہندوستانی ٹرینوں میں سفر کرچکے ہیں۔ ہماری ٹرینوں میں جو سہولتیں ہوتی ہیں وہ آپ کے ہاں کہاں۔ وہ سفر ہی کیا جس میں آدمی کو دھکا نہ لگے۔ ہم نے تین گھنٹے آپ کی ٹرین میں سفر کیا۔ کسی نے ہمارے سر پر صندوق

۱۔ مجتبیٰ حسین کے سفرنامے، مرتبہ حسن چشتی ص ۴۴

نہیں رکھا، کسی کا ہولڈال ہمارے پاؤں پر نہیں گرا، کسی مسافر نے نشست کیلئے دوسرے مسافر سے لڑائی نہیں کی اور پھر وہ ہر اسٹیشن پر چائے لےلو چائے، اور پان بیڑی، سگریٹ والی مانوس آوازیں نہیں سنائی دیں۔ بھلا یہ بھی کوئی ٹرین کا سفر ہے"۔[۱]

جس نے بھی ہندوستانی ٹرین میں سفر، خصوصاً پسینجر ٹرین کے عام ڈبے میں، کیا ہے اس سے اُوپر بیان کیے گئے تمام مراحل سے گزرنا ہی پڑتا ہے۔ مجتبیٰ حسین نے اسی کیفیت کو اپنی اس تحریر میں اپنے مخصوص انداز میں پیش کر کے یہ بھی بتا یا دیا ہے کہ ہم ہندوستانی اسی طرح کے سفر کے عادی ہیں۔ ہندوستانیوں کی کمیوں اور خامیوں کا ایک اور ذکر مزاح اور طنز کے پیرائے میں یوں کیا گیا ہے کہ نہ چاہتے ہوئے بھی ہم سچائی سے آنکھیں نہیں چرا سکتے۔

"جاپان وہ واحد ملک ہے جہاں جرائم کی تعداد سب سے کم ہے۔ اگرچہ ہمیں پولیس نظر نہیں آتی تھی مگر پھر بھی ہر طرف امن ہی امن نظر آتا تھا۔ ہماری طرح نہیں کہ پولیس تو جگہ جگہ نظر آتی ہے مگر امن و امان کہیں نظر نہیں آتا۔ سارے جاپان میں مصیبت کے وقت پولیس کو طلب کرنے کا ایک ہی فون نمبر ہے۔ اگر آپ ایک فون کردیں تو پولیس زیادہ سے زیادہ تین منٹ تیس سیکنڈ کے اندر اندر مقامِ واردات پر پہنچ جاتی ہے۔ ہماری پولیس کی طرح نہیں کہ فون کرنے کے گھنٹہ ڈیڑھ گھنٹہ بعد بڑے اطمینان کے ساتھ سیٹیاں بجاتی ہوئی چلی آتی ہے۔ ہماری پولیس امن کم قائم کرتی ہے اور سیٹیاں زیادہ بجاتی ہے"۔[۲]

جاپانیوں کے کردار نے مجتبیٰ حسین پر بڑا جادو چلایا ہے۔ وہ اس سے اتنے متاثر ہوئے

۱۔ مجتبیٰ حسین کے سفر نامے، مرتبہ حسن چشتی، ص ۸۳

۲۔ مجتبیٰ حسین کے سفر نامے، مرتب حسن چشتی، ص ۱۱۳

کہ اُنھوں نے اس کو درآمد کرنے کے بارے میں بھی سوچا۔ نہ صرف سوچا بلکہ اظہار بھی کر دیا۔ سفرنامے کی ابتداء میں ایک جگہ اُنھوں نے لکھا ہے:

''جاپانیوں کی ہر چیز چھوٹی ہوتی ہے سوائے کردار کے''۔

جاپانیوں کے کردار کے متعلق یہ جملہ کافی مقبول ہو چکا ہے۔ اس کو درآمد کرنے کی خواہش کا بیان یوں ہے:

''جاپان کے پاس ایک ہی قابل قدر شئے ہے اور وہ ہے ان کا کردار، یہ جو ہم جاپانی گھڑیوں، ٹرانزسٹروں، موٹروں، کیمروں اور ٹیلی ویژن سیٹوں کو اپنے ملک میں قانونی یا غیر قانونی طور پر درآمد کرنے میں لگے ہوئے ہیں تو یہ غلط بات ہے۔ کیا یہ ممکن نہیں کہ ہم کسی طرح جاپانیوں کے کردار کو درآمد کرلیں، اس پر اکسائز ڈیوٹی بھی نہیں لگے گی اور کسٹم والوں کے ہاتھوں آپ کو پریشان بھی نہیں ہونا پڑے گا''۔[۱]

اور اس طرح مجتبیٰ حسین جاپانیوں کے مزاج، کردار، رہن سہن وغیرہ کی ستائش کرتے ہوئے ہندوستانیوں کو یہ بتلانا چاہتے ہیں کہ جاپانیوں کی ترقی کا راز کیا ہے۔ وہ ملک جس نے دوسری جنگِ عظیم میں شدید نقصان اٹھایا۔ اور جاپانیوں کی ساری معیشت تباہ کر دی گئی انھوں نے اپنی ان تھک محنت اور بلند حوصلے کے طفیل ساری دنیا میں اپنے آپ کو منوالیا۔ تو کیا ہندوستانی کچھ نہیں کر سکتے؟ مجتبیٰ حسین نے یہ سوال نہیں کیا لیکن ان کا قاری جب یہ سفرنامہ پڑھتا ہے تو اس کے ذہن میں یہ سوال ضرور پیدا ہوتا ہے۔

وہ جاپانیوں کی ایمانداری کے بھی قائل ہیں، لکھتے ہیں:

۱۔ مجتبیٰ حسین کے سفرنامے، مرتبہ حسن چشتی، ص ۱۱۳

''جگہ جگہ ریزگاری کی مشینیں نصب ہوتی ہیں۔ایک ہزار ین کا کرنسی نوٹ مشین میں ڈالئے اور ریزگاری حاصل کر لیجئے۔کبھی آپ غلط کرنسی نوٹ مشین میں ڈالیں تو مشین اس نوٹ کو پھر آپ کی خدمت میں واپس کر دیتی ہے۔نہ آپ مشین کو دھوکہ دے سکتے ہیں اور نہ ہی مشین آپ کو دھوکہ دیتی ہے۔ جاپانیوں کی طرح ان کی مشینیں بھی بڑی دیانتدار ہوتی ہیں''۔[۱]

ایک طرف ان اقتباسات سے نہ صرف جاپانیوں کی خوبیوں کا بڑے شگفتہ انداز میں ذکر کیا ہے تو دوسری طرف بین السطور میں ہماری اپنی کوتاہیوں اور خرابیوں کا اس طرح تذکرہ کیا ہے کہ زود حس قاری مارے شرمندگی کے گلے گلے پانی میں ڈوب جائے۔

اس سارے سفرنامے میں دلچسپ ترین حصہ ''یونیسکو کی چھتری'' کا ہے۔جس میں مزاح کی بہتات ہے۔چھوٹے چھوٹے مزاجیہ جملوں کو استعمال کر کے کامیاب مزاح نگاری کے اچھے نمونے پیش کئے گئے ہیں لیکن ''حرفِ آخر'' حقیقت میں حرفِ آخر ہے۔اس میں سارے سفر کا نچوڑ بڑی ہی فنکاری کے ساتھ پیش کیا گیا ہے۔اس کا ہر جملہ اور ہر واقعہ مجتبیٰ حسین کو طنز و مزاح نگاری کی معراج پر لا کھڑا کرتا ہے۔ یونیسکو کی چھتری پر شروع سے آخر تک غلط فہمی کے بادل منڈلاتے ہوئے نظر آتے ہیں۔ملاحظہ کیجیے:

''وہ ہمیں ٹوکیو میں دوسرے دن ملی اور ہم نے اِسی دن اپنی بیوی کو خط لکھا، وہ ہمیں آج ملی ہے۔ دیکھنے میں کچھ خاص نہیں مگر پھر بھی اچھی ہے۔اب ہمیں اسی کی رفاقت میں ٹوکیو کے شب و روز گزارنے ہیں اور اسی کے سائے میں رہنا ہے۔ہم گہری نیند سے لطف اندوز ہو رہے تھے کہ فون کی گھنٹی بجی.........دوسری طرف سے ہماری بیوی کی آواز

۱۔ مجتبیٰ حسین کے سفرنامے، مرتبہ حسن چشتی، ص ۱۱۳

آئی .... سچ بتاؤ وہ کون ہے جس کے بارے میں تم نے خود اپنے خط میں لکھا ہے کہ وہ تمہیں ٹوکیو میں دوسرے ہی دن مل گئی تھی ....ٹوکیو میں ہمیں دوسرے دن جو ملی وہ کوئی حسینہ نہیں بلکہ یونیسکو کی چھتری ہے......... پوچھا، اچھا یہ بتاؤ چھتری شادی شدہ ہے یا غیر شادی شدہ؟''[۱]

ساری غلط فہمی لفظ چھتری کے ضبطِ تحریر میں نہ آنے کی وجہ سے پیدا ہوئی ہے۔ مجتبیٰ حسین نے شائد اس بات میں مبالغہ سے کام لیا ہے۔ اس قصے کے پیچھے بے شک ہندوستانی عورت کی فطرت، اس کی عادت، اس کی نفسیات اور اس کی محدود ذہنیت اُن کے پیش نظر رہی ہوگی۔ ان تمام کے علاوہ ہمیں جاپان کے متعلق بھی بہت کچھ معلومات حاصل ہوتی ہیں۔

یونیسکو کی چھتری کی خستہ حالت کا بیان مجتبیٰ حسین نے پُرلطف انداز میں کیا ہے:

''ایک دن ذرا سی بوندا باندی ہوئی تو ہم نے کہا چلو آج اس چھتری کو استعمال کر کے دیکھ لیتے ہیں مگر وہ تھی جاپانی چھتری۔ ہم سے کھلنے کا نام نہ لیتی تھی۔ ایک جاپانی کی خدمات حاصل کر کے چھتری کھلوائی لیکن اِدھر چھتری کھلی اور اُدھر برسات رُک گئی۔ چارو ناچار دوسرے جاپانی کی خدمات حاصل کر کے چھتری بند کروائی''۔[۲]

ایسے متعدد واقعات ہیں جن میں مجتبیٰ حسین نے زندگی کے مضحک واقعات سے رنگ بھر کر انھیں اور بھی دلچسپ بنا دیا ہے۔ اُنھوں نے ایک دلچسپ تجربہ بھی بیان کیا ہے۔

''قصہ صرف اتنا ہے کہ جب ہم جاپان جانے لگے تو ہمارے ایک دوست نے جو انگریزی میں آرٹ کے بڑے ناقد سمجھے جاتے تھے،

۱۔ مجتبیٰ حسین کے سفرنامے، مرتبہ حسن حسن چشتی، ص۶۹، ۷۰

۲۔ مجتبیٰ حسین کے سفرنامے، حسن چشتی، ص۷۵

ہم سے خواہش کی کہ ہم جاپان سے اِن کے لئے جاپان کے بعض مشہور آرٹسٹوں کی پینٹنگس کی پرنٹس لیتے آئیں .... ہم نے جاپان پہنچتے ہی یونیسکو کے عہدیداروں کو جاپانی آرٹسٹوں کے نام مع ان کی پینٹنگ کے عنوانات کے سنانے شروع کردیئے۔ ہم نے یہ چالاکی ضرور کی کہ اِنھیں یہ نہیں بتایا کہ ان پرنٹس کی ضرورت ہمارے ایک دوست کو ہے۔ جاپانی بے چارے سیدھے سادھے ہوتے ہیں۔ اُنھوں نے یہ سمجھا کہ ہم آرٹ کے اور وہ بھی جاپانی آرٹ کے بڑے قدرداں ہیں۔ ہماری شہرت جاپانی آرٹسٹوں میں پھیلی اور وہ ہمارے قدرداں بن گئے اور ہم نے ان کی قدردانی کے خوب مزے لوٹے''۔[۱]

مجتبیٰ حسین کی خوبی ہے کہ وہ کبھی آپے سے باہر نہیں ہوتے ان کی تحریر میں غم و غصے کی گنجائش نہیں۔ وہ کہیں کہیں طنز سے ضرور کام لیتے ہیں لیکن اس طرح نہیں جیسے کوئی دل کے پھپھولے پھوڑ رہا ہو۔ ان کے طنز میں بھی شائستگی اور مزاح کا عنصر غالب رہتا ہے اسی لیے مظہر امام رقمطراز ہیں:

''مجتبیٰ حسین کا اسلوب تبسم آفریں ہے وہ روز مرہ زندگی کے مضحک زاویئے تلاش کرتے ہیں۔ ان کا طنز کبھی غم و غصے کا شکار نہیں ہوتا ہے''۔[۲]

یہ بات صد فیصد درست ہے کہ وہ روز مرہ کی زندگی کے مضحک زاویئے تلاش کرتے ہیں۔ اس کا ثبوت ''جاپان چلو جاپان چلو'' میں جا بجا ملتا ہے۔ اس سفر نامے میں شامل ایک باب ''خموشی گفتگو ہے'' میں ایک جاپانی مصور مسٹر وکانا سے ملاقات کا ذکر کیا ہے جس کو پڑھنے کے بعد

۱۔ خموشی گفتگو ہے، ص ۸۵

۲۔ مجتبیٰ حسین کا سفر نامہ نگاری، مشمولہ کتاب نما کا خصوصی شمارہ ص ۵۵

ہم مظہر امام صاحب کی بات سے اتفاق کرنے پر مجبور ہو جاتے ہیں۔

''مسٹر وکانا ہم سے چونکہ ایک مترجم کی معرفت ملے تھے اسی لئے ہم نے سوچا تھا کہ ہم سے تبادلہ خیال کرنے اور آرٹ کے بارے میں ہمارے زرین خیالات کو جاننے کے لئے وہ مترجم کا بندوبست ضرور کریں گے پھر اس معاملے میں غرض ان کی تھی۔ لہذا ہم اپنی مترجم کو ساتھ نہیں لے گئے۔ اومیا پہنچے تو مسٹر وکانا اپنے بال بچوں سمیت دو موٹروں میں ہمارا انتظار کر رہے تھے۔ بہت خوش ہوئے پھر اشارے سے پوچھا آپ کی مترجم......؟ اب وہ جاپانی میں ہم سے کچھ نہ کچھ کہتے اور ہم انگریزی میں اِن سے نہ جانے کیا کہتے تھے۔ مسٹر وکانا انگریزی کا ایک ہی جملہ جانتے تھے اور وہ تھا ''تھینک یو'' ہاتھوں کے اشارے سے وہ ہمیں کچھ کہتے تھے اور ہم بھی ہاتھوں کے اشارے سے ان کا جواب دیتے تھے۔ زندگی میں پہلی مرتبہ ہمیں ممکری آرٹسٹ بننے کا شرف حاصل ہوا............ زبان کی دشواری کو محسوس کر کے مسٹر وکانا نے اپنی ایک دوست کو فون کیا جن کے بارے میں وکانا کو یہ خوش فہمی تھی کہ وہ انگریزی جانتی ہیں۔ ان کی انگریزی اتنی اعلیٰ معیار کی تھی کہ ہم ان کی انگریزی تک اپنی سمجھ کو نہیں پہنچا سکے، ایک مرحلہ پر اُنھوں نے کہا

Mr. Hussain are you a bigman in your country?

.... پھر اپنے ہاتھوں کو آسمان کی طرف اُٹھا کر بولیں

"I want to know whether all Indians are multistoryed like you?.

(کیا سارے ہندوستانی آپ کی طرح کئی منزلہ ہوتے ہیں؟)

No Madam some of the buildings are taller than me"

تب ہمیں یہ احساس ہوا کہ موصوفہ ہمارے لمبے قد کے حوالے سے یہ جاننا چاہتی ہیں کہ کیا سارے ہندوستانی ہم جیسے دراز قد ہوتے ہیں۔[۱]

مندرجہ بالا اقتباس میں اسلوب کی تبسم آفرینی ملتی ہے، جس نے قاری کو تقریباً جکڑ سا لیا ہے۔ بہر حال یہ ایک ایسا دلچسپ سفر نامہ ہے جو صرف لطف ہی نہیں دیتا بلکہ ملک جاپان سے متعلق کئی معلومات بھی فراہم کرتا ہے۔

جاپان کے سفر کے دوران مجتبیٰ حسین نے وہاں کی تہذیب کا بغور مطالعہ کیا ہے۔ جاپانیوں کی شائد ہی کوئی حرکت یا عادت اُن کی نظر سے بچ سکی ہوگی۔ جاپانی کسی کے استقبال میں تعظیماً جھک جاتے ہیں۔ ہندوستانی اور جاپانی تہذیب میں مصافحہ کرنے کی عادت کے مختلف معنی ہیں۔ ہندوستان میں یہ تہذیب اور خوش اخلاقی کی علامت ہے جب کہ جاپان میں بدتہذیبی مانی جاتی ہے۔ اس بات کا ذکر اس طرح کیا گیا ہے کہ قاری اپنی نظروں کو کتاب کی سطروں پر نہیں بلکہ خود کو جاپانیوں کے درمیان محسوس کرنے لگتا ہے۔

"ہماری تربیت کچھ ایسی ہوئی ہے کہ نہ صرف مصافحہ کرنے کو ضروری سمجھتے ہیں بلکہ موقع ملے تو ملاقاتی سے گلے مل کر اس کی پسلیوں کی مضبوطی کا امتحان بھی لیتے ہیں۔ ہم سے دو چار دنوں تک یہ بدتہذیبی

۱۔ مجتبیٰ حسین کے سفر نامے، ص ۸۷، ۸۸، ۸۹

سرزد ہوتی رہی کہ دھڑا دھڑ جاپانیوں سے مصافحہ کرتے رہے۔ یہ اور بات ہے کہ جس کسی سے مصافحہ کرتے وہ فوراً اپنے ہاتھ دھونے کے لئے بھاگتا تھا۔ آخر کو سمجھدار آدمی ہیں۔ جاپانی جب بھی کسی شناسا کو دیکھتا ہے تو دو تین گز دور کھڑا ہو جاتا ہے اور ساٹھ درجے کا زاویہ بنا کر تعظیماً جھک جاتا ہے۔ گویا کہنا چاہتا ہے کہ بھیّا تمہیں دور ہی سے سلام............

ایک بار ہم نے اپنے ایک جاپانی دوست کے آگے جھکنے میں پہل کی تھی وہ جھکا تو ہمیں احساس ہوا کہ ہمیں اور بھی جھکنا چاہیے اب جو ہم دونوں کے بیچ جھکا جھکی کا سلسلہ شروع ہوا تو رُکنے کا نام ہی نہ لیتا تھا۔ وہ تو اچھا ہوا کہ ایک اور جاپانی دوست نے ہمیں آہستہ سے بتادیا کہ بھیّا چونکہ آپ نے جھکنے میں پہل کی ہے اس لئے اب اس جھکا جھکی کو روکنے کی ذمہ داری بھی آپ ہی کی ہے اگر اس نے آگاہ نہ کیا ہوتا تو کیا عجب کہ اب تک ہم ایک ہی جگہ کھڑے جھکتے رہتے۔[۱]

جاپانیوں کی ایک اور پُرخلوص عادت یعنی تحفہ دینے کی عادت کا ذکر بھی لطف سے خالی نہیں ہے۔

"جاپانیوں کی ایک تکلیف دہ ادا تحفے دینے کی ہے..........ٹوکیو میں شروع کے پچیس دنوں تک ہم دونوں ہاتھوں سے خوشی خوشی تحفے قبول کرتے رہے۔ یہاں تک کہ ہمارا کمرہ تحفوں سے لبالب بھر گیا...... پوری ایک رات ان تحفوں کے بارے میں سوچتے گذاردی۔ جاپانی

۱۔ مجتبیٰ حسین کے سفرنامے، مرتبہ حسن چشتی، ص ۶۶

سب کچھ چھوڑ سکتے ہیں مگر اپنی تہذیب کو نہیں چھوڑ سکتے چنانچہ ہر دعوت کے بعد ایک تحفہ ہماری خدمت میں پیش کر دیا جاتا تھا اور ہماری آنکھوں میں آنسو آجاتے تھے''۔[۱]

یہ آنسو ایر لائینز کے خرچ کے خوف سے بھی آسکتے ہیں اور جاپانیوں کی محبت سے متاثر ہو کر جذبات سے مغلوب ہو کر بھی آسکتے ہیں۔ جاپانی لوگ ہر بات کا شکریہ ادا کرنے کے بڑے پابند ہوتے ہیں۔ اس کا ذکر ملاحظہ کیجیے:

''جاپانی میں آپ جب تک ''دوموآرائی گاتوگزائی مشتہ'' نہ کہیں تب تک محسن نہیں ٹلتا، پھر احسان اور شکریہ کا رشتہ بھی نازک ہوتا ہے۔ کسی نے آپ کو راستہ دیا تو فوراً تعظیماً جھک کر اس کی خدمت میں ایک عدد ''دوموآرائی گاتوگزائی مشتہ'' پیش کر دیجیے۔ جاپانی ہر چھوٹی بات کا ''دوموآرائی گاتوگزائی مشتہ'' بنا دیتے ہیں۔ ہم شخصی طور پر جاپانیوں کی طرح اتنے مہذب نہیں ہیں لیکن پھر بھی یہ حالت ہو گئی تھی کہ ایک دن کوریا کے مندوب مسٹر کم نے جن کا کمرہ ہمارے کمرے سے متصل تھا کہا۔ مسٹر حسین آپ آدھی رات کو اپنے کمرے میں کس کا شکریہ ادا کرتے رہتے ہیں آخر وہ کون ہے جس کی خدمت میں آپ وقفہ وقفہ سے ''دوموآرائی گاتوگزائی مشتہ'' پیش کرتے رہتے ہیں۔ مسٹر کم کے توجہ دلانے پر ہمیں یہ احساس ہوا کہ ماشاء اللہ اب ہم نیند میں بڑبڑانے کے لئے بھی ''دوموآرائی گاتوگزائی مشتہ'' کا استعمال کرنے لگے ہیں''۔[۲]

۱۔ مجتبیٰ حسین کے سفرنامے، حسن چشتی، ص ٦٧

۲۔ مجتبیٰ حسین کے سفرنامہ، حسن چشتی ص ٦٥

اس سفرنامے سے ہمیں جاپان سے متعلق کئی معلومات حاصل ہوئیں۔

ا۔ جاپانیوں کا کردار لائق قدر ہے۔......ص ۳۳

۲ ۔ وہ بڑے ایماندار ہوتے ہیں۔......ص ۴۷

۳۔ وہ اپنی تہذیب نہیں چھوڑ سکتے......ص ۳۴

۴۔ وہاں بے موسم کی بارش ہوتی ہے......ص ۷۵

۵۔ زلزلے وہاں کا معمول ہیں...........ص ۷۵

۶۔ جگہ جگہ چھتری کے اسٹینڈ ہوتے ہیں......ص ۷۴

۷۔ وہاں جرائم بہت کم ہوتے ہیں۔ ......ص ۱۱۳

۸۔ محکمہ پولیس اپنے فرائض بخوبی نبھاتا ہے۔ ......ص ۱۱۳

۹۔ تحائف دینا جاپانی تہذیب کا نمایاں وصف ہے۔ ......ص ۶۷

۱۰۔ جاپانی ہر کمرے کے لیے الگ الگ چپل اور جوتے استعمال کرتے ہیں۔......ص ۶۸

۱۱۔ وہ عمر چور ہوتے ہیں۔ ...... ص ۳۳

۱۲۔ ٹڈے Grass hopper کو کوریا سے برآمد کر کے بھون کر ذائقہ دار بنایا جاتا ہے اور کسی خاص مہمان کی تو ضع کے لئے یہ خاص ڈش ہوتی ہے۔ ایک ٹڈے کی قیمت ایک سوین ہوتی ہے...........ص ۱۱۱

۱۳۔ وہاں ٹرینیں زیادہ چلتی ہیں اِن میں ہندوستانی ٹرینوں جیسا طوفانِ بدتمیزی برپا نہیں رہتا۔ ....ص ۸۳

۱۴۔ احسان کے بدلے میں شکریہ دا کرنے کے لئے ''دوموآرائی گاتوگزائی مشتہ'' کہا جاتا ہے۔ ....ص ۶۵

۱۵۔ پھولوں کی سجاوٹ کو جاپان میں ایک الگ فن کی حیثیت حاصل ہے۔

جسے ''اکیبانہ'' کہا جاتا ہے۔......ص ۸۵

☆ بلٹ ٹرینوں میں آٹو میٹک کنٹرول سسٹم ہوتا ہے کبھی ٹرین کی رفتار تیز ہو جائے تو ٹرین کو خود بخود بریک لگ جاتے ہیں۔ ان ٹرینوں کی سب سے بڑی خوبی ان کی پابندیٔ وقت ہے۔ جیسے ہی زلزلہ آتا ہے ٹرین خود بخود رُک جاتی ہے۔ ....ص ۸۱

۱۶۔ جاپانی بڑے حسن پرست ہوتے ہیں۔ ....ص ۵۸

۱۷۔ وہ ہر کام کیلکولیٹر کی مدد سے کرتے ہیں۔ ....ص ۶۰

۱۸۔ وہ کھانے سے پہلے اور بعد میں گرین ٹی پیا کرتے ہیں۔ .....ص ۶۲

۱۹۔ وہ پلیٹ فارم پر کھڑے ہوں یا ٹرین میں سفر کر رہے ہوں کتابیں ضرور پڑھتے ہیں۔ ....ص ۷۹

۲۰۔ جاپانیوں کا قدیم روایتی لباس ''کیمونو'' کہلاتا ہے۔ ....ص ۱۰۰

۲۱۔ پوجا کا طریقہ خالص ہندوستانی ہے۔ ....ص ۱۰۰

۲۲۔ جاپان کے دو بڑے مذاہب ہیں بدھ مت اور شنٹو مت، شنٹو مٹ جاپان کا قدیم مذہب ہے۔ ....ص ۱۱۳

۲۳۔ ساری عمارتیں زلزلہ پروف ہیں۔ زلزلہ آئے تو یہ اس طرح ہلتی ہیں جس طرح تیز ہوا میں پیڑ ملتے ہیں۔ پھر اپنی اصلی حالت میں واپس آجاتی ہیں۔ص ۱۰۲

۲۴۔ ٹوکیو بھول بھلیوں کا شہر ہے۔ شنجو کو وہاں کا سب سے معروف ترین علاقہ ہے۔............ص ۹۴

۲۵۔ خواہشمند جاپانیوں کو عموماً جمعہ کے دن مسلمان بنایا جاتا ہے۔ جاپان کی بڑی ہوٹلوں میں اسلامی عشائیہ کا اہتمام کیا جاتا ہے۔ ....ص ۹۵

۲۶۔ جاپانی اپنے مذہب کے بارے میں زیادہ نہیں جانتے۔ ایک نوجوان لڑکی بیٹھی ہوئی تھی۔ اس سے پوچھا اور آپ کا مذہب۔ اس نے اچانک اپنی بائیں آنکھ کی پتلی کو نیچے کیا اور

دائیں آنکھ کی پتلی کو اوپر لے جا کر کچھ سوچنا شروع کیا جاپانی لڑکیاں ہر مشکل سوال کے جواب میں یہی حرکت کرتی ہیں، بہت بھلی لگتی ہیں۔ ....ص ۹۲

۲۷۔ لفظ ''سیما سین'' کے کئی معنی ہیں۔ ہر معنی کے رنگ مختلف ہیں۔اس کے معنی معاف کیجیے، آپ کی توجہ کے محتاج ہیں، آپ کی مہربانی، آپ کی کیا خدمت کی جائے۔ ....ص ۶۶

۲۸۔ یہاں کی اشیاء قیمتی ہوتی ہیں، دوسو ین میں سگریٹ کی ڈبیا آتی ہے، آدھی ڈبل روٹی سو ین کی ہوتی ہے۔سوٹ کو استری کے لئے تین سو ین ادا کرنے پڑتے ہیں۔جاپانی چھتری دو ہزار ین کی ہوتی ہے۔مرغ کی ایک ٹانگ پانچ سو ین کی ہوتی ہے۔ایک پیالہ کافی تین سو ین میں ملتی ہے۔ٹیلیفون کال بہت سستی ہوتی ہے۔مشین میں دس ین کا سکہ ڈال کر بات کرتے چلے جائیے۔ ....ص ۶۱

سفرِ لخت لخت کے متعلق مجتبیٰ حسین نے خود لکھا ہے کہ:

''سفرِ لخت لخت اِن سفرناموں کا نام ہے جو ہم نے اسّی ۸۰ کی دہائی میں مختلف ملکوں کی سیاحت کے بعد لکھے تھے۔ ۱۹۸۴ء میں ہمیں دو مہینوں کے لئے انگلستان، فرانس، امریکہ اور کینیڈا جانے کا موقع ملا .... اکتوبر ۱۹۸۶ء میں ہم نے مرحوم سوویت یونین کا دورہ کیا۔ اس سفر میں ہمیں تاشقند، سمرقند، بخارا، ماسکو اور لینن گریڈ (موجودہ پیٹرو گریڈ) جانے کا موقع ملا۔ .... ہمیں ۱۹۸۸ء میں پاکستان اور ۱۹۸۹ء میں سعودی عرب جانے کی بھی سعادت نصیب ہوئی''۔[۱]

اس سفرنامے میں مختلف ملکوں کی سیاحت کی تفصیلات بیان کی گئی ہیں۔مجتبیٰ حسین جہاں

۱۔ مجتبیٰ حسین کے سفرنامے، مرتبہ حسن چشتی، ص ۱۲۳، ۱۲۴، ۱۲۶

بھی ہوں وہاں کی تہذیب ، لوگوں کی عادات و اطوار کے علاوہ اپنے ملک میں سیاسی ، تعلیمی ، معاشی اور سماجی سطح پر ہونے والی بدعنوانیوں کا تقابل دوسرے ممالک سے ضرور کرتے ہیں۔ اس کی بڑی وجہ اور بڑا مقصد اپنے ملک اور ملک میں رہنے والے لوگوں کی اصلاح ہوسکتا ہے۔ چنانچہ اُنھوں نے ازبکستان میں ہماری اُردو اکیڈیمیوں کو یاد رکھا۔ ملاحظہ کیجیے:

> ''بھوک کے ہم کچے تو ہیں ہی ، اکیلے ہی ہوٹل میں ازبکستان کے ڈائننگ ہال میں پہنچ گئے۔ بیرے کو بلا کر اپنے دانتوں میں دو اُنگلیاں ڈالیں اور لگے اُنھیں چبانے۔ بیرا بہت ہوشیار تھا ہمارے اشارے کو بھانپ کر ازبیک میں پوچھا گوشت ؟ ہم نے اُردو میں کہا ہاں ہاں گوشت۔ ہم نے ہاتھوں کی روٹی بنائی تو بیرے نے ازبیک میں پوچھا نان ؟ ہم نے اُردو میں کہا ہاں ہاں بھئی نان تم اُردو بہت اچھی جانتے ہو۔ اُردو کا لفظ اِس کی سمجھ میں نہیں آیا۔ اس نے سمجھا یہ بھی کوئی کھانے کی چیز ہے۔ اب ہم اسے کس طرح سمجھاتے کہ ہم تو اُردو کو نہیں کھاتے البتہ ہمارے ملک میں اُردو اکیڈیمیاں ہیں جو اُردو کو ضرور کھا رہی ہیں''۔ [۱]

مجتبیٰ حسین کو اپنے ہندوستانی ہونے پر جتنا فخر ہے اس سے کہیں زیادہ افسوس ملک کی انتظامیہ، یہاں کی بلدیہ اور دیگر محکموں، ہندوستانیوں کی اپنے فرائض سے کوتاہی اور لاپرواہی پر ہے۔ اُنھوں نے اپنے ملک کا تقابل دوسرے ممالک سے کرکے کئی خامیوں اور کوتاہیوں کو درست کرنے کی خاطر چند تیکھے جملے لکھے ہیں:

> آپ سمجھیں گے ہم بھی عجیب آدمی ہیں۔ ڈھائی مہینے امریکہ میں کیا

۱۔ ہم نے اُردو میں ازبیک کھانا کھایا، مشمولہ مجتبیٰ حسین کے سفرنامے، مرتبہ حسن چشتی ص ۱۹۸

گذار لیے اپنا دماغ خراب کرلیا۔آپ بالکل بجا فرماتے ہیں، ہمیں ایسا نہیں سوچنا چاہیے۔ایک سچے محب وطن کی طرح ہمیں اپنے وطن کی ہر چیز سے پیار ہے۔اس کے گردوغبار سے،اس کی فضائی آلودگی سے ،کوڑے کرکٹ کے ڈھیروں سے،جھگی جھونپڑیوں سے، بھیک مانگتے ہوئے مفلوک الحال انسانوں سے، برق کے اُن قمقموں سے جن میں اکثر بجلی غائب رہتی ہے، اُن مین ہولوں سے جن کے ڈھکن ہمیشہ غائب رہتے ہیں، اُن نلوں سے جن میں پانی کم آتا ہے اور بھاپ زیادہ نکلتی ہے۔اپنی حب الوطنی کا ثبوت فراہم کرنے کے لئے ہم ایسی اشیاء کی فہرست کو کیوں طول دیں جن سے ہمیں پیار ہے۔ڈھائی مہینوں سے اپنا تھوک اپنے ہی منہ میں لئے گھوم رہے ہیں۔سڑکوں پر تھوکنے کی جو آزادی ہمارے یہاں حاصل ہے یہاں کہاں، جابجا کوڑا کرکٹ پھینکنے کا رواج بھی یہاں نہیں ہے‘‘۔[۱]

مجتبیٰ حسین کی تحریروں سے اندازہ ہوتا ہے کہ وہ ہندوستانیوں میں صفائی سے متعلق جو لاپرواہی ملتی ہے اِس سے وہ نالاں ہیں۔یہ احساس دلانے کی کوشش کی کہ مسجدوں میں صفائی کا ٹھیک انتظام نہیں ہوتا۔اِس بات کا اظہار بڑے ہی عالمانہ انداز میں کیا ہے:

’’چنانچہ دوسرے دن ہم نے شنجو کو جاپان/ امریکہ اسلامک کانگریس کی مسجد میں عیدالفطر کی نماز ادا کی تھی۔یہ پہلی نمازِ عید تھی جسے ادا کرنے کی خاطر ہم لفٹ میں سوار ہوکر گئے تھے اور جس مسجد میں گئے تھے وہ پوری طرح ایرکنڈیشنڈ تھی۔اس اعتبار سے یہ ہماری پہلی ایرکنڈیشنڈ نماز بھی تھی۔مسجد کے وضوخانہ کی صفائی کا یہ عالم تھا کہ وضو کرتے

۱۔مجتبیٰ حسین کے سفرنامے،حسن چشتی،ص ۳۲۲

ہوئے یہ ڈر نہیں ہوا کہ کہیں وضو کرنے کی کوشش میں ہمارا دامن کسی نئی غلاظت سے آلودہ نہ ہو جائے''۔[۱]

سفرِ لخت لخت میں ''کچھ یادیں امریکہ کی'' عنوان سے کئی دلچسپ یادیں بیان کی گئی ہیں۔ ایک موقع پر مسلمانوں کی موجودہ حالت پر، پُر کار طنز اور بھرپور افسوس ملتا ہے۔ مندرجہ ذیل اقتباس میں مسلمانوں کی مذہب سے غفلت اور دوری اور جھوٹی شان و شوکت پر طنز کیا ہے۔

''خورشید حسین دن بھر کی عبادتوں اور اسلامک سنٹر کے کاموں کی وجہ سے تھک ہار کر گہری نیند سوئے ہوئے تھے۔ ہم نے جا کر اُنھیں جگایا اور اطلاع دی کہ سکیورٹی والوں کی طرف سے فون آیا ہے کہ اسلامک سنٹر سے سگنل آ رہے ہیں.......... ابھی آدھا گھنٹہ بھی نہیں گزرا تھا کہ پھر سکیورٹی والوں کا فون آیا.......... اب کی بار ہم نے خورشید حسین کو زبردستی جگایا، سکیورٹی والوں کے فون آتے جا رہے ہیں اور تم ہو کہ سوتے چلے جا رہے ہو، مسلمانوں میں بیداری کی لہر آخر کب آئے گی .... کچھ دیر بعد وہ واپس آئے تو ہم نے پوچھا۔ کیا اسلامک سنٹر میں چور داخل ہو گئے تھے۔ بولے.......... ہال میں بسم اللہ خوانی کی تقریب منعقد ہوئی تھی جس میں غبارے لٹکا دیئے گئے تھے۔ تقریب کے بعد منتظمین ان غباروں کو ہال میں یونہی چھوڑ کر چلے گئے۔ بعد میں یہ غبارے ہوا کے جھونکوں کے ساتھ ہال میں اِدھر اُدھر اُڑنے لگے اور سکیورٹی والوں کے پاس نقل و حرکت کے سگنل آنے لگے۔ اب ان میں غباروں کو پھوڑ کر آ رہا ہوں تو سگنل آنے بند ہو گئے۔ یہ کہہ کر خورشید حسین تو اپنی خواب گاہ میں چلے گئے اور ہمیں اچانک آج کے

۱۔ مجتبیٰ حسین کے سفرنامے، حسن چشتی، ص ۳۴۶،۳۴۶

مسلمانوں اور غباروں کے درمیان ایک عجیب سی مماثلت نظر آ گئی۔ ہماری حالت بھی جذبات سے بھرے ہوئے غباروں جیسی ہے۔ جذبات کی رو میں بڑی آن بان اور شان کے ساتھ اِدھر اُدھر اُڑتے چلے جاتے ہیں۔لیکن جہاں کسی نے ہلکے سے سوئی چھبودی وہیں سکڑ کر زمین پر ڈھیر ہو جاتے ہیں''۔ ا

مجتبیٰ حسین نے اپنے سفرنامۂ امریکہ کو، ''امریکہ گھاس کاٹ رہا ہے'' کے عنوان سے شائع کی گئی کتاب میں شامل کیا۔ یہ کتاب پوری طرح سفرنامہ پر مشتمل نہیں بلکہ اس میں مختلف اوقات میں امریکہ پر لکھے گئے مضامین کو بھی شامل کیا گیا ہے۔امریکہ کا سفرنامہ بھی ان کے دوسرے سفرناموں کی طرح کالموں کی شکل میں روزنامہ سیاست میں چھپتا رہا اور دیگر مضامین کے ساتھ سنہ ۲۰۰۹ء میں کتابی شکل میں منظر عام پر آیا۔اس کے مرتب احسان اللہ احمد ہیں۔اس میں کل چالیس ابواب میں جن کے الگ الگ عنوان دیے گئے ہیں۔ اس کتاب کو دو حصوں میں تقسیم کیا گیا ہے۔ پہلا حصہ سفرنامہ امریکہ ۲۰۰۸ء ہے اور دوسرا حصہ کچھ ذکرِ خیر و شر امریکہ کا ہے جس میں امریکہ سے متعلق موضوعات پر مجتبیٰ حسین نے خامہ فرسائی کی ہے۔ویسے پہلے حصے یعنی سفرنامہ امریکہ میں ایک مضمون ایسا ہے جو سفرنامہ سے غیر متعلق ہے اور بارک اوباما کے صدر منتخب ہونے کے بعد لکھا گیا ہے۔لیکن اس میں مجتبیٰ حسین کے سفر امریکہ کی ایک دو جھلکیاں مل جاتی ہیں۔

کتاب کے نام سے ہی ظاہر ہے کہ اس میں امریکہ کے عوام کی مصروف ترین اور تیز رفتار زندگی سے متعلق کئی تبصرے کیے ہیں۔ ''گھاس کاٹنا ایک کہاوت ہے جو عجلت میں اور تیزی کے ساتھ کیے جانے والے کاموں کے لیے استعمال کی جاتی ہے۔مجتبیٰ حسین رقمطراز ہیں کہ:

''مروجہ امریکی معاشرے کی آندھی اس قدر تیز ہوتی ہے کہ اس کے

ا۔مجتبیٰ حسین کے سفرنامے، حسن چشتی ص ۳۶۱، ۳۶۲

آگے اچھے اچھے معاشروں کے چراغ گل ہو جاتے ہیں''۔[۱]

آگے لکھتے ہیں۔

''بڑے امریکی شہروں میں ٹریفک کے سنگین مسائل، شریانوں کی طرح سڑکوں کا جال جو سارے ملک کے جسم میں پھیلا ہوا ہے۔ امریکہ کی تیز سے تیز تر ہوتی ہوئی رفتار، پہیوں پر دوڑتی ہوئی زندگی امریکی عوام کی دوڑ دھوپ کا یہ عالم ہے کہ یہ صبح سے لے کر رات تک شفٹوں میں دوڑتے رہتے ہیں۔۔۔یوں امریکہ میں دنیا کا سب سے تیز رفتار بھاگنے والا معاشرہ موجود ہے''۔[۲]

''امریکہ گھاس کاٹ رہا ہے'' میں امریکہ کی ستائش کے ساتھ ساتھ امریکی معاشرے اور حکومت کے متعلق طنزیہ جملے بھی لکھے ہیں۔ ذیل میں درج اقتباس میں امریکی حکمرانوں کے پریشان کن اعمال پر پُرلطف لیکن بھرپور طنز ملتا ہے ملاحظہ کیجیے:

''جو باشندے امریکہ سے باہر آباد ہیں یعنی دیگر براعظموں میں رہ رہے ہیں ان کے بلڈ پریشر میں اضافہ کا بنیادی سبب خود امریکہ ہے اگر امریکہ اپنی حرکتوں پر قابو پالے تو یقین مانئے ساری دنیا کا بلڈ پریشر قابو میں آجائے گا''۔[۳]

مجتبیٰ حسین نے عالمی سیاست پر امریکہ کے غلبے، جبر، ظلم، دھاندلی اور کمزور اور غیر ترقی یافتہ ممالک سے فائدہ اٹھانے کا ذکر ایک باب ''امریکہ کا وزیر خارجہ دنیا کے ہر ملک کا وزیر

۱۔امریکہ گھاس کاٹ رہا ہے، مجتبیٰ حسین، صفحہ ۲۰۰، ۲۰۱، سنہ ۲۰۰۹ء

۲۔امریکہ گھاس کاٹ رہا ہے، مجتبیٰ حسین، صفحہ ۲۰۲، سنہ ۲۰۰۹ء

۳۔امریکہ گھاس کاٹ رہا ہے، مجتبیٰ حسین، صفحہ ۱۶۸، سنہ ۲۰۰۹ء

داخلہ" میں بڑے موثر انداز میں کیا ہے۔ یہ بیان اتنا پر لطف ہے کہ ایسے قاری جو سیاست کا وسیع پس منظر نہیں رکھتے وہ بھی اس سے محظوظ ہو سکتے ہیں ملاحظہ کیجیے:

> "اب تک امریکہ ساری دنیا میں جمہوریت کا سب سے بڑا علمبردار سمجھا جاتا رہا ہے لیکن اب اس کی حیثیت عالمی کوتوال کی سی ہوگئی ہے۔ جارج واشنگٹن اور ابراہیم لنکن اگر آج زندہ ہوتے تو امریکہ کے موجودہ روپ کو دیکھ کر نہ جانے کیا سوچتے۔ ہمارے لیے امریکی مداخلت کوئی نئی بات نہیں ہے۔ یوں بھی پچھلی صدی میں امریکہ نے مداخلت کرنے کے سوائے کیا ہی کیا ہے۔ دنیا کا کون سا ایسا خطہ ہے جہاں امریکہ نے مداخلت نہ کی ہو، جاپان پر بم پھینکا، ویت نام میں ٹانگ اڑائی، سودیت یونین کو نیچا دکھانے کے لیئے افغانستان کے مجاہدین کو آلہ کار بنایا اور جب سودیت یونین ٹوٹ گیا تو خود افغانیوں کی کمر توڑ دی"۔[۱]

سفرنامہ "امریکہ گھاس کاٹ رہا ہے" میں دنیا پر امریکی سیاست کے اثرات کا جہاں طنز ومزاح سے بھرپور ذکر ملتا ہے وہیں کئی ابواب میں فکر انگیز تحریر ملتی ہے جس میں امریکی جبر و استحصال کی سیاست کے مختلف پہلو اجاگر ہوتے ہیں مثلاً "رائس ہم Rice نہیں کھاتے"، "جارج بش کا ریموٹ کنٹرول"، "جارج بش خدا کے حضور میں"، "امریکہ کے لڑاکو مرغے"، "تم نے میری آنکھیں کھول دیں" وغیرہ۔ان تحریروں میں امریکہ کے سیاسی امور پر شستہ زبان، روانی، برجستگی، شگفتگی، طنز کی کاٹ اور مزاح کی چاشنی موجود ہے۔

"رائس ہم Rice نہیں کھاتے" میں امریکہ کی وزیر خارجہ کنڈولیزا رائس کے بیان پر جسکے مطابق عالمی سطح پر غذائی بحران کا اصل سبب ہندوستانیوں کی بھوک ہے۔مجتبیٰ حسین کا طنز

۱۔امریکہ کا وزیرِ خارجہ دنیا کے ہر ملک کا وزیرِ داخلہ مشمولہ "امریکہ گھاس کاٹ رہا ہے"، ص ۱۳۶

احتجاج کی حد تک جاتا ہوا نظر آتا ہے۔ یہ کافی فکر انگیز تحریر ہے ملاحظہ کیجیے:

ہم یہ کہنا چاہتے ہیں کہ یوروپ اور امریکہ کے ممالک صدیوں سے مرغن غذائیں کھاتے چلے آ رہے ہیں بلکہ انھوں نے تو نوآبادیات کی نوآبادیات کھالیں مگر کسی غلام ملک نے اُن کی خوش خوراکی پر احتجاج بلند کرنے کی جسارت نہیں کی۔ اب اگر ہندوستان اور چین کے کچھ عوام پیٹ بھر کر کھانا کھانے لگے ہیں تو اس پر اتنا واویلا مچانے کی کیا ضرورت ہے''۔[۱]

درج بالا اقتباس میں امریکہ کی اذیت رساں ذہنیت کے علاوہ ہندوستان کی غربت کا بیان بھی موجود ہے۔

''منتظر زیدی کا جوتا یا تباہی کا مہلک ہتھیار'' میں مجتبیٰ حسین کا معیاری طنز و مزاح اپنے عروج پر نظر آتا ہے۔ ملاحظہ کیجیے:

'' بش پر پھینکے جانے والے ان دونوں جوتوں کی انفرادیت یا خوبی یہ تھی کہ دونوں ٹھیک نشانے پر پھینکے تو گئے تھے لیکن نشانے نے، یعنی خود جارج ڈبلیو بش نے خوش قسمتی سے اچانک دبک کر یا پینترا بدل کر انھیں نشانے پر بیٹھنے نہیں دیا تھا۔ اگر دونوں جوتوں میں سے ایک جوتا بھی خدانخواستہ جارج بش کو لگ جاتا تو اس کی کوئی تاریخی اہمیت نہ ہوتی۔ اب رہتی دنیا تک یہ جوتے حسبِ ضرورت اور حسبِ موقع اپنے نشانے کی تلاش میں پینترے بدل بدل کر چلتے رہیں گے۔ یوں ایک علامت کے طور پر ان جوتوں کا دائمی سفر تاریخ میں

۱۔ رائس ہم Rice نہیں کھاتے'' مشمولہ، امریکہ گھاس کاٹ رہا ہے ص ۱۹۷

ہمیشہ جاری رہے گا''۔[۱]

آ گے لکھتے ہیں۔

> کون کہتا ہے کہ عراق کے پاس تباہی کا مہلک ہتھیار نہیں تھا۔ منتظر زیدی کا جوتا ہی تو وہ اصل مہلک ہتھیار ہے جو اب تک امریکی فوجوں کی نظر میں نہیں آسکا تھا''۔[۲]

اس سے قبل مجتبیٰ حسین نے جاپان کا طویل سفرنامہ تحریر کیا تھا جو بعد میں کتابی شکل میں شائع ہوا۔ ۱۴ ابواب یا مضامین پر مشتمل سفرنامہ امریکہ اور سفرنامہ جاپان کا تقابل کیا جائے تو محسوس ہوتا ہے کہ مجتبیٰ حسین نے جاپانیوں کے کردار اور ان کی ان تھک محنت کے ستائش کی ہے اور اس میں کوئی شک نہیں کہ جاپانی واقعی ایک متحرک اور محنتی قوم ہے جس نے بہت بڑی تباہی سے دوچار ہونے کے باوجود عالمی سطح پر اپنے آپ کو منوایا۔ دوسری کوئی قوم ہوتی تو شاید مذلت کے غار میں پڑی ہوتی۔ اس کے برخلاف اعلانیہ طور پر یہ محسوس ہوتا ہے کہ امریکہ نے خود کو بلندیوں تک صرف اپنے ہتھکنڈوں کی وجہ سے پہنچایا۔ اس ملک نے دوسرے ممالک کو کمزور کر کے خود کو طاقتور بنالیا۔ اور یہ پہلو مجتبیٰ حسین کے سفرنامے میں کئی جگہوں پر نمایاں نظر آتا ہے۔ یعنی مجتبیٰ حسین نے صرف ستائش کا رویہ نہیں اپنایا بلکہ اپنے طنز کے نشتروں کے ذریعے امریکی سیاست کی پول بھی کھول کر رکھ دی۔ اور اس پس منظر میں مجتبیٰ حسین کا دیا ہوا عنوان ''امریکہ گھاس کاٹ رہا ہے'' زیادہ معنی خیز ہو جاتا ہے۔

> مجتبیٰ حسین کے تحریر کردہ تینوں سفرناموں کو پڑھنے کے بعد اندازہ ہوا کہ مجتبیٰ حسین ہر جگہ اور ہر مقام پر اُردو زبان اور تہذیب و تمدن کے متلاشی ہیں۔ اُنھوں نے خود ہی لکھا ہے کہ: ''ہم جہاں بھی جاتے

۱۔ منتظر زیدی کا جوتا یا تباہی کا مہلک ہتھیار مشمولہ امریکہ گھاس کاٹ رہا ہے ص ۲۰۴

۲۔ منتظر زیدی کا جوتا یا تباہی کا مہلک ہتھیار مشمولہ امریکہ گھاس کاٹ رہا ہے ص ۲۰۸

ہیں اُردو زبان وادب کے ماحول کی تلاش میں رہتے ہیں''۔[۱]

ایک اور جگہ لکھتے ہیں:

''اس سفرنامے میں لندن کا حال کسی قدر تفصیل سے بیان کیا گیا ہے۔ لیکن یہ حال بھی ان لوگوں سے متعلق ہے جن کی مادری زبان اُردو ہے اور جنھوں نے لندن کو مغرب میں اُردو کا ایک اہم مرکز بنا دیا ہے۔سفر نامۂ لندن میں شامل تفصیلات دراصل اُردو کی ایک نئ بستی کی تفصیلات ہیں۔امریکہ میں بھی ہمیں اُردو والوں کی صحبت میں ہی رہنے کا موقع ملا''۔[۲]

اس سفرنامے میں کئی ایسے ابواب شامل ہیں جن میں اُردو اور اُردو والوں کا ذکر بہ کثرت ملتا ہے۔جیسے برطانیہ میں دھوم ہماری زباں کی ہے، ہم نے اُردو میں ازبیک کھانا کھایا، لندن میں ہمیں دفن کرنے کی تیاریاں، کچھ ذکرِ خیر وشر ساقی فاروقی کا، مسقط کی صفائی اور قصہ اُردو شاعر کا، بابائے مسقط گلبرگہ کے رہنے والے ہیں، رچمنڈ کی پہلی ادبی محفل، ذکر امریکہ کے اُردو اخبارات کا وغیرہ وغیرہ۔اس سفرنامے کے ایک باب ''اور دیس سے جانے والے بتا'' میں لکھتے ہیں:

''آپ تو جانتے ہیں کہ ہم اُردو گزیدہ ہیں ہر کام اُردو کے حوالے سے کرتے ہیں''۔[۳]

اُردو طبقہ کے تعلق سے ایک خیال قائم ہے کہ یہ طبقہ بدنظم اور لاپرواہ ہوتا ہے۔ذیل میں درج اقتباس میں اسی بدنظمی کی جانب اشارہ ملتا ہے:

۱۔مجتبیٰ حسین کے سفرنامے، حسن چشتی ص ۲۳۸

۲۔دو باتیں، مشمولہ مجتبیٰ حسین کے سفرنامے، حسن چشتی ص ۱۲۴

۳۔مجتبیٰ حسین کے سفرنامے، حسن چشتی ص ۱۳۰

’’دوایک جگہ ہتھرو ایرپورٹ پر اُردو میں مسافروں کے لئے ضروری ہدایات نظر آئیں۔ جیسے ایرپورٹ کو صاف ستھرا رکھئے یعنی سگریٹ کے ٹکڑے نہ پھینکو، مونگ پھلی کے چھلکے نہ بکھراؤ، براہِ کرم اپنا تھوک اپنے منہ میں رکھو وغیرہ وغیرہ مگر ہماری ذہنی کیفیت کچھ ایسی تھی کہ ہتھرو ایرپورٹ پر اُردو عبارت کو پڑھ کر وہ والہانہ مسرت حاصل نہ ہوئی جو عام طور پر خود ہندوستان میں کبھی اُردو عبارت کے نظر آجانے پر حاصل ہوتی ہے۔ یوں بھی صفائی سے متعلق اُردو میں اِس عبارت کو درج کرنے کا مقصد اُردو کی اہمیت تسلیم کرنا نہیں تھا بلکہ اس طرح صفائی کے تعلق سے اُردو والوں کی شہرہ آفاق عادات و اطوار کو دنیا والوں پر اُجاگر کرنا تھا ورنہ کیا وجہ ہے کہ اس غیر ضروری ہدایت کو چھوڑ کر بقیہ ساری ہدایتیں اُردو میں درج نہیں ہیں‘‘۔[۱]

برطانیہ کے اُردو شعراء کا تقابل ہندوستان کے اُردو شعراء سے یوں کیا ہے:

’’برطانیہ کے اُردو شاعر، ہمارے شاعروں کی طرح ہمہ وقتی شاعر نہیں ہیں بلکہ ہفتہ کے پانچ دن سچ مچ کام بھی کرتے ہیں۔ البتہ جمعہ کی شام سے اتوار کی رات تک ’’عرض کیا ہے‘‘ اور ’’ذرہ نوازی کا شکریہ‘‘ وغیرہ میں لگے رہتے ہیں۔ ہمارے ہاں خدانخواستہ کسی شاعر کا کلام اچھا ہو تو وہ مشاعرہ میں شرکت کے لئے رکشہ کا کرایہ بھی مانگ لیتا ہے۔ برطانیہ کا اُردو شاعر رکشہ کا کرایہ نہیں مانگتا بلکہ خود اپنی موٹر میں جاتا ہے، چاہے اس کا کلام اچھا ہی کیوں نہ ہو‘‘۔[۲]

۱۔ مجتبیٰ حسین کے سفرنامے، حسن چشتی، ص ۱۳۰

۲۔ مجتبیٰ حسین کے سفرنامے، حسن چشتی، ص ۱۵۷

اسی باب میں اُردو داں طبقہ پر طنز ملتا ہے۔

''برطانیہ کے اُردو شاعروں اور ادیبوں کو دیکھ کر ہمیں یہ خوشی ہوئی کہ برطانیہ جیسے ترقی یافتہ ملک میں رہنے کے باوجود اُنھوں نے اپنے اندر حسد، رقابت، غیبت اور معاصرانہ چشمک جیسے ضروری جذبوں کو اپنے سینوں سے لگا رکھا ہے۔ یوں بھی ان ضروری جذبوں کے بغیر اُردو تہذیب کا تصور بھی نہیں کیا جا سکتا''۔[۱]

ایک اور جگہ پر اُردو تہذیب کی اس خامی کو اس طرح اُچھالا گیا ہے:

''ہم پورے سولہ برس بعد شکاگو آئے ہیں، ماشاء اللہ اب تو یہاں اُردو کا ماحول اتنا پھیل چکا ہے کہ کھلے عام ایک دوسرے کی غیبت کی جانے لگی ہے، ایک دوسرے کی ٹانگیں کھینچی جاتی ہیں''۔[۲]

دنیا کے غفور و ایک ہو جاؤ میں، غفور جہاں گستری کی اُردو دانی کے بارے میں مجتبیٰ حسین لکھتے ہیں: ''پتہ نہیں غفور جہاں گستری نے یہ اُردو کہاں سے سیکھی اور کیسے سیکھی۔ اُردو کے ایسے مشکل، ثقیل اور متروک الفاظ جنھیں تیس چالیس برس میں ہم نے نہ کہیں سنا نہ پڑھا نہ لکھا اِنھیں غفور جہاں گستری کی وساطت سے ازبکستان میں سننے اور برتنے کا موقع ملا۔ ان سے مل کر نہ صرف اُردو کا مستقبل روشن نظر آیا بلکہ ان کا ماضی تو اتنا روشن نظر آیا کہ ہماری بصارت اور بصیرت دونوں

۱۔ مجتبیٰ حسین کے سفر نامے، حسن چشتی ص ۱۵۷

۲۔ مجتبیٰ حسین کے سفر نامے، حسن چشتی، ص ۲۸۱

چکا چوند ہوگئیں''۔[۱]

خلیجی مما لک میں اُردو شاعروں اور ادیبوں کے جشن بڑی دھوم دھام سے منائے جاتے ہیں۔ ان جشنوں کی بدولت نہ صرف اُردو والے ایک پلیٹ فارم پر جمع ہوتے ہیں بلکہ اُردو زبان وادب کو بھی کچھ دیر کے لیے ہی سہی پھلنے پھولنے کا موقع بھی دستیاب ہوجاتا ہے، پھر وہی مسقط کے رات دن، میں یہ ذکر ملتا ہے۔

''تاہم یہ غنیمت ہے کہ اُردو کا بجھتا ہوا چراغ خلیجی مما لک کے تیل کی مدد سے پھر سے بھڑک اُٹھا ہے''۔[۲]

یہاں پر ''بھڑکنے'' کا لفظ استعمال کیا گیا ہے۔ بجھتا ہوا چراغ اگر جل اُٹھے تو یہ خوش آئند بات ہے لیکن اگر بھڑک اُٹھے تو پھر اگلے ہی لمحے اس کی قسمت میں بجھنا ہوتا ہے۔ بجھتے ہوئے چراغ کو بھڑکانے میں طنز پوشیدہ ہے۔ طنز اس طرح کہ اہلِ اُردو زبان، اُردو زبان کی مستقل زندگی کے لئے کوئی سودمند کوشش نہیں کرتے بلکہ اپنی تفریح اور وقت گذاری کے لئے شاعروں اور ادیبوں کے جشن مناتے ہیں۔ اس طرح گمنام ہورہی اُردو زبان کا کچھ دیر کے لئے چرچا ہوتا ہے۔

امریکہ کے سفر کے دوران بھی مجتبیٰ حسین کو اُردو کی فکر لاحق رہی۔ وہاں بھی انھیں اُردو کے تعلق سے ہماری حکومت کی لاپرواہی نے رنجیدہ رکھا۔ ملاحظہ کیجیے:

''پندرہ دن پہلے ایک دن امریکی سفارت گھر سے ہمارے پاس ایک دعوت نامہ آیا، میاں ہماری اس تقریب میں شرکت کرو جس میں اسپین (Spain) کے اُردو ہندی کے افتتاحی شماروں کی رسم اجراء امریکہ کے سفیر ہزاکسلنسی رابرٹ ڈی بلیک ویل انجام دیں گے۔ ذرا آکر تو

۱۔ مجتبیٰ حسین کے سفرنامے، حسن چشتی، ص ۲۱۲

۲۔ مجتبیٰ حسین کے سفرنامے، حسن چشتی ص ۲۲۲

دیکھئے کہ ہم نے اُردو کا ایڈیشن کیسے نکالا ہے۔ سچ تو یہ ہے کہ اس دعوت نامہ کو پا کر ہم تھوڑی دیر کے لئے حیرت میں پڑ گئے کہ کسی مطالبے یا نمائندگی کے بغیر امریکی سفارت گھر کے اربابِ مجاز کو اچانک اُردو میں رسالہ نکالنے کا کیسے خیال آ گیا۔ چاہے کچھ بھی ہو ہم امریکی سفارت گھر کی فہم و فراست کے قائل ہو گئے کہ اسے اپنے آپ ہی اُردو زبان کی اہمیت و افادیت کا اندازہ ہو گیا۔ جب کہ ہماری حکومت کو قدم قدم پر اُردو کی اہمیت کا احساس دلانا پڑتا ہے۔ شور شرابہ اور احتجاجی مظاہرے کرنے پڑتے ہیں کہ حکومت جو اُردو رسالے پہلے ہی سے نکال رہی ہے انھیں بند نہ کرے، کوئی نیا رسالہ نکالنے کا مطالبہ کرنا تو بڑی دور کی بات ہے۔ امریکی سفارت گھر نے غالباً اس خیال سے اس رسالے کو نکالنے کا فیصلہ کیا ہے کہ ان دنوں خود امریکہ میں اُردو کا بول بالا ہے اور وہاں آئے دن اُردو شعر و ادب کی محفلیں آراستہ ہونے لگی ہیں''۔

''امریکہ کا گھاس کاٹ رہا ہے'' کے ایک باب ''گئے بھی وہ'' میں نئی نسل کی تہذیب اور اخلاق سے دوری پر طنز ملتا ہے۔ نئی نسل اور جارج بش دونوں کا کوئی بھروسہ نہیں کہ کب کیا کر بیٹھیں''۔[۱]

امریکہ گھاس کاٹ رہا ہے کہ مختلف ابواب سے اردو محبت کے تذکرے اور حالت زار پر، پُرتاسف تحریریں بہ کثرت موجود ہیں، جن میں ''عبدالرحمن صدیقی اور ان کا جہانِ اردو'' ٹیکساس میں اردو کی اساس ''اردو کی نئی بستیاں'' اور ''زندہ دلانِ شکاگو'' کے نام قابل ذکر ہیں۔ ایک باب ''اردو کی نئی بستیاں'' میں مجتبیٰ حسین نے نئی نسل کو اردو تعلیم دلوانے کی بات کی

۱۔ گئے بھی وہ مشمولہ، امریکہ گھاس کاٹ رہا ہے ص، ۱۸۵

ہے۔ وہ رقمطراز ہیں۔

"اردو کی پرانی بستیوں میں رہنے والوں سے ہم پھر ایک بار یہ کہنا چاہیں گے کہ وہ صرف اس بات پر خوش ہونے کی کوشش نہ کریں کہ اردو کی نئی بستیاں آباد ہو رہی ہیں۔ علامہ اقبال بہت پہلے کہہ چکے ہیں کہ شاخِ نازک پر جو آشیانہ بنتا ہے وہ ہمیشہ ناپائیدار ہوتا ہے، اس لیے ہو سکے تو اردو کی پرانی بستیوں کے علاوہ نئی بستیوں میں بھی نئی نسل کو اردو تعلیم سے روشناس کرانے کی ضرورت کو محسوس کیا جائے"۔ [۱]

متذکرہ باب میں مجتبیٰ حسین نے ستیہ پال آنند کے حوالے سے نہ صرف کئی حقائق بیان کیے ہیں بلکہ اپنے تاثرات بھی تحریر کیے ہیں۔

بہرحال مجتبیٰ حسین نے سفرنامہ نگاری کے دوران نہ صرف اپنے تجربے بیان کئے ہیں بلکہ اپنی دوربینی کا ثبوت بھی پیش کیا ہے۔ ان کے سفرناموں میں بے ساختہ مزاح اور طنز کی جھلکیاں ملتی ہیں۔ سفرناموں میں اردو تہذیب کا خاص طور پر ذکر کیا ہے۔ مختلف ممالک کی تہذیبوں کا ہندوستانی تہذیب سے موازنہ کیا اور تقابل کے ذریعے اپنے ہم وطنوں کی خامیوں اور کوتاہیوں کی جانب نہ صرف اشارہ کیا ہے بلکہ اظہار افسوس بھی کیا ہے۔ مجتبیٰ حسین کے سفرنامے اپنے مخصوص اسلوب بیان کی بناء پر اردو ادب کا سرمایہ ہیں۔

۱۔ اردو کی نئی بستیاں، مشمولہ امریکہ گھاس کاٹ رہا ہے ص، ۱۰۲

کالم نگاری میں طنز ومزاح کی جھلکیاں

کالم دراصل صحافتی اصطلاح ہے۔ اُردو صحافت میں جدید اضافے خاص کر مزاحیہ لہر ''اودھ پنچ'' کی دین ہے۔ مزاحیہ کالم نگاری کا باضابطہ آغاز بھی اودھ پنچ سے ہی ہوتا ہے۔ اس نے صحافت کو Sugar Coated گولی بنا کر پیش کیا ہے اور یہ سلسلہ آج تک جاری ہے۔ ابتداء میں صرف سیاسی اتھل پتھل اور ہنگامی موضوعات پر کالم لکھے جاتے تھے لیکن موجودہ دور میں کالم نگاری اس قید سے آزاد ہے۔ مزاحیہ کالم کا موضوع کچھ بھی ہوسکتا ہے جیسے گرتی ہوئی قدریں، دم توڑتی ہوئی تہذیب، سماجی بگاڑ، اخلاقی گراوٹ، ظلم، زیادتی، کرپشن، نوجوانوں میں بے راہ روی، اسراف، فرقہ پرستی، مذہب سے دوری، ٹیکس، غرض ہر موضوع پر مزاحیہ کالم لکھے جارہے ہیں۔

ہندوستان کی آزادی کے بعد اُردو میں مزاحیہ کالم نگاری کو زیادہ فروغ حاصل ہوا۔ جب ہم اس دور کی کالم نگاری اور موجودہ دور کی کالم نگاری کا تقابل کرتے ہیں تو پتہ چلتا ہے کہ اس دور میں مزاحیہ کالم نگاری کا سلسلہ ایک تحریک کے طور پر شروع ہوا تھا تاکہ حکومت کی زیادتیوں پر طنز ومزاحیہ انداز میں صدائے احتجاج بلند کی جائے۔ آج کے کالم ہنگامی موضوعات کے ساتھ ساتھ ادب کا بھی حصہ بنتے جارہے ہیں۔ موجودہ دور کے کالموں میں ہمیں شدت اور کڑا احتجاج نہیں ملتا۔ اُردو اخبارات کے لئے یوں تو کئی مزاح نگاروں نے طنزیہ ومزاحیہ کالم لکھے لیکن فکر تونسوی کا مزاحیہ کالم ''پیاز کے چھلکے'' بے حد مقبول ہوا اور آج بھی جانا پہچانا ہے۔

مجتبیٰ حسین بھی ایک منجھے ہوئے کالم نگار کی حیثیت سے جانے جاتے ہیں۔ وہ روزنامہ ''سیاست'' کے لئے مزاحیہ کالم ''شیشہ و تیشہ'' کے عنوان سے لکھتے رہے۔ مشہور مزاح نگار شاہد صدیقی سیاست کے لئے ''کوہ کن'' کے فرضی نام سے کالم لکھتے تھے۔ جب ۳۱/ جولائی ۱۹۶۲ء کو ان کا انتقال ہوگیا تو اِس کے بعد سیاست کے پاس اِس معیار کا کالم لکھنے والا کوئی موجود

نہ تھا۔ چنانچہ ۱۲/ اگست ۱۹۶۲ء کو جگر صاحب کے کہنے پر مجتبیٰ حسین نے سیاست کے لئے پہلا مزاحیہ کالم لکھا۔ ابتداء میں وہ ''کوہ پیما'' کے فرضی نام سے لکھتے رہے۔ ۱۹۶۲ء سے ۱۹۷۲ء تک مجتبیٰ حسین روزانہ کالم لکھتے رہے۔ اس دوران ملازمت کے سلسلے میں وہ دہلی منتقل ہو گئے۔ اس وجہ سے روزانہ کالم کا سلسلہ چند برسوں کے لئے منقطع ہو گیا تھا۔ لیکن ۱۵/ اگست ۱۹۹۳ء کو سیاست نے ''میرا کالم'' کے عنوان سے ہفتہ واری کالم شروع کیا۔ اس کے لئے مجتبیٰ حسین نے مختلف موضوعات پر کالم لکھے۔ جن کا مقصد صرف اور صرف اصلاح ہے۔

ان کے کئی کالم ان کے سفرناموں کا حصہ ہیں۔ جاپان چلو جاپان چلو، پہلے کالم کی شکل میں چھپتا رہا۔ بعد میں اس کو کتابی شکل میں چھاپا گیا۔ اس طرح ''سفرِ لخت لخت'' بھی پہلے کالم کے طور پر چھپتا رہا۔ ملک یا بیرون ملک کے جن شہروں کا دورہ اُنھوں نے کیا وہاں کی باتیں کالم کی شکل میں چھپتی رہیں۔ اُنھوں نے اپنے کالموں کے لئے موضوعات سماج اور معاشرے کے تازہ ترین مسائل سے حاصل کیے ہیں اور ان کالموں میں ان مسائل کے اُبھرنے کی امکانی وجوہات اور ان کا حل اپنے طور پر قاری کے لئے پیش کر دیتے ہیں جن میں حقیقت کا پرتو نظر آتا ہے۔ چند برس پہلے حیدرآباد میں حلال اور حرام گوشت موضوع بحث رہا۔ اس مسئلہ کو لیکر مجتبیٰ حسین نے کالم لکھا ''حلال گوشت سے کھال کی آواز تک'' مسئلہ چاہے کوئی بھی ہو، موضوع چاہے کیسا ہی ہو مجتبیٰ حسین خود کو ایک عام آدمی کے زمرے میں شامل کر لیتے ہیں۔ پھر خود کو ہی نشانہ بناتے ہیں اس دوران ایک عام آدمی کی محرومیوں کا دفتر قاری کے سامنے کھل جاتا ہے۔ ملاحظہ کیجیے:

''ایک بقر عید آئی تو پڑوسیوں کے گھروں سے قربانی کے بکروں کی آوازیں آنے لگیں۔ ہماری بیوی نے ہمیں طعنہ دیا ''سارے پڑوسیوں کے پاس قربانی ہو رہی ہے محلے میں کچھ تو اپنی عزت کا خیال کرو''۔ ہم نے کہا تم فکر نہ کرو۔ محلے میں ہماری عزت بھی برقرار رہے گی اور ہمارے پاس قربانی بھی نہیں ہوگی۔ عید سے ایک دن پہلے سر شام ہی سے ہم نے وقفہ وقفہ سے گھر کے آنگن میں جا کر بکرے کی آوازیں نکالنی شروع کر دیں۔ پڑوسیوں نے جان لیا کہ ہمارے پاس

بھی قربانی ہو رہی ہے اور یوں اچانک محلے میں ہماری عزت میں اضافہ ہو گیا'' ۔[۱]

آگے لکھتے ہیں:

''اس کا ایک نقصان یہ بھی ہوا کہ ہر سال پڑوسی ہم پر اور ہمارے حالات پر ترس کھا کر قربانی کا گوشت بھیج دیا کرتے تھے لیکن اِس بار اُنھوں نے سوچا کہ جب ہمارے پاس خود قربانی ہوتی ہے تو گوشت کیوں بھیجا جائے۔ اس سانحہ کے بعد سے ہمیں اپنی آواز کو قربان کرنے کی عادت سی پڑ گئی ہے۔ زندگی بھر ہم نے حق کی آواز بلند کی، احتجاج کی آواز، صحافت کی آواز، ادیب کی آواز، جمہوریت کی آواز، غرض ہمارے پاس آواز ہی آواز ہے لیکن اس کی کوئی کھال نہیں ہے مگر ہماری آواز کو سنتا کون ہے؟'' ۔[۲]

آواز کی اِس قربانی کا پس منظر غریب اور کم مایہ طبقہ کے مجبور اور مظلوم عوام کی آوازیں ہیں۔ یہ لوگ آواز اُٹھانے کی طاقت تو رکھتے ہیں لیکن اس کو منوانے کی قوت اِن میں نہیں ہے۔ اس طبقے کی سنوائی کہیں بھی نہیں ہوتی۔

مجتبیٰ حسین کا خاص وصف (یعنی لفظوں کی جادوگری) ان کے کالموں میں بھی عروج پر نظر آتا ہے۔ ملاحظہ ہو:

''ہمارے بزرگ دوست فکر تونسوی برسوں ''پیاز کے چھلکے'' کے عنوان سے ایک کالم لکھا کرتے تھے۔ ہم ان سے اکثر مذاق میں کہتے پیاز کے اندر سے چھلکوں کے سوا کچھ نہیں نکلے گا کیونکہ اس میں کوئی گٹھلی تو ہوتی نہیں۔ پھر بھی آپ ہر روز اس کا ایک ایک چھلکا اُتارتے چلے

۱۔ حلال گوشت سے کھال کی آواز تک، کالم برداشتہ، ص ۱۷۶

۲۔ کالم برداشتہ، مجتبیٰ حسین ص ۱۷۷

آتے ہیں۔ یہاں تک کہ ایک دن خود فکر تونسوی کا چھلکا اُتر گیا اور وہ
این جہانی سے آں جہانی بن گئے“۔[۱]

فارسی میں ”یہ“ یا ”اِس“ کے لیے ”این“ اور وہ یا ”اُس“ کے لیے ”آں“ لکھا جاتا ہے۔ آنجہانی ہندی لفظ ہے جس کے معنی مرحوم کے ہیں۔ فکر تونسوی کا این جہانی سے آں جہانی بن جانا اِس جہاں سے اُس جہاں میں کوچ کر جانے کے لئے استعمال کیا گیا ہے۔

مجتبیٰ حسین کے ہاں طنز کی کٹاری بڑی تیزی سے چلتی ہے اور زخم بھی گہرا لگتا ہے۔

”اگر ڈاکٹر حضرات انسان کے پیٹ سے کوئی چیز نکالنا ہی چاہتے ہیں تو کسی ایسے آدمی کو ڈھونڈیں جس نے کسی کی جائیداد ہڑپ کرلی ہو یا کسی کا حق مار کر کھا گیا ہو۔ اگر آپ کسی غاصب کا پیٹ چیر کر کسی مظلوم کو اس کا حصہ دلوادیں تو یہ بھی طب کی ترقی کا کمال ہوگا۔ مالداروں نے غریبوں کے پیٹ کاٹ کر اپنے پیٹ بڑے کرلیے ہیں بعض تو چلنے پھرنے کے بھی قابل نہیں رہے۔ اگر ڈاکٹر حضرات مالداروں کے پیٹ چیر کر اِن میں چھپی ہوئی غریبوں کی خوشحالی کو برآمد کرنے کا سلسلہ شروع کردیں تو یہ ایک کارنامہ ہوگا“۔[۲]

آئے دن یہ خبریں سننے اور پڑھنے کو ملتی ہیں کہ کوئی ڈاکٹر کسی شخص کے پیٹ میں اپنے اوزار یا دستانہ بھول گیا ہے۔ درج بالا اقتباس میں اسی بات کو لے کر مجتبیٰ حسین نے تیکھا طنز کیا ہے۔

لفظوں کی فسوں گری کا ایک اور نمونہ ”جارج بش ہمارے ہم درد ہوگئے“ میں ملتا ہے۔ یہاں ہمدردی والا ہمدرد نہیں ہے بلکہ جارج بش کو بھی گھٹنوں میں درد کی شکایت لاحق ہوگئی اور مجتبیٰ

۱۔ کالم برداشتہ، مجتبیٰ حسین ص ۳۹

۲۔ پیٹ بڑا بدکار ہے مشمولہ کالم برداشتہ، ص ۸۰

حسین پہلے ہی اس مرض کی زد میں آچکے ہیں۔جس طرح ملتی جلتی شکلوں کے دو آدمی ''ہم شکل'' کہلاتے ہیں اِسی طرح ایک جیسے درد میں مبتلا دو اشخاص کے لئے ''ہم درد'' کا لفظ استعمال کیا گیا ہے۔

''جارج ڈبلیو بش کے ''ہم درد'' کی حیثیت سے انھیں ہمارا مخلصانہ مشورہ ہے کہ وہ خطرناک اسلحہ اور اُسامہ بن لادن کی تلاش میں بھاگنا چھوڑ دیں، دنیا کے ہر معاملے میں اپنی ٹانگوں کو اڑا کر اپنے گھٹنے برباد نہ کریں''۔

الفاظ کے خوبصورت استعمال کی ایک اچھی مثال دیکھئے:

''ہم نے کھڑکی میں سے باہر جھانک کر دیکھا تو نہ صرف مطلع بلکہ قافیہ تک بالکل صاف تھا''۔

مطلع صاف تھا یعنی آسمان ابر آلود نہ تھا۔غزل کا پہلا شعر بھی مطلع ہی کہلاتا ہے۔اسی مناسبت سے قافیہ کا لفظ بھی استعمال کرلیا گیا ہے۔

طنز لکھتے وقت مجتبیٰ حسین کی تحریروں کا توازن بگڑتا نہیں، یہ بات طنز کے صحتمند ہونے کی دلیل ہے۔''اندھے شیر کو عینک کون پہنائے گا''میں یہ بات ملتی ہے:

''انسانوں اور حیوانوں کے بیچ علاج کے معاملے میں آپسی تعاون تو یہ بھی ہونا چاہیے کہ جانوروں کے اعضاء انسانوں میں لگا دیئے جائیں۔کیا یہ ممکن ہے کہ شیر کا دل ہمارے سینے میں لگا دیا جائے۔پھر چیتے کا جگر، ہرن کی آنکھیں، بلبل کا گلہ، گھوڑے کی ٹانگیں، بلی کے پنجے، گینڈے کی کھال بھی ہمیں درکار ہے۔یہ بات ہم اِس لئے کہہ رہے ہیں کہ صدیوں سے انسان اپنے ذاتی اعضاء کی مدد سے انسانیت کی بلندی کو نہ چھوسکا بلکہ اب تو زوال کی منزل آنے لگی ہے۔لومڑی کی

> چالاکی، گائے کی شرافت، شیر کی خودداری، اونٹ کا توکل، عقاب کی آنکھیں، ہاتھی کی توانائی وغیرہ جیسی چیزیں انسان کو میسر آجائیں تو شائد انسان میں تھوڑی سی انسانیت پیدا ہوجائے۔ سچ تو یہ ہے کہ ان دنوں حیوانوں میں جتنی انسانیت پائی جاتی ہے اتنی انسانیت تو خود انسان میں دکھائی نہیں دیتی''۔[۱]

مجتبیٰ حسین کی زائد از نصف تحریروں میں انسان کی حیوانیت پر اظہار افسوس ملتا ہے۔ وہ تمام صفات جو انسانوں کے لئے ضروری اور لازمی ہیں وہ جانوروں میں موجود ہیں۔ موجودہ دور کا انسان خدا کی عطا کی ہوئی ان نعمتوں کا غلط استعمال کر کے اپنی انسانیت اور اشرفیت کھو چکا ہے۔ یعنی توکل، شرافت اور خودداری جیسی صفات جانوروں میں موجود ہیں لیکن انسانوں میں ناپید ہیں۔

ہماری قوم آج بے راہ روی کا شکار ہے اور قائدین اپنے فرائض میں کوتاہی برتنے لگے ہیں جو نہ صرف قوم بلکہ ادیبوں اور مصلحانِ قوم کے لئے ہی فکر کا موضوع ہے۔ مجتبیٰ حسین بھی ایک اِصلاح پسند ادیب ہیں۔ اُنھوں نے ایک مچھر کو موضوع بنا کر قوم کی بیداری کے سلسلہ میں طنزیہ لیکن پُرتاسف کلمات لکھے ہیں جو اُن کی ملی بیداری کا ثبوت ہے۔

> ''قدرت نے جب دیکھا کہ رہنما یا قائد اپنے فرائضِ منصبی کو ادا کرنے کے قابل نہیں رہنے لگے ہیں اور قوم کو جگانے کے بجائے خود بھی سوجانے لگے ہیں تو قدرت نے اپنے اتنے بڑے کارخانے کو چلانے کی ذمہ داری رہنماؤں سے چھین کر ایک نہایت حقیر اور ادنیٰ سی مخلوق پر عائد کردی ہے جسے عرفِ عام میں مچھر کہتے ہیں...... پھر اچھی بات یہ ہے کہ مچھر قوم کو بیدار کرنے کے کام کا کوئی معاوضہ بھی

۱۔ کالم برداشتہ، ص ۱۳۳

نہیں مانگتا۔ نہ کرسیوں کا طلبگار ہوتا ہے اور نہ جاہ و منصب کا متمنی ہوتا
ہے۔ گویا بہت ہی بے لوث ہوتا ہے پھر رہنما تو اقتدار کی کرسی پر بیٹھنے
کے بعد پانچ سال میں ایک مرتبہ آپ کے پاس آتا ہے جب کہ مچھر
روزانہ آپ کی خبر گیری کے لئے آجاتا ہے''۔[۱]

اس عبارت میں مزاح پیدا کرنے کی خاطر لفظ ''بیدار'' کو ذو معنی لفظ کے طور پر استعمال کیا گیا ہے۔ بیداری کے ایک معنی اپنے فرائض سے آگاہی اور دوسرے معنی نیند سے جاگنے کے ہیں۔ رہنماؤں کا کام قوم کو فرائض سے آگاہ کرنا ہے اور مچھر سوتے ہوئے لوگوں کو جگاتا ہے۔ یہاں دراصل قوم کی پستی اور رہنماؤں کی اپنے فرائض سے غفلت پر طنز ہے لیکن اسے مزاح کے پیرائے میں بیان کیا گیا ہے۔

لفظ ''بیدار'' کو لے کر ایک اور جگہ طنز ملتا ہے۔

''ملت کو آپ لاکھ جھنجوڑیں، آواز دیں، منہ پر پانی کے چھپاکے ماریں
یہ بیدار ہونے کا نام نہیں لیتی۔ کبھی کبھار برائے نام بیدار ہونے کے
بعد اپنی خمار آلود آنکھیں مَل مَل کر دنیا کو ضرور دیکھتی ہے اور پھر
سوجاتی ہے۔ بہت ہوا تو یوں ہی تفریحاً کروٹ ضرور بدل لیتی ہے
تاکہ لوگ یہ جان لیں کہ ملت ابھی مری نہیں ہے بلکہ صرف سو رہی
ہے''۔[۲]

مجتبیٰ حسین نے سیاسی، تہذیبی، ثقافتی اور سماجی ہر مسئلے کو موضوع بنایا ہے۔ اس دوران ان کا چٹخارے دار لہجہ کبھی کبھی ترش اور تلخ بھی ہوجاتا ہے۔ لیکن اگلے ہی لمحہ وہ اس پر مزاحیہ رنگ چڑھا دیتے ہیں۔ مختلف سرکاری محکموں کی لاپرواہی اور حکومت کی ناقص کارکردگی پر وہ نالاں نظر

۱۔ قوم کو بیدار کرنا مچھروں کی ذمہ داری، کالم برداشتہ، مجتبیٰ حسین ص ۲۲۶

۲۔ ملت میں علم کی قلت، کالم برداشتہ، مجتبیٰ حسین، ص ۱۱۳،

آتے ہیں۔ اپنی ناراضگی اور خفگی کا اظہار اس طرح کیا ہے:

''ہمارے ہاں بعض محکمے ایسے ہیں جہاں کوئی کام نہیں ہوتا، یہ کم از کم سڑکیں تو کھودتے ہیں ویسے مجموعی طور پر حکومت کا کام ہی عوام کی قبریں کھودنا ہے''۔[۱]

عوام کی قبریں کھودنا ایک تہہ دار فقرہ ہے جو محاورے کے طور پر استعمال ہوتا ہے جو کسی کی بربادی کے معنوں میں لیا جاتا ہے۔ حکومت پر طنز کرتے ہوئے یہاں بھی یہ بتایا گیا ہے کہ حکومت کا کام سوائے عوام کی بربادی کے اور کچھ نہیں۔

آج دنیا جنگ کے دہانے پر ہے، ممالک تقسیم کے درپے ہیں، انسانوں کے بیچ رنگ و نسل، مذہب اور جنس کو لے کر آئے دن جھگڑے عام بات بن چکے ہیں۔ یہ سوائے بربادئ وقت کے کچھ بھی نہیں۔ یہ موضوع بھی مجتبیٰ حسین کی نظر سے نہیں بچ سکا۔ ملاحظہ کیجیے:

''اگرچہ انسان جمع اور ضرب کا قاعدہ بھی جانتا ہے لیکن جتنی خوشی اُسے تفریق اور تقسیم کے قاعدے پر عمل کر کے حاصل ہوتی ہے، اُتنی کسی اور قاعدے سے حاصل نہیں ہوتی۔ یہی وجہ ہے کہ انسان وقت کو ٹکڑوں میں بانٹ کر اپنے شخصی وقت کو بے پناہ ضائع کرتا رہتا ہے''۔[۲]

ڈاکٹر وزیر آغا ایک جگہ رقمطراز ہیں:

''صحافتی مزاح ان مضحک پہلوؤں تک ہی خود کو محدود رکھتا ہے جو ہنگامی مسائل سے بیدار ہوتے ہیں اور جو صرف ایک محدود دور کے

۱۔ ملت میں علم کی قلت، کالم برداشتہ، ص ۱۱۴

۲۔ آدمی وقت کو ابن الوقت بنانا چاہتا ہے، کالم برداشتہ، مجتبیٰ حسین ص ۹۳

افراد کے لئے دلچسپی اور تفنن کا باعث ثابت ہو سکتے ہیں‘‘۔[۱]

لیکن مجتبیٰ حسین نے صحافتی مزاح میں بھی ہنگامی مسائل کے ان پہلوؤں کو زیر نظر رکھا ہے۔ جن کی حیثیت مستقل ہے۔ ایک کالم ’’غریبوں کو ہٹاؤ‘‘ میں کانگریس پارٹی کی ’’غریبی ہٹاؤ مہم‘‘ پر طنز ملتا ہے۔

غریبی ہٹاؤ مہم ایک ہنگامی مسئلہ تھا لیکن مجتبیٰ حسین نے ’’مفلس کی فغاں اور مجبور کی آہ کو کون سنتا ہے‘‘ کہہ کر اس مسئلے کی طرف اشارہ کیا ہے جس کی حیثیت مستقل ہے۔

مجتبیٰ حسین کی ایک خاص خوبی یہ ہے کہ وہ اپنے اطراف کے ماحول سے مواد حاصل کرتے ہیں اور ماضی، حال اور مستقبل کے مسائل اور امکانات کو موضوع بناتے ہیں۔ جہاں وہ ماضی میں پیش آئے واقعات یا حادثات کو یاد رکھتے ہیں، وہیں موجودہ صورت حال پر بھی ان کی نظر رہتی اور مستقبل کے امکانات کے متعلق بھی وہ سوچتے ہیں۔ اتنا ہی نہیں بلکہ وہ ماضی کو حال اور مستقبل سے باہم رکھنے میں بھی کامیاب رہتے ہیں اور ان کی بیشتر تخلیقات میں یہ نکتہ واضح ہے۔ کالم نگاری کے دوران کبھی کبھی وہ ماضی کے حوالے سے مستقبل کے امکانات پر بھی بہترین تبصرہ کرتے ہیں۔ ایک کالم "پستول عرض کیا ہے" میں اخبار میں شائع شدہ ایک خبر کے حوالے سے مستقبل میں پیش آنے والے مسائل اور امکانات کا اظہار یوں کرتے ہیں۔

> ٹیوٹی کورن سے پرسوں یہ اطلاع آئی تھی کہ ایک نرسنگ ہوم میں ایک شخص نے ڈاکٹر سے ٹیلیفون کرنے کی اجازت مانگی اور جب ڈاکٹر صاحب نے اجازت نہیں دی تو شخص مذکور نے گولی چلادی‘‘۔[۲]

۱۔ اُردو ادب میں طنز و مزاح، وزیر آغا، ص ۳۲۵

۲۔ پستول عرض کیا ہے، مشمولہ چنگاری مرتب فکر تونسوی

اس کے بعد مجتبیٰ حسین اپنے روایتی طنز کی پرتاسف تیراندازی شروع کردیتے ہیں۔ ملاحظہ کیجیے:

سچ پوچھیے تو اِس خبر نے ہمیں سراسیمہ کردیا ہے کیونکہ اب وہ زمانہ آگیا ہے جب چھوٹی موٹی باتوں کے لئے بھی پستولوں اور بندوقوں کے دہانے ہماری طرف کھل سکتے ہیں۔ ہوسکتا ہے کہ سڑک پر چلتے ہوئے کوئی آپ کو سلام کرے اور آپ جلدی میں سلام کا جواب نہ دے سکیں تو فوراً پستول چلنے کی آواز آئے گی اور گولی آپ کے سینے سے پار ہوجائے گی اور تھوڑی دیر میں آپ دنیا کو آخری سلام کر کے رخصت ہوجائیں گے"۔[۱]

ایک اور کالم کا حصہ مثال کے طور پر پیش ہے، جس کا آغاز بھی ایک موصولہ اطلاع سے ہوتا ہے۔ ملاحظہ کیجیے:

"بمبئی سے اطلاع آئی ہے کہ وہاں ماٹنگا سیوا سنگھ نے ہریجنوں کے خلاف احتجاج کرنے کے لئے گدھوں کا ایک جلوس نکالنے کا منصوبہ بنایا تھا۔ جس میں 390 گدھوں کی شرکت متوقع تھی لیکن پولیس نے سب سے پہلے جمع ہونے والے پانچ گدھوں کو ضبط کرلیا اور اس طرح گدھوں کا یہ تاریخی جلوس نہ نکل سکا"۔[۲]

اس کالم میں جلوسوں کی روایت پر گہرا طنز ملتا ہے۔

جس طرح غالب کے خطوط اپنے عہد کے آئینہ دار ہیں، اِسی طرح مجتبیٰ حسین کے کالم بھی اپنے عہد کے آئینہ دار ہیں جو ایک دور کی تاریخ مرتب کرنے میں بڑے ہی مددگار ثابت ہونگے۔

۱۔ پستول عرض کیا ہے، مشمولہ چنگاری، مرتب فکر تونسوی

۲۔ پستول عرض کیا ہے، مشمولہ چنگاری، مرتب فکر تونسوی

اُنھوں نے ہنگامی اور مستقل مسائل کو اپنے کالموں کا موضوع بنایا ہے۔ دنیا کے کسی بھی حصے میں پیش آئے ہوئے واقعہ کو چاہے وہ اہم ہو یا غیر اہم یعنی معمولی سے معمولی واقعہ کو بھی مجتبیٰ حسین اپنے کالم کا موضوع بنا لیتے ہیں اور اسے طنز اور مزاح آمیز کر کے پیش کر دیتے ہیں۔ ان کا یہی انداز اِن کو مزاحیہ کالم نگاروں میں ممتاز کرتا ہے۔ مجتبیٰ حسین کے کالم مستقبل میں یقیناً سیاسی اور سماجی منظرنامہ کے اِشاریہ کا کام کریں گے۔

مجتبیٰ حسین اور ہم عصر مزاح نگاروں کی تحریرں میں مماثلت

مجتبیٰ حسین نے مزاح نگاری کا باقاعدہ آغاز ۱۹۶۲ء میں ایک کالم نگار کی حیثیت سے کیا جب اُردو میں طنز و مزاح نگاروں کا طوطی بول رہا تھا۔ جن میں مرزا فرحت اللہ بیگ، محمد رستم کیانی، محمد خالد اختر، ابن انشاء، کرنل محمد خان، مشتاق احمد یوسفی، صدیق سالک، مجید لاہوری، احمد ندیم قاسمی، فکر تونسوی، یوسف ناظم احمد، جمال پاشاہ، خواجہ عبدالغفور، بھارت چند کھنہ، وجاہت علی سندیلوی، تخلص بھوپالی، پرویز یداللہ مہدی، نریندر لوتھری، کنہیا لال کپور اور شفیق الرحمن قابل ذکر ہیں۔ مجتبیٰ حسین کا شمار بھی اسی دور کے ادیبوں میں کیا جاتا ہے مجتبیٰ حسین اور ان کے ہم عصروں کی تحریروں میں کسی حد تک مماثلت بھی پائی جاتی ہے۔ اس سلسلے میں ان کے چند ہم عصر مزاح نگاروں کی تحریروں کا جائزہ لے کر ملتے جلتے موضوعات اور اسلوب کی نشاندہی کی جاسکتی ہے۔

فرحت اللہ بیگ اور مجتبیٰ حسین کی تحریروں میں مماثلت فرحت اللہ بیگ اردو طنز و مزاح کی تاریخ میں اہم نام اور مقام کے حاصل ہیں انھوں نے ماضی کی مرقع کشی میں کمال دکھایا ہے۔ گذرا ہوا زمانہ، گذرے ہوئے حالات اور مرحومین کے تذکرے پر لطف انداز میں بیان کرتے ہیں۔ روزمرہ اور دلی کی مخصوص زبان استعمال کر کے اس لطف کو دوبالا کر دیتے ہیں ''ڈپٹی نذیر احمد کی کہانی کچھ ان کی کچھ میری زبانی'' اس کی اچھی مثال ہے۔ فرحت اللہ بیگ نے دلی کو تہذیب و تمدن، وہاں کی روایات، شاہی رکھ رکھاؤ اور آداب اور اطوار کو محفوظ کرنے کی کامیاب

کوشش کی ہے۔اس سلسلے میں ان کا مضمون ''نئی دہلی'' اہمیت کا حامل ہے ایک کردار مرزا چھکڑا کی زبانی پرانی اور نئی دلی کا فرق وضاحت کے ساتھ پیش کیا ہے قدیم اور جدید تہذیب کا تقابل کرتے ہوئے جدید پر طنز کیا ہے۔فرحت اللہ بیگ مرزا چھکڑا کی زبانی یوں کہلواتے ہیں۔

> '' دلی تو بہت دن ہوئے جنت کو سدھاری، اب یہ دلی تھوڑی ہے یہ تو لاہور کی اماں ہے۔جاؤ جائیداد بیچ کے کہیں اور جا بسو اور یہ تمہاری دلی نہیں رہی''۔[۱]

مرزا فرحت اللہ بیگ اور مجتبیٰ حسین دونوں ہی نے دم توڑتی تہذیب پر طنز و مزاح کے پردے میں دو آنسو گرائے ہیں۔ قدیم اور جدید تہذیب کا جو تقابل فرحت اللہ بیگ کے ہاں موجود ہے وہ ہمیں مجتبیٰ حسین کی تحریروں میں بھی ملے گا۔فرحت اللہ بیگ نے مرزا چھکڑا کی زبانی دلی کے چاوڑی (جہاں طوائفوں کے کوٹھے تھے) کا ذکر کر کے نئی اور پرانی دہلی کا فرق واضح کیا ہے درج ذیل اقتباس میں مرزا چھکڑا کے ذریعہ یہ واضح کیا گیا ہے کہ نئی دلّی کی طوائفوں میں وہ خوبصورتی اور تہذیب موجود نہیں ہے جو قدیم دلی کی طوائفوں میں ہوا کرتی تھی۔ ملاحظہ کیجیے:

دلّی کا دل چاوڑی ہے۔اب تو چاوڑی کو دیکھ کیا رنگ ہے جب دل ہی بگڑ گیا تو شہر کیا رہا۔ اب جامع مسجد سے لگا کر اجمیری دروازے تک چلا جا، وہ شکلیں نظر آئیں گی کہ خدا کی پناہ۔۔۔۔قاضی کے حوض والے کوٹھے کو جا کر دیکھ، پہلوان بیٹھے ہیں۔تھوبڑا سا منہ، بیل کے سے دیدے، یہ موٹی ناک، ڈھیلا ڈھالا لانچھوزوں کا سا لباس۔۔۔اور خود بی جان نے جو دم لگایا تو حقہ بھی چیخ اُٹھا، منہ اوپر کر کے جو دھواں چھوڑا تو معلوم ہوا کہ قطب کی لاٹھ کمرے میں آ کر کھڑی ہو گئی۔ یہ میں نے اس رنڈی کا ذکر کیا ہے جو چاوڑی کی ناک کہی جاتی ہے''۔[۲]

۱۔مضامینِ فرحت، ص ۴۷

۲۔مضامینِ فرحت، ص ۴۷،۴۸

فرحت اللہ بیگ کی طرح مجتبیٰ حسین کے ہاں بھی قدیم اور جدید تہذیب کا تقابل ملتا ہے۔ ساتھ ہی جدید پر طنز اور قدیم تہذیب کے پامال ہو جانے پر پُرتاسف لیکن طنز سے بھرپور کلمات ملتے ہیں۔ وہ اپنے وطن عزیز حیدرآباد اور گلبرگہ کا ذکر بڑی عقیدت مندی، خلوص اور محبت کے ساتھ کرتے ہیں۔ حیدرآبادی تہذیب کی پہچان کے کھو جانے پر رنجیدہ بھی نظر آتے ہیں۔ اس موضوع پر ان کا ایک مضمون ''حیدرآباد کا جو ذکر کیا'' کافی اہمیت کا حامل ہے۔ ایک اقتباس ملاحظہ کیجیے:

> ''یوں تو کہنے کو حیدرآباد جوں کا توں محفوظ ہے لیکن اس کے باوجود ادھر چند برسوں سے جب بھی ہم حیدرآباد آتے ہیں تو حضرت جگر مرادآبادی کی طرح ہمیں بھی یہاں کی ہر شئے میں کسی شئے کی کمی نظر آتی ہے۔ حیدرآباد وہی ہے صرف فرق اتنا ہے کہ اب ہمیں خود حیدرآباد میں حیدرآباد کی کمی نظر آتی ہے تیرہ برس پہلے شام کو معظم جاہی مارکٹ پر نکلتے تھے تو ہر چند قدم کے بعد ملنے والا پیچھے سے ہمارے کندھے پر ہاتھ رکھ دیتا تھا کہ بھیاؔ! کہاں چلے کیسے ہو؟ کس حال میں ہو؟ اب معظم جاہی مارکٹ پر نکلتے ہیں تو اتنا ہوتا ہے کہ کوئی رکشا والا اچانک ہمارے کندھے پر ہاتھ رکھ کر دھکا دے دیتا ہے کہ ''ابے سڑک پر کدھر چلتا ہے۔ فٹ پاتھ پر چل''۔[۱]

مشتاق احمد یوسفی اور مجتبیٰ حسین کی تحریروں میں مماثلت: مشتاق احمد یوسفی اردو کے مایہ ناز طنز و مزاح نگار ہیں۔ ان کے ہاں موضوعات کا تنوع ہے۔ انھوں نے روزمرہ کے واقعات، عوام کی معمولی سی عادتوں اور خود اپنی ذات کو طنز و مزاح کا نشانہ بنایا ہے۔ انھوں نے بالکل سادہ سا موضوع لے کر اسے بہترین انداز میں پیش کر کے خاص بنا دیا ہے۔ مثلاً مرغیاں پالنا، پہاڑی

۱۔ حیدرآباد کا جو ذکر کیا مشمولہ، شگوفہ کا مجتبیٰ حسین نمبر، ص ۳۳۲ نومبر ۱۹۸۷ء

مقامات کی سیر، بیماری اور بیمار کی عیادت، چارپائی، عورتوں کا مٹاپا وغیرہ بظاہر مرغیاں پالنا کوئی ایسا کام نہیں ہے جو بالکل اچھوتا ہو لیکن مشتاق یوسفی نے اس میں مزاح کی چنگاریاں شامل کر کے اسے پرلطف بنا دیا۔ مجتبیٰ حسین نے بھی سادہ موضوعات پر طنزیہ مزاحیہ تبصرے کیے ہیں، جیسے قصہ داڑھ کے درد کا، سکنڈ ہینڈ موٹر سیکل، تعزیتی جلسے، ٹرین میں پڑھنا، وغیرہ

مشتاق احمد یوسفی نے پاکستان کے شہر کراچی کے متعلق خصوصی طور پر اظہار خیال کیا ہے۔ وہ کراچی کی آب و ہوا اور وہاں کے باشندوں کا بھی دلچسپ تذکرہ کرتے ہیں۔ مضمون ''موسموں کا شہر'' بڑا ہی پرلطف مضمون ہے جس میں کراچی کے موسم کی غیر یقینی کو بڑی عمدگی کے ساتھ پیش کیا گیا ہے۔ ملاحظہ کیجیے:

> '' ہم نے کراچی کے ایک قدیم باشندے سے پوچھا، یہاں مان سون کا موسم کب آتا ہے۔ اس بزرگ باراں دیدہ نے نیلے آسمان کو تکتے ہوئے جواب دیا کہ چار سال پہلے تو بدھ کو آیا تھا''۔[۱]

یوسفی کے ہاں تو ہمات کا ذکر ضمنی طور پر آتا ہے۔ مضمون ''پڑیئے گر بیمار'' میں تو ہم کا ضمنی ذکر اس طرح ملتا ہے۔ ملاحظہ کیجیے:

> '' مجھے اس بات پر قطعاً تعجب نہیں ہوتا کہ ہمارے ملک میں پڑھے لکھے لوگ خونی پیچش کا علاج گنڈے تعویذیوں سے کرتے ہیں۔ غصہ اس بات پر آتا ہے کہ وہ واقعی اچھے ہو جاتے ہیں''۔[۲]

مشتاق احمد یوسفی اور مجتبیٰ حسین کی تحریروں میں مشابہت پائی جاتی ہے، مثلاً دونوں کے موضوعات میں بڑی حد تک یکسانیت ہے۔ دونوں مزاح نگار مزاح پیدا کرنے کے لیے عموماً لفظی مناسبتوں، تلازمات، لفظی الٹ پھیر، تشبیہات اور طنز کا استعمال کرتے ہیں۔ دونوں کو

۱۔ چراغ تلے، مشتاق احمد یوسفی، ص ۱۶۰

۲۔ چراغ تلے، مشتاق احمد یوسفی، ص ۲۴

زبان پر عبور حاصل ہے کیونکہ جب تک زبان پر عبور حاصل نہ ہو اور الفاظ کو حسبِ ضرورت استعمال کرنے کا ملکہ حاصل نہ ہو، مزاح نگاری میں کمال حاصل نہیں کیا جا سکتا۔ دونوں مزاح نگار اس میں کامیاب ہوئے۔ کلاسیکی شعروادب پر گہری نظر بھی اس سلسلے میں فائدہ مند ثابت ہوئی۔ دونوں نے سیاست اور مذہب کو موضوع نہیں بنایا۔ مشتاق احمد یوسفی اور مجتبیٰ حسین دونوں ہی نے اشعار کی تحریف کر کے بھرپور مزاح پیدا کیا۔ دونوں ہی یہ کام اس قدر چابک دستی سے کرتے ہیں کہ اس میں گہرے طنز کے ساتھ لطف پیدا ہو جاتا ہے۔ بے ساختگی، بذلہ سنجی، ذہانت اور حاضر جوابی نے یوسفی اور مجتبیٰ حسین کے مزاح کو توانائی بخشی ہے۔ دونوں کے مزاح کی ذہنی سطح بہت بلند ہے۔

یوسفی کے مزاح سے بعض اوقات وہ قاری پوری طرح لطف اندوز نہیں ہو سکتے جو ادب کے وسیع پس منظر سے واقف نہ ہوں۔ مجتبیٰ حسین کے ہاں بھی ادب وشعر کا گہرا ذوق نظر آتا ہے لیکن وہ ایک عوامی مزاح نگار ہیں جس کی وجہ سے ان کا مزاح مختلف ذہنی سطحوں کے قاری کے لیئے لطف کا باعث بنتا ہے۔

یوسفی اور مجتبیٰ حسین دونوں کے ہاں اپنے وطن اور ان شہروں سے لگاؤ نظر آتا ہے جہاں وہ رہے۔ یوسفی کراچی، لاہور اور راولپنڈی کا محبت آمیز ذکر کرتے ہیں تو مجتبیٰ حسین گلبرگہ، حیدر آباد اور دلّی کا والہانہ تذکرہ کرتے ہیں۔

یوسفی کے ہاں جگہ جگہ مزاح پیدا کرنے کے لیے خود ساختہ مزاحیہ کردار جیسے مرزا اودود بیگ نظر آتے ہیں۔ مجتبیٰ حسین نے بھی چند کردار وضع کئے ہیں لیکن ان کے یہ کردار یوسفی کی طرح ہر تحریر میں شامل نہیں رہتے۔ مجتبیٰ حسین کے وضع کردہ ہر کردار کا تعارف صرف ایک مرتبہ ہی ہوا ہے۔ مثال کے طور پر، مرزؔا سے ہماری ملاقات مضمون ''مرزا کی یاد'' میں ہوئی ہے، علامہ نارسؔا سے ان کی ''وفاتِ مسرت آیات'' پر ہم مل چکے ہیں۔ مرزا دعوت علی بیگ کا ذکر بھی ہو چکا ہے۔ قاضی غیاث الدین سے مضمون ''لوٹ پیچھے کی طرف'' میں ہماری ملاقات ہوئی ہے۔

مجتبیٰ حسین نے یوسفی کی طرح ایک ہی نام کے کردار کو پیش کرنے سے گریز کیا ہے ورنہ شاید ان پر الزام لگ سکتا تھا کہ وہ یوسفی کی نقل کرتے ہیں۔

ابنِ انشاء اور مجتبیٰ حسین کی تحریروں میں مماثلت:

ابنِ انشاء بنیادی طور پر مزاح نگار تھے۔ انہوں نے مزاحیہ کالم نگاری میں کافی نام حاصل کیا ان کے کالموں کا مجموعہ ''خمارِ گندم'' کے نام سے شائع ہوا جس میں کئی ہنگامی موضوعات پر تبصرے ملتے ہیں۔ انہوں نے ناہمواریوں پر ہمیشہ نظر رکھی لیکن ان ناہمواریوں پر طنز کے دوران شگفتگی کا دامن ہرگز نہ چھوڑا۔ وہ ایک صاحبِ طرز ادیب تھے ان کی تحریروں میں مبالغہ آرائی ملتی ہے۔ مزاح پیدا کرنے کی خاطر اپنی ذات سے متعلق مبالغہ آرائی سے کام لیتے ہیں۔ اس طرح انھوں نے شعوری یا لاشعوری طور پر خود ایک مزاحیہ کردار بنالیا تھا۔ انشاء نے مشرقی معاشرے کا موازانہ اہل فرنگ سے کرتے ہوئے مشرق کی معاشرتی برائیوں پر ڈھکے چھپے الفاظ میں طنز کیا ہے۔

ابنِ انشاء اور مجتبیٰ حسین دونوں میں مماثلت کئی طرح سے موجود ہے۔ دونوں کی تحریروں میں انسانیت کا درد ملتا ہے۔ دونوں کے ہاں عوام کے مظلوم طبقات سے ہمدردی کے جذبات نمایاں ہیں، مشرق اور مغرب کا فرق کئی مقامات پر ملتا ہے۔ اہلِ مشرق اور خاص کر مسلمانوں کی حالتِ زار اور بے راہ روی اور مذہب سے دوری پر دونوں نے بے باکانہ قلم اُٹھایا ہے۔ مغرب اور مشرق کا تقابل کرتے ہوئے مشرق کی خامیوں اور کوتاہیوں پر طنز کرتے ہوئے۔ ان کی خامیوں اور کوتاہیوں کو دور کرنے کی کوشش کرتے ہیں۔ مثال کے طور پر، مجتبیٰ حسین نے ''جاپان چلو جاپان چلو'' میں جاپان اور ہندوستان کا تقابل کیا ہے تو ابنِ انشاء نے ''ابن بطوطہ کے تعاقب میں'' جاپان، مصر اور مغربی ممالک کا تقابل پاکستان سے کیا ہے اور مسلمانوں کی حالتِ زار پر انھوں نے بھی طنز کے پیرائے میں افسوس کا اظہار کیا ہے۔ دونوں کے ہاں اپنے اپنے ملک سے

محبت کے علاوہ یہاں کے تمدن اور ماحول کا ذکر اوران پر پُرلطف تبصرے ملتے ہیں۔ روانی دونوں مزاح نگاروں کی خصوصیت ہے۔ ابنِ انشاء اور مجتبیٰ حسین دونوں کے ہاں ایک تکنک مشترک ہے، دوتین جملوں کے بعد ایک جملہ بے ساختہ اور برجستہ استعمال کرتے ہیں اور اکثر یہی جملہ پچھلی عبارت میں جان ڈال دیتا ہے۔ ''سفرنامہ'' ابنِ بطوطہ کے تعاقب میں'' سے ایک حصہ ملاحظہ فرمائیے:

> '' یہ سچ ہے کہ ہمارے حساب سے اہلِ فرنگ میں نیکی اور نیک چلنی کا فقدان ہے۔ کیونکہ شراب اکثر پیتے ہیں، گوشت بھی حلال یعنی ذبیحے کا نہیں کھاتے ہیں، پردے کا بھی چنداں خیال نہیں، دوکانداروں کے ماتھوں پر نماز کے گٹّے اور ہاتھوں میں تسبیح بھی نہیں ان کی عاقبت کا معاملہ مشکوک ہے، لیکن ملاوٹ کا کاروبار وہاں نہیں ہے، دودھ دہی اور مکھن سب کا سب خالص ملتا ہے۔ چائے کی پتی میں بھی پتے کا چھلکا نہیں ہوتا نہ ہلدی میں اینٹیں ہوتی ہیں، چینی دوکانوں سے پلک جھپکتے میں غائب نہیں ہوتی نہ آٹا کہیں جاتا ہے۔ حتیٰ کہ لوگ مین ہولوں کے ڈھکنے تک نہیں چراتے''۔[۱]

مجتبیٰ حسین نے بھی مشرق خاص کر ہندوستانیوں کی کمزوریوں، کوتاہیوں، اور نااہلی کو اپنا موضوع بنا کر بھرپور طنز کیا۔ سفر جاپان کے دوران بلٹ ٹرین کا ذکر اس کی اچھی مثال ہے ملاحظہ کیجیے:

> جاپانیوں کو سفر کرنا بالکل نہیں آتا۔ اس معاملے میں یہ ہم سے بہت پیچھے ہیں۔ صرف آرام دہ ریل گاڑیاں بنانے سے کچھ بھی نہیں ہوتا۔

۱۔ ابنِ بطوطہ کے تعاقب میں ص، ۵۲

سفر کرنے کے کچھ آداب بھی ہوتے ہیں جن سے جاپانی بالکل واقف نہیں ہیں۔ ہمیں جاپانی ریل گاڑیوں سے یہ شکایت بھی ہے کہ یہ بہت ٹھیک وقت پر چلتی ہیں۔ انتظار میں جو لذت ہوتی ہے اس کا مزہ جاپانیوں کو کیا معلوم ہے۔ ایسے ہی کئی معاملات ہیں جن میں جاپانی ہم سے بہت پیچھے ہیں۔ آپ یقین کریں کہ ہمیں ٹوکیو میں کسی اسٹیشن پر ٹرین کے لئے دو منٹ سے زیادہ انتظار نہیں کرنا پڑا۔ ایک ٹرین جاتی ہے تو دوسری اس کے پیچھے آجاتی ہے۔ اور پھر ان کی رفتار بھی ایسی تیز کہ آدمی کا کلیجہ منہ کو آجائے۔[۱]

کنہیالال کپور اور مجتبیٰ حسین کی تحریریوں میں مماثلت:

کنہیالال کپور اردو کے مایہ ناز طنز و مزاح نگار گذرے ہیں۔ وہ آزادی سے قبل بھی لکھتے تھے اور آزادی کے بعد بھی لکھتے رہے۔ ان کی پہلی کتاب ''سنگ و خشت'' ۱۹۴۲ء میں شائع ہوئی، اس کے دیباچے میں کنہیالال کپور نے لکھا ہے کہ:

> ''اردو میں سب سے پہلا مضمون ۱۹۳۸ء میں لکھا تھا ''چینی شاعری'' یہ ''ادبِ لطیف میں شائع ہوا''۔[۲]

دیگر کتابوں میں ''شیشہ و تیشہ'' ۱۹۴۴ء، ''چنگ و رباب'' ۱۹۴۶ء، ''نوکِ نشتر ۱۹۴۹ء ''بال و پر'' ۱۹۵۲ء

''نرم گرم'' ۱۹۵۷ء، ''گردِ کارواں'' ۱۹۶۰، ''دلیلِ سحر'' ۱۹۶۴ء، ''نازک خیالیاں'' ۱۹۴۴ء شامل ہیں۔ کنہیالال کپور اپنے آپ کو کسی مکتبِ فکر سے وابستہ نہیں کرتے اس بات کا اظہار انھوں نے ایک جگہ اس طرح کیا ہے۔

۱۔ بلٹ ٹرین میں کبھی نہ بیٹھو، مشمولہ مجتبیٰ حسین کے سفرنامے، مرتب حسن چشتی، ص ۷۹، ۸۰

۲۔ سنگ و خشت، کنہیالال کپور، ص ۷۔۸ سنہ اشاعت ۱۹۴۲ء

''میں کسی سیاسی جماعت سے تعلق نہیں رکھتا، ترقی پسند ہوں نہ رجعت پسند اگر کچھ ہوں تو اعتدال پسند''۔[۱]

کنہیالال کپور کے ہاں مزاح کے مقابلے میں طنز زیادہ ملتا ہے۔ اس کی وجہ آزادی کے بعد برپا ہونے والے فسادات اور قتل وغارت کے واقعات ہو سکتے ہیں۔ آزادی کے بعد کنہیا لال کپور نے پاکستان سے ہندوستان ہجرت کی تھی ان کی اکثر تحریروں میں ہجرت سے پیدا ہونے والے مسائل اور آزادی کے بعد پھوٹ پڑنے والے فسادات پر انتہائی شدید انداز میں طنز ملتا ہے۔ ایک مضمون ''رہیے چل کر اب ایسی جگہ'' میں ایک سوشلسٹ کا حال کس طرح بیان کرتے ہیں ملاحظہ کیجیے:

> اپنی ہر تقریر کا آغاز ماسکو سے کرتے ہیں، ماسکو میں ایسا ہرگز نہیں ہوتا، ماسکو میں اگر کوئی یہ بات کرے تو اسے فوراً گولی کا نشانہ بنا دیا جائے۔۔۔۔۔ جرات کا یہ حال ہے کہ جس دن شہر میں گرفتاریاں یا خانہ تلاشیاں شروع ہو جائیں آپ خوفزدہ کبوتر کی طرح سہمے سہمے پھرتے ہیں۔۔۔ اور اپنے پرانے اخبارات کا پلندہ جو کہ آپ کا واحد اثاث البیت ہے میرے گھر پھینک جاتے ہیں مبادا ان اخبارات میں سے کوئی خلافِ قانوں چیز برآمد نہ ہو جائے۔[۲]

پیروڈی کہنیا لال کا اہم ہتھیار رہے ''آبِ حیات'' کی پیروڈی انھوں نے اردو ادب کا آخری دور کے نام سے کی جس میں بعض ادبی رجحانات مثلاً تذکرہ نویسی، ترقی پسند ادبی تحریک، حلقہ اربابِ ذوق اور بعض شعراء کو طنز کا نشانہ بنایا ہے۔ اسی مضمون میں ساحر لدھیانوی کے متعلق لکھتے ہیں۔

۱۔ دلیلِ سحر، کنہیالال کپور، ص ۶۰ سنہ اشاعت ۱۹۶۴ء

۲۔ ''رہیے چل کر اب ایسی جگہ''، مشمولہ سنگ وخشت، کنہیالال کپور، ص ۴۳

> ''طبیعت کا رجحان اشتراکیت کی طرف تھا۔۔۔مطلوبہ کرایہ نہ ہونے کی وجہ سے ماسکو نہ جاسکے۔عمر بھر مارکس کا فلسفہ جس حد تک اُسے سمجھ سکے، نظموں میں قلمبند کرتے رہے۔''[۱]

اسی مضمون میں کرشن چندر کے متعلق لکھتے ہیں کہ:

> ''ساری عمر اس کوشش میں سرگرداں رہے کہ کسی نہ کسی طرح ادب کو گھسیٹ کر پروپگنڈے کے قریب لے آئیں اور آخری میں اس سعی میں کامیاب ہو گئے''۔[۲]

کنہیالال کپور نے دیگر ادبی رجحانات پر بھی نکتہ چینی کی ہے۔ادب اور زبان کے حوالے سے کنہیالال کپور نے اردو زبان سے اپنی محبت کا ثبوت دیا ہے۔اس کی اچھی مثال، کتاب ''نرم گرم'' کا انتساب ہے جو ذیل میں درج ہے۔

> ''اردو زبان کے نام، جو مظلوم ہونے کے باوجود بڑی ظالم ہے''۔[۳]

اردو کے مختلف طنز و مزاح نگاروں نے جن موضوعات کا انتخاب کیا ہے ان میں کافی حد تک مماثلت پائی جاتی ہے۔اس کی ایک اہم وجہ یہ ہو سکتی ہے کہ ہمارے ادیبوں کا مقصد سماج اور معاشرے میں موجود ناہمواریوں کو دور کرنا تھا۔

کنہیالال کپور اور مجتبیٰ حسین نے بھی معاشرے کو ہموار بنانے کی خاطر مزاح کے ساتھ ساتھ طنز کا سہارا لیا ہے۔دونوں کے ہاں طنز میں شگفتگی کے ساتھ ساتھ تلخی ملتی ہے۔ دونوں میں ایک مماثلت یہ ہے کہ کنہیالال کپور اور مجتبیٰ حسین غم و غصہ پر قابو کا ملکہ رکھتے ہیں۔دونوں ہی ادیبوں کے طنز و مزاح کا ایک مثبت پہلو یہ ہے کہ ان کے موضوعات حقیقت پسندانہ اور زندگی

۱۔اردو ادب کا آخری دور، مشمولہ نوکِ نشتر، کنہیالال کپور، ص ۱۲۵

۲۔نرم گرم، انتساب، کنہیالال کپور، سنہ اشاعت ۱۹۵۷ء، ص ۱۲۷

۳۔نرم گرم، انتساب، کنہیالال کپور، سنہ اشاعت ۱۹۵۷ء، ص ۱۲۷

سے قریب ہیں دونوں نے سیاسی سماجی اور معاشی مسائل پر ایک نئے زاویے سے نگاہ ڈالی ہے۔ ایک اور خوبی یہ ہے کہ تلخ ترین طنز میں بھی انسانیت کا درس دیا ہے۔

ایسے بے شمار موضوعات ہیں جن پر کنہیالال اور مجتبیٰ حسین نے پر مزاح طنز کیا ہے۔ ان ہی میں سے ایک موضوع ہندوستانیوں کی کاہلی ہے جو ان کی ترقی کی راہ میں رکاوٹ کا بڑا سبب ہے۔ دونوں مزاح نگاروں نے اس پر اپنے اپنے انداز میں بھرپور طنز کیا ہے۔ ذیل میں کنہیالال کپور کے مضمون ''ایک عام ہندوستانی کی ذہنیت وسیرت'' سے ایک اقتباس درج ہے۔ ملاحظہ کیجیے:

> ''ایک عام ہندوستانی اپنے تمام آلام ومصائب کا ذمہ دار دو اور صرف دو چیزوں کو ٹھہراتا ہے یعنی انگریز اور قسمت، دو چیزیں اس کے اعصاب پر ہر وقت سوار رہتی ہیں مذہب اور عورت، دو چیزوں سے اسے سخت نفرت ہے صفائی اور پابندیٔ وقت دو چیزیں اسے ازبس پسند ہیں دخل در معقولات اور شور''۔۱

جیسا کہ کنہیالال کپور نے لکھا ہے کہ اردو زبان مظلوم ہونے کے ساتھ ظالم بھی ہے اس جملے میں معنوں کا ایک وسیع دفتر موجود ہے اس میں اردو کے ساتھ لگاؤ، محبت، خلوص اور عقیدت ظاہر ہے۔ مجتبیٰ حسین نے بھی کنہیالال کپور کی طرح اردو کی محبت اور اس کے درد کو ہمیشہ اپنے سینے سے لگائے رکھا۔ وہ اپنے ملک میں ہوں یا کسی دوسرے ملک میں، ہمیشہ ہی اردو زبان کی حالت زار انھیں مایوس رکھتی ہے۔

مجتبیٰ حسین اپنی تحریروں میں اردو کے فروغ کے لئے کوشاں نظر آتے ہیں۔ ''اردو کی نئی بستیاں'' کے عنوان سے یوں رقمطراز ہیں:

> ''اردو کی پرانی بستیوں میں رہنے والوں سے ہم پھر ایک بار یہ کہنا

۱۔ ایک عام ہندوستانی کی ذہنیت وسیرت، مشمولہ شیشہ وتیشہ، کنہیالال کپور، ص ۵۱

چاہیں گے کہ وہ صرف اس بات خوش ہونے کی کوشش نہ کریں کہ اردو بستیاں آباد ہو رہی ہیں ۔۔۔ہو سکے تو اردو کی پرانی بستیوں کے علاوہ

نئی بستیوں میں بھی نئی نسل کو اردو تعلیم سے روشناس کرانے کی ضرورت کو محسوس کیا جائے"۔[۱]

کنہیالال کپور کی طرح ہی مجتبیٰ حسین بھی ہندوستانیوں میں موجود برے اوصاف سے رنجیدہ ہیں۔

۱۔اردو کی نئی بستیاں، مشمولہ امریکہ گھاس کاٹ رہا ہے، ۱۰۲

مجتبیٰ حسین کا فن ناقدین کی نظر میں

اردو کے تقریباً سبھی قدآور نقادوں نے مجتبیٰ حسین کے فن کے بارے میں اپنے خیالات کا اظہار کیا ہے اور شاید کسی نے بھی مجتبیٰ حسین کی مزاح نگاری پر منفی طور پر نہیں لکھا۔ ذیل میں مجتبیٰ حسین کے بارے میں چند اہم قلم کاروں کی رائے درج کی جارہی ہے۔

کرشن چندر لکھتے ہیں:

''مجتبیٰ حسین صحیح معنوں میں مزاح نگار ہیں وہ جوان اور ذہین ادیب ہیں وہ اُن مزاح نگاروں میں ہیں جو شائستہ اور نفیس ادب تخلیق کر سکتے ہیں۔ ان کے مزاح میں وہ تندی اور بیبا کی نہیں جو طبیعت کو مکدر کر دیتی ہے۔ بلکہ وہ رچاؤ اور لطافت ہے جو پڑھنے والے کو کبھی زیر لب تبسم اور کبھی بلند آہنگ قہقہے کی دعوت دیتی ہے۔ مزاح نگاری ایک مشکل فن ہے اور مجتبیٰ حسین ان مشکلات سے بخوبی واقف ہیں''۔

کنہیالال کپور کا خیال ہے:

''تکلف برطرف! خوب لکھتے ہیں آپ۔ واہ، واہ دوسروں کی انتہا آپ کی ابتدا آپ کے مضامین بہت پسند آئے بھئی ''مشق ستم'' جاری رکھو بتیس سال کی عمر میں فتنہ ہو آگے چل کر قیامت ثابت ہوگے۔ جان کر مسرت ہوئی کہ آپ کے ترکش میں کئی طرح کے تیر ہیں، اور ہر تیر نشانے پر بیٹھتا ہے۔ آپ غضب کے تیر انداز ہیں۔ خدا آپ کو خوش رکھے اور آپ ہمیں ہنساتے رہیں''۔

غلام احمد فرقت کاکوروی کہتے ہیں:

''بڑی حیرت ہوئی کہ چند مزاح نگار مجتبیٰ حسین سے پہلے پیدا ہوئے ورنہ یقین مانیئے اگر خدانخواستہ ان کے سنہ پیدائش کے لگ بھگ پیدا ہو گئے ہوتے تو ہم سبھوں کو گھاس کون ڈالتا''۔

مرزا ادیب (پاکستان) نے یوں لکھا:

ڈاکٹر تاثیر نے کہا تھا

اُف وادیِ جنوں کے وہ پُر پیچ راستے
دیوانگی کو بھی کوئی فرزانہ چاہیے

جس طرح دیوانگی کے لئے فرزانگی کی ضرورت ہے۔ اسی طرح مزاح نگار کے لئے حقیقی سنجیدگی درکار ہے۔ مجتبیٰ حسین کے مزاح میں سنجیدگی ہے اور سنجیدگی میں مزاح۔ زندگی کے مسائل کی تفہیم میں وہ بڑے سنجیدہ ہیں مگر ان کا اندازِ پیشکش طنزیہ و مزاحیہ ہوتا ہے۔ کہا جاتا ہے کہ مجتبیٰ حسین محبتوں کے سوداگر ہیں۔ میں انھیں سوداگر ماننے کو تیار نہیں سوداگر تو سود و زیاں کا بندہ ہوتا ہے اور مجتبیٰ حسین کو سود و زیاں سے دور کا بھی واسطہ نہیں۔ یہ اصل میں قہقہوں اور مسکراہٹوں کے درویش ہیں اور درویش ہوتا ہی وہ شخص ہے جو اپنی پوری متاع فراخدلانہ دوسروں کے حوالے کر دیتا ہے اور لٹا دیتا ہے۔ مجتبیٰ حسین نے ہمیں قہقہے دیئے ہیں۔ مسکراہٹیں دی ہیں۔ اس کے ساتھ ساتھ زندگی کی خوبصورتی اور بدصورتی سے بھی روشناس کرایا ہے۔ یہ کوئی معمولی بات نہیں ہے۔ مجتبیٰ حسین ہندوستان میں حیدرآباد دکن کے پاس ہیں اور پاکستان میں لوگوں کے دلوں میں رہتے ہیں''۔

مشفق خواجہ (پاکستان) کا خیال ہے:

مجتبیٰ حسین خاصے جہاں دیدہ ہیں۔ اُنھوں نے محاورہ دنیا کو خوب اچھی طرح برتا ہے اور عملاً دنیا کے کئی ملکوں کو دیکھا ہے اسی لئے ان کے تجربات و مشاہدات میں تنوع بھی ہے اور وسعت بھی۔ اُنھوں نے طنز کی گہرائی اپنے بڑے بھائی ابراہیم جلیس سے اور اسلوب کی چاشنی اپنے بڑے بھائی کے جگری دوست ابنِ اِنشا سے لی ہے۔ مزاح میں وہ کسی کے مقلد نہیں ہیں۔ اس سلسلے میں ان کی طبّاعی اپنی مثال آپ ہے۔

پروفیسر آلِ احمد سرور:

کا شمار اردو کے چند سر برآوردہ نقادوں میں کیا جاتا ہے۔ وہ بھی مجتبیٰ حسین کے فن کے شیدائی تھے۔ لکھتے ہیں:

مجتبیٰ حسین اس دور کے ممتاز مزاح نگاروں میں سے ہیں۔ اُردو دنیا میں مشتاق احمد یوسفی کے بعد ان ہی کی شہرت ہے۔ وہ طنز نگار نہیں، مزاح نگار ہیں۔ مجتبیٰ حسین دراصل Wit کے مردِ میدان یعنی بذلہ سنجی اور ذکاوت کا پیکر ہیں۔ میرے نزدیک Wit مزاح کا ایک مؤثر آلہ ہے۔ اس کی مثالیں مجتبیٰ حسین کے ہاں جا بجا ملتی ہیں۔

شمس الرحمن فاروقی:

ایسا لطیف مزاح اور ایسی شستہ زبان اُردو میں آج شاذ ہی کسی کو نصیب ہے۔

مجتبیٰ حسین کے بارے میں مجھے یہ خوف کئی سال تک رہا کہ یہ چمک دمک یہ آن بان کہیں چار دن کی چاندنی نہ ہو۔ میں نے ان کی ہر تحریر کو اور جب بعد میں ان سے ملاقات ہوئی اور ملاقاتیں ہونے لگیں تو خود اِن کو اسی غور اور شوق اور تشویش سے دیکھا جس غور اور شوق اور

تشویش سے کوئی ماہر نباتیات کسی ایسے پودے کو دیکھتا ہو جس کا دنیا میں صرف ایک نمونہ ہو اور جس پر اس پودے کی تمام نسل کے قیام و استقلال کا دارومدار ہو وہ جس طرح ہر ہر پتی ڈالی کی ہر نوک اور پھننگی کو توجہ سے دیکھتا ہے کہ کہیں مرجھا تو نہیں رہی ہے۔ کمزور تو نہیں پڑ رہی ہے۔ اسی طرح مجتبیٰ حسین اور ان کی تحریروں کو دیکھتا ہوں کیونکہ مجھے یقین ہی نہیں آتا تھا کہ ایسا طرحدار مزاح نگار دس پانچ برس بعد بھی ترقی کرتا رہے گا۔

ڈاکٹر قمر رئیس نے مجتبیٰ حسین پر یوں لکھا:

مجتبیٰ حسین کی ایک خاص تکنک یہ ہے کہ وہ مزاح میں افسانوی اور ڈرامائی دونوں عناصر سے کام لیتے ہیں۔ واقعات لطیفوں اور پیکروں کا وہ ایک ایسا سلسلہ خلق کرتے ہیں جو قاری کی دلچسپی ایک پل کے لئے کم نہیں ہونے دیتا۔ صرف یہی نہیں وہ واقعاتی تسلسل میں تصادم اور کشمکش کے عناصر بھی پیدا کرتے ہیں۔ کلائمکس بھی تعمیر کرتے ہیں۔ کہیں کہیں ایسا بھی ہوتا ہے کہ جن واقعات سے وہ مضمون کا تانا بانا بنتے ہیں، وہ واقعات اپنے آپ میں بھرپور ڈرامائی اثرات کے حامل ہوتے ہیں۔ بیانیہ کی قوت ایسی محاکاتی ہوتی ہے کہ لگتا ہے، ہم ڈرامہ کا ایک منظر دیکھ رہے ہیں۔

عمیق حنفی نے مجتبیٰ حسین کے فن پر یوں رائے دی:

”آج کل سیاسی طنز کے ذریعہ مزاح پیدا کرنے کا چلن ہے اور کیوں نہ ہو کہ سیاست یا تو رُلاتی ہے یا ہنساتی ہے۔ مجتبیٰ حسین سیاست کی بیساکھی کے بغیر کامیابی اور کامرانی کے ساتھ ہنساتے ہیں اور ہنسی کے دھاروں سے بجلی کی ایک رو پیدا ہوتی ہے جو ریڑھ کی ہڈی سے ہوتی ہوئی دماغ میں پہنچتی ہے جہاں کئی قمقمے روشن ہو جاتے ہیں۔ سنجیدہ سے سنجیدہ اور کڑوے سے کڑوے نکتوں میں انھیں ایسے شوشے نظر آجاتے ہیں جن میں خوش مزاجی اور زندہ دلی بھری ہوئی مل جاتی

ہے اور وہ چٹکی بجاتے ہیں تو گدگدیاں اُڑنے لگتی ہیں، تلخ سے تلخ حقیقت بھی مزاح کی شکر کے خول میں لپٹ کر اندر اُتر جاتی ہے اور کام ودہن بھی تلخ ہوجاتے ہیں۔ برف کی الماری ہو، ہاسیہ رتن کا خطاب پانے کی تقریب ہو، عمیق حنفی ہو یا ملک جاپان ہو، یہ تمام مضامین مجتبیٰ حسین کو جعفر زٹلی، ملا دو پیازہ اور دادا لال بھجکڑ بنائے بغیر نہیں چھوڑتے۔

فکر تونسوی:

اپنے مخصوص انداز و اسلوب میں مجتبیٰ حسین کو یوں خراج تحسین پیش کرتے ہیں۔

مجتبیٰ حسین کم بخت کے لہجے میں بھی جادو ہے اور کردار میں بھی۔

یوسف ناظم خود بھی ایک اہم مزاح نگار ہیں۔ وہ لکھتے ہیں

مجتبیٰ حسین کی مزاح نگاری نے ایسے ایسے لوگوں کو مزاح پڑھنے اور سمجھنے پر مائل کیا جن سے کبھی یہ توقع نہیں کی جاسکتی تھی کہ وہ یہ شریفانہ رویہ اختیار کرسکیں گے۔ ۲۵ سال کی اس نقرئی مدت میں مجتبیٰ حسین نے جو لکھا وہ چاندی نہیں سونا ہے کیونکہ میں مزاح کو سونا ہی سمجھتا ہوں اور وہ سونا نہیں جو طلائی تمغوں میں استعمال ہوتا ہے۔ یہ ۲۴ قیراطی سونا ہوتا ہے مزاح اصل میں تفریح کی نہیں اعتقاد کی چیز ہے اور مجتبیٰ حسین کا اعتقاد پختہ ہے۔ (شگوفہ، مجتبیٰ حسین نمبر ص ۱۴۹)

سوزوکی تاکیشی:

آپ نے مجتبیٰ حسین کی مدح سرائی اس طرح کی ہے:

''مجتبیٰ حسین کی مزاح نگاری واقعی ان کی اپنی شخصیت کا پرتو ہے۔''

پروفیسر نثار احمد فاروقی:

بھی مجتبیٰ حسین کے مداح رہے ہیں۔ وہ لکھتے ہیں:

''کنور مہندر سنگھ بیدی جہاں دیدہ آدمی تھے، مجسٹریٹ بھی رہ چکے تھے، وہ مجتبیٰ حسین کو

مشتبہ حسین کہا کرتے تھے۔ ان کی مزاح نگاری بھی خاص مشتبہ ہے۔ یعنی مجھے ان کی ہنسی بھی اشک آلود نظر آتی ہے۔ اُن کے فن کا کمال یہی ہے کہ آپ کو ہنساتے ہیں خود نہیں ہنستے، لیکن اگر ہنسی کے ساتھ آپ کی آنکھیں نم ہو جائیں تو یہ ہنسنا شروع کر دیتے ہیں۔ دراصل مجتبیٰ نے ایک عام اور معمولی انسان سے اپنا ذہنی وجذباتی رشتہ ہمیشہ باقی رکھا ہے۔ اس کے دُکھ سکھ کو سمجھا ہے، اس کی بھولی بھالی نیم پختہ، نیم رس آرزوؤں اور تمناؤں سے یگانگت پیدا کی ہے۔ اس کی حسرتوں اور ناکامیوں کو ہنس ہنس کر بیان کیا ہے۔ اِسی پردے میں وہ اپنے ماحول اور معاشرت پر بھرپور وار کرتا ہے اور اس کا کوئی وار اوچھا نہیں پڑتا''۔

پروفیسر مغنی تبسم:

اردو کے ایک اہم نقاد اور شاعر ہیں۔ مجتبیٰ حسین کے فن کے وہ بھی قائل ہیں۔ وہ لکھتے ہیں:

مجتبیٰ حسین بنیادی طور پر ایک قصہ گو ہیں۔ ان کا موضوع انسان ہے اور وہ انسان کو سماج کے چوکھٹے میں دیکھتے اور پیش کرتے ہیں۔ انھیں واقعہ نگاری اور مرقع کشی میں کمال حاصل ہے۔ ان کا مشاہدہ جزئیاتِ بین ہے اور اِسی وصف کو کام میں لا کر وہ کسی واقعے کے مضحک پہلوؤں کو اُجاگر کرتے ہیں۔ روزمرہ زندگی میں پیش آنے والے معمولی واقعات بھی ان کی توجہ سے نہیں چوکتے، سماج کے مختلف طبقوں اور شعبوں سے تعلق رکھنے والے افراد کے طرزِ زندگی، ان کے مسائل اور ان کے مخصوص رویوں، عادتوں اور خصائل کا اُنھوں نے گہری نظر سے مطالعہ کیا ہے۔ کسی واقعہ کو مخصوص بنا کر پیش کرنا اور کسی کردار کی جیتی جاگتی تصویر کھینچ دینا مجتبیٰ حسین کے فن کا خاص وصف ہے۔

پروفیسر گوپی چند نارنگ:

اردو ادب کے ایک اہم نقاد ہیں۔ان کا خیال ہے:

نثر میں جو بات پطرس، کنہیالال کپور، رشید احمد صدیقی نے پیدا کی۔اس روایت کو آگے بڑھانے کی ضرورت ہے خصوصاً پطرس کی روایت کو۔مجتبیٰ حسین کا کمال یہ ہے کہ اُنھوں نے اس راہ میں قدم بڑھایا ہے۔اُن کے فن کے اندر بڑی وسعت ہے اور جتنے حربے، جتنے طریقے، جتنی تکنک ہوسکتی ہے، مزاح پیدا کرنے کی فطری طور پر یہ سب ان کے فن میں موجود ہیں۔اور یہی وجہ ہے کہ وہ برابر لکھ رہے ہیں اور ان کے قلم کی روشنائی خشک نہیں ہوئی.......... جتنے بھی گر ہیں اس فن کے، مجتبیٰ حسین ان سب سے واقف ہیں اور ان حربوں کو وہ نہایت سہولت سے فطری طور پر برتتے ہیں اس لحاظ سے دیکھیں تو وہ Born Humorist ہیں، اگر چہ ادب میں پیدائشی کچھ نہیں ہوتا ہر چیز تربیت وسعی وتوجہ سے وجود پاتی ہے۔طنز ومزاح کی جان تعریض ہے اور یہی حربہ مجتبیٰ حسین کے فن میں مرکزیت رکھتا ہے۔

پروفیسر اشرف رفیع:

کا شمار اردو کے بہترین اساتذہ میں ہوتا ہے۔مجتبیٰ حسین کے فن پر اس طرح تبصرہ کرتی ہیں۔

مجتبیٰ بنیادی طور پر طنز ومزاح نگار ہیں۔اپنے تقریباً تمام خاکوں میں اُنھوں نے مزاحیہ انداز ہی سے رنگ بھرا ہے۔ان کا مزاح بے ساختہ، شائستہ، خیالات کی توانائی اور الفاظ کی تازگی لئے ہوئے ہوتا ہے۔ان کے مزاح کا کمال ہی ہے کہ وہ سنجیدہ شخصیتوں اور موضوعات پر لکھتے وقت بھی مزاح کے پہلو نکال لیتے ہیں۔بات بظاہر سنجیدہ ہوتی ہے لیکن مجتبیٰ کے قلم سے ایسے موقع پر ظرافت کی پھلجھڑیاں چھوٹنے لگتی ہیں۔

پروفیسر بیگ احساس:

جن کا شمار اردو کے مایہ ناز اور جدید افسانہ نگاروں اور مجتبیٰ حسین کے قریبی ساتھیوں میں ہوتا ہے۔ لکھتے ہیں:

بعض نقادوں کا خیال ہے کہ مزاح شائستگی کی ضد ہوتا ہے لیکن مجتبیٰ کے مزاح میں شائستگی اور طنز میں گہری کاٹ ہے اور اس کاٹ میں بھی وہ شائستگی کا دامن نہیں چھوڑتے۔ مجتبیٰ کی تحریروں میں طنز کا عنصر بڑے متوازن انداز میں ملتا ہے۔

پروفیسر لئیق صلاح:

نے بھی مزاحیہ مضامین لکھے ہیں وہ مجتبیٰ حسین کے فن کے بارے میں لکھتی ہیں۔

مجتبیٰ حسین سماج کی بے اعتدالیوں پر ہنسی ہنسی میں چوٹ کرتے گزرتے جاتے ہیں، ان کے ہاں مزاح نظری اور عملی صورتوں میں موجود ہے۔

وہاب عندلیب:

گلبرگہ سے تعلق رکھتے ہیں جہاں سے مجتبیٰ حسین کا گہرا تعلق رہا ہے وہاب عندلیب مجتبیٰ حسین سے ان کے زمانۂ طالب علمی سے واقف ہیں وہ رقمطراز ہیں:

مجتبیٰ کا عہد آزادی کے بعد کا ہے۔ مجتبیٰ نے جب مزاح نگاری شروع کی تو اِس صنف میں کرشن چندر، کنہیالال کپور، فکر تونسوی اور یوسف ناظم کا شہرہ تھا۔ مجتبیٰ نے قلیل مدت میں مزاح نگاری کے جوہر دکھائے اور چوٹی کے مزاح نگاروں میں اپنی جگہ بنائی۔ ان کا مطالعہ وسیع اور مشاہدہ گہرا ہے۔ اُنھوں نے پطرسؔ، غالبؔ، اسٹیفن لی کاک اور مارک ٹوئین کو خوب پڑھا ہے۔ مجتبیٰ حسین مشتاق احمد یوسفی کو سب سے بڑا مزاح نگار تسلیم کرتے ہیں۔ اُنھوں نے روزمرہ کی سادہ سلیس، پُراثر اور عام فہم زبان کو اظہارِ خیال کا ذریعہ بنایا جس کے باعث عوام وخواص دونوں میں مقبول ہیں۔

علی ظہیر:

شاعر بھی ہیں اور مجتبیٰ حسین کو اچھی طرح جانتے بھی ہیں ان کا خیال ہے:

اُردو میں بالخصوص بھارت کے اُردو لکھنے والوں میں اب طنز و مزاح کی صلاحیتیں بہت تیزی سے مفقود ہو رہی ہیں۔ مجتبیٰ حسین بلاشبہ اس وقت بھارت کے سب سے بڑے طنز و مزاح کے ادیب ہیں۔

مزاح نگاری میں ان کا کیا مقام ہے، یہ تو زمانہ ہی بتائے گا۔ لیکن جہاں تک ان کی تحریروں میں شگفتگی اور بے ساختگی ہے اس معاملہ میں ہمیں کسی سے پوچھنے کی ضرورت نہیں۔

پروفیسر حمید سہروردی:

گلبرگہ میں صدر شعبہ اردو رہ چکے ہیں ان کا خیال ہے کہ:

مجتبیٰ حسین اُردو کے مایہ ناز مزاح نگار ہیں، بے حد خلاق ذہن کے مالک، کسی بھی موضوع پر پُرلطف مضمون لکھنے پر قادر، وہ دوستوں میں رہ کر بھی دوستوں کے بارے میں اس انداز سے مزاح کا کالم لکھتے ہیں کہ دوست تلخی تو محسوس کرتا ہے مگر اُن کے مزاح کے جادو میں مسحور ہو کر رہ جاتا ہے۔

مخمور سعیدی:

مجتبیٰ حسین کے قیامِ دہلی کے دوران ان سے کافی قربت رکھتے تھے۔ وہ لکھتے ہیں:

"مجتبیٰ حسین کی مزاح نگاری کا ڈنکا اب پوری اُردو دنیا میں بج چکا ہے۔ اُن کی تحریر سے شگفتہ مزاجی اور زندہ دلی کی جو روشنی پھوٹتی ہے وہ ہزاروں بے نور آنکھوں میں زندگی کی چمک اور ہزاروں بے رس ہونٹوں پر تبسم کی کرن بن کر پھیل جاتی ہے اور تحریر ہی کیا ان کی تقریر بھی یہی

پھلجھڑیاں چھوڑتی ہے، دوستوں کی نجی محفل ہو یا کوئی مجمع عام، ان کی زبان سے نکلے ہوئے ایک ایک لفظ پر ذہنوں سے رنج وغم کی کثافت و کدورت چھٹنے لگتی ہے اور ارد گرد کا ماحول روشن نظر آنے لگتا ہے۔

مظہر امام:

مجتبیٰ حسین کے مداحوں میں سے ایک ہیں۔ ان کا خیال ہے:

رشید احمد صدیقی اور پطرس کے اسالیب کے امتزاج اور ارتقا سے مزاح کا جو معیار بنا ہے، اس کا نقطہ عروج مشتاق احمد یوسفی ہیں۔ مجتبیٰ حسین کا تعلق بھی اِسی قبیلے سے ہے۔ اُنھوں نے نہ صرف رشید احمد صدیقی اور پطرس کی روایت کو آگے بڑھایا ہے بلکہ مشتاق احمد یوسفی کی موجودگی میں اپنی انفرادیت کے نقوش ثبت کئے ہیں۔ مجتبیٰ حسین کے یہاں دردمندی اور انسانی محبت کی خوشبو ہے جو اِن کی تحریروں کو معطر کرتی ہے۔ ان کے مزاح میں ایک دلنوازی، ایک قوتِ شفا ہے جو آسانی سے کسی کے حصے میں نہیں آتی۔

پرویز یداللہ مہدی:

خود طنز و مزاح نگار ہیں۔ ان کا خیال ہے کہ:

خدا کا شکر کہ مجتبیٰ حسین سا بانکا مزاح نگار اُردو سی خانماں برباد زبان کو نصیب ہوا۔ جس کے دم قدم اور قلم کی برکت و حرکت سے نہ صرف صنفِ طنز و مزاح کا سہاگ و نگار قائم ہے بلکہ اعتبار و وقار بھی قائم ہے۔

ڈاکٹر محمد کاظم:

نے مجتبیٰ حسین پر تحقیقی کام کیا ہے۔ ان کا کہنا ہے کہ:

مجتبیٰ حسین کی تحریر کی چند نمایاں خصوصیات کا ذکر کیا جائے تو یہ کہا جاسکتا ہے کہ وہ محاکات نگاری اور پیکر تراشی کے تمام وسائل مثلاً تشبیہہ، استعارہ، صفات ومتعلقات، کو بروئے کار لاتے ہیں۔ اسی کے ساتھ رعایتِ لفظی سے بخوبی کام لیتے ہیں۔ کبھی وہ کسی غیر مرئی چیز سے تشبیہ دے کر کسی داخلی احساس یا تجربے کی تجسیم کر دیتے ہیں۔ کبھی تشبیہہ کو اتنا پھیلا دیتے ہیں کہ وہ تمثیل بن جاتی ہے۔ محاوروں اور کہاوتوں کا نہایت برجستگی اور معنی خیز پُر مزاح طریقہ سے استعمال کرنا ان کا خاص حصہ ہے۔ محاورے ایہام، ایہام تناسب اور صنعت تجنیس کے ساتھ بکثرت استعمال ہوتے ہیں۔ وہ اکثر محاوروں میں تحریف بھی کرتے ہیں لیکن اس کا انداز اتنا دلچسپ ہوتا ہے جو نہ تو بے معنی ہوتا ہے اور نہ ہی گراں گزرتا ہے بلکہ اس سے پُر لطف مزاح پیدا ہوتا ہے۔ اکثر اپنی تحریر میں وہ اشعار کے ساتھ ساتھ اس کی پیروڈی پیش کرتے ہیں۔ پیروڈی دو طرح سے کرتے ہیں۔ اول الفاظ کو بدلے بغیر مصرعے کو من وعن پیش کرتے ہیں۔ دوم کبھی کبھی مصرعے میں ایک یا دو لفظ بدل دیتے ہیں جس سے ایک خاص لطف کا احساس ہوتا ہے۔ بعض اوقات انگریزی کا لفظ استعمال کرتے ہیں اور کبھی کبھی اس کے ترجمے پیش کرتے ہوئے طنز ومزاح کے پیرائے میں اس کی خوبیوں اور خامیوں کو بیان کرتے ہیں۔

قیصر تمکین رقمطراز ہیں:

مجتبیٰ حسین کی خوبی یہ ہے کہ مزاحِ لطیف کا تاثر دیتے ہوئے وہ کام کی باتیں بھی کہہ جاتے ہیں۔ ممکن ہے کہ ہم آپ اِن کے ساتھ وقتی طور پر ہنسنے ولطف اُٹھانے میں مصروف رہیں لیکن اگر آپ حساس، سمجھدار اور قومی وسیاسی شعور کے مالک ہیں تو عصرِ حاضر کے مزاح نگاروں میں آپ کو مجتبیٰ حسین سے بہتر کوئی ادیب نہیں ملے گا۔ مجتبیٰ حسین بھانڈوں کی طرح نقلیں نہیں

اُتارتے ہیں، مسخروں کی طرح ہمیں زبردستی ہنسنے پر نہیں مجبور کرتے ہیں، چوروں اور سارقوں کی طرح دوسروں کے دلچسپ جملے فقرے یا لطیفے اپنی گرہ میں نہیں باندھتے ہیں۔ وہ اپنی بات خود کہتے ہیں اور یہ بات عام طور پر وہ ہوتی ہے جو مسائل کے وقوف اور گہری سوچوں کا نتیجہ ہوتی ہے۔ اکثر پُرلطف جملے تو شکر میں لپٹی کونین کی گولیوں کی سی خوبی رکھتے ہیں۔ ایک اور خصوصیت مجتبیٰ حسین کی یہ ہے کہ وہ زبان کو اپنے طور پر استعمال کرتے ہیں۔ پٹے پٹائے فرسودہ اور پامال جملے اور فقرے استعمال کرنے سے پرہیز کرتے ہیں۔ زبان کو اپنے طرزِ اظہار کے لئے استعمال کرنے کا فن انھیں آتا ہے۔ سب سے بڑی خوبی مجتبیٰ حسین کی تحریروں کی یہ ہے کہ ان کے یہاں عصرِ حاضر، خاص طور پر ملکی مسائل، کا گہرا وقوف ہی نہیں بلکہ ان مسائل کی تہہ میں کارفرما تاریخی عوامل سے واقفیت کا اچھا تاثر بھی اختیار کر لیتے ہیں۔

مصحف اقبال توصیفی:

حیدرآباد کے ایک اہم شاعر اور مجتبیٰ حسین کے چاہنے والے ہیں۔ ان کا خیال ہے کہ

مجتبیٰ حسین کے فن میں واقعہ کو افسانہ بنانے اور افسانے کا واقعہ کی طرف لوٹنے کا عمل اس طرح بار بار گھومتا، جلتا اور بجھتا ہے جیسے اُجالوں اور اندھیروں کا کوئی کھیل ہو۔ لیکن وہ صرف افسانہ گوئی کی فرضی اُڑانیں ہی نہیں بھرتے۔ ان کے موضوعات بے حد متنوع ہیں۔ دورِ حاضر کے سیاسی اور سماجی مسائل، متوسط طبقہ کی چھوٹی چھوٹی خوشیاں اور غم، بدلتا ہوا تہذیبی منظر نامہ، اُردو کی زبوں حالی، تعلیم یافتہ لوگوں کی بے روزگاری، فسادات ہر موضوع پر نہ صرف اپنے شگفتہ انداز میں لکھ سکتے ہیں بلکہ جا بجا ایسے فکر انگیز جملے درمیان میں لاتے ہیں جس سے دل و دماغ ایک فرحت بخش سکون سے ہمکنار ہوتے ہیں۔ ان کی تحریر کی کشش اس کی برجستگی ہے۔

ڈاکٹر افسر کاظمی:

نے مجتبیٰ حسین پر پی ایچ ڈی کا مقالہ لکھا ہے۔ ان کا خیال ہے:

مجتبیٰ حسین کے اسلوبِ نگارش کا ایک امتیازی پہلو یہ ہے کہ اُنھوں نے پھکڑ پن سے اپنے دامنِ تحریر کو یکسر بچائے رکھا ہے اور دوسرا اہم پہلو یہ ہے کہ زبان کے تضاد، تناسب اور توازن تینوں ہی جہتوں سے وہ مزاح وطنز کی فضاء بنانے میں قدرت رکھتے ہیں۔ اسی لیے ہمواری، سلاست، سادگی اور صفائی بیان کے اوصاف نمایاں ہوئے ہیں۔

مکالماتی انداز کے علاوہ مجتبیٰ حسین نے اپنے اسلوب کو بیانیہ نوعیت سے بھی ہمکنار رکھا ہے۔ اس بیانیہ اسلوب میں مزاح کی شگفتگی اور حقیقت آمیز طنز کی تلخی بھی ہے۔

پروفیسر وحید اختر:

کا تعلق حیدر آباد سے ہے۔ وہ علی گڑھ میں شعبہ فلسفہ کے پروفیسر تھے۔ وہ رقمطراز ہیں:

اگر مجھ سے یہ پوچھا جائے کہ ہندوستان کے مزاحیہ ادب کی بھرپور نمائندگی کونسا شہر کرتا ہے تو بلا جھجک حیدر آباد کا نام لوں گا اور اگر یہ دریافت کیا جائے کہ حیدر آباد کی نمائندگی کون کرتا ہے تو میں بے دریغ ایک ہی نام لے سکتا ہوں اور وہ ہے مجتبیٰ حسین۔

پروفیسر سید ہاشم علی اختر:

وائس چانسلر علیگڑھ یونیورسٹی بھی مجتبیٰ حسین کی مزاح نگاری کے مداح رہ چکے ہیں۔ وہ لکھتے ہیں:

مجتبیٰ صفِ اول کے مزاح نگار ہیں لیکن میں نے سلامتی کے خیال سے اُنھیں ہمیشہ میرے دوست محبوب حسین جگر کے چھوٹے بھائی لہذا میرے چھوٹے بھائی کی طرح سمجھا ہے اور جب سے میں علی گڑھ آیا ہوں۔ میرے دہلی کے ہر سفر میں اُن کی سعادت مندی کی وجہ سے

ملاقات ہوجاتی ہے۔ میں نے ان کے چند مضامین پڑھے ہیں لیکن زندہ دلانِ حیدرآباد کے جلسوں میں اُن کے مزاح کا رعب دیکھا ہے کہ حیدرآباد کا مجمع ان کے مزاح کا پیشگی قہقہوں سے استقبال کرلیتا ہے اور دوسرے مضامین سنانے والے اپنے آپ کو گھاٹے میں پاتے ہیں۔

اختر حسن:

حیدرآباد کے ایک سینئر ادیب اور شاعر گذرے ہیں۔ وہ روزنامہ پیام اور بلٹز کے ایڈیٹر تھے۔ ان کا خیال ہے:

☆ مجتبیٰ حسین جو کچھ لکھتے ہیں ایک نشست میں لکھتے ہیں۔ یعنی جب پورا مضمون لکھ چکتے ہیں تب ہی برخواست ہوتے ہیں۔

☆ مجتبیٰ حسین طنز و مزاح کی ایک چلتی پھرتی انسائیکلو پیڈیا ہیں۔

☆ مجتبیٰ حسین کی تحریروں میں وارفتگی ہوتی ہے۔

☆ مجتبیٰ حسین، تشبیہہ، استعارہ، اشارہ، کنایہ، تلمیح تمثیل اور تمام صنائع لفظی و معنوی کو برتنے کا سلیقہ رکھتے ہیں۔

☆ مجتبیٰ حسین کا اسلوبِ نگارش سادہ پرکار ہوتا ہے، بالکل خوبانِ غالبؔ کے مانند۔

☆ داستانی طرز کی نثر لکھنے میں بھی انھیں کمال حاصل ہے۔

زبیر رضوی:

مجتبیٰ حسین کے قریبی دوست تھے۔ انھوں لکھا ہے:

اپنے موضوع کو زبان و بیان کے بے حد لطیف اور ذائقہ دار چٹخارے کے ساتھ اپنے پڑھنے والوں تک پہنچانے کے ہنر میں مجتبیٰ کو یکتائی حاصل ہے۔ ان کی تحریروں میں پھولوں کی مہک کے ساتھ نوکِ خار کی وہ چبھن بھی ہے جو پھول چننے والی انگلیوں کو زخمی ہوجانے کی لذت سے مالا مال کردیتی ہے۔

بلراج ورما نے لکھا ہے:

کنہیالال کپور اور فکر تونسوی کے بعد ہندوستان میں اب ان کے پائے کا ایک یہی مزاح نگار ہمارے درمیان ہے۔ سچے اور پاکیزہ مزاح کا کام آپ کو شیشے میں اپنی تمام تر بدصورتی دکھا کر بھی اپنے سے محبت کرنا سکھاتا ہے تاکہ آپ زندگی سے بیزار نہ ہوں۔ مجتبیٰ حسین کو مزاح نگاری کے سارے عناصر حفظ ہیں۔

گربچن چندن کا خیال ہے:

حصولِ آزادی کے بعد عروس البلاد حیدرآباد میں اُردو کی تحریک نے یقیناً نئی جلا پائی اور اس میں طنز و مزاح کو نیا مقام دلانے میں مجتبیٰ حسین اور ان کے ہم خیال احباب نے ولولہ پرور کام کیا۔ حسنِ اتفاق سے اِنھیں اس ادبی کام کے لئے اچھے سرپرست اور معاون مل گئے اور زندہ دلانِ حیدرآباد کی ایک اچھی جماعت بن گئی۔ مجتبیٰ حسین، ذہن اور قلم کے دھنی ہیں۔ عام آدمی کے مسائل پر خصوصی نظر رکھتے ہیں اپنے اسلوب کے سہج سبھاؤ سے واقعاتِ حاضرہ اور بالخصوص حکومتوں کی سیاستِ عالیہ کی اعلانیہ حقیقت کی قلعی کھول سکتے ہیں۔ الفاظ کی ریل پیل اور دلائل کے کھیل سے معروف محاوروں میں نئے معنی پیدا کر سکتے ہیں۔ ان کی امتیازی خوبی یہ ہے کہ بڑی جدت اور شگفتگی سے اپنے موضوع میں مزاح کا پہلو دریافت کر لیتے ہیں اور خاکہ نگاری میں یدِ طولیٰ رکھتے ہیں۔ وہ زندہ دلی کے علمبردار ہیں۔ حصولِ آزادی کے بعد لاہور کی اداس تحریک زندہ دلانِ حیدرآباد میں نو آباد کرنے والوں میں پیش پیش رہے ہیں۔

پروفیسر شہریار علیگڑھ:

گیان پیٹھ ایوارڈ یافتہ ہیں۔ مجتبیٰ حسین کے فن کے شیدائی بھی ہیں انھوں نے لکھا ہے:

بس یوں سمجھ لیجیے اُردو میں یہ پہلے اور آخری سوپر مین ہیں۔ پتہ نہیں وہ کون سا خلوص ہے

جو مجتبیٰ استعمال کرتے ہیں کہ آدمی ان کا اسیر ہو جاتا ہے۔ میں نے کئی بار اس کا برانڈ جاننا چاہا لیکن اُنھوں نے کبھی بتا کر نہیں دیا۔

ظفر پیامی رقمطراز ہیں:

مجتبیٰ حسین گویا ادب کے مادام طوساؤ ہیں جس طرح لندن میں مادام طوساؤ کے مومی مجسموں کے میوزیم میں جب تک کسی سیاستدان کو جگہ نہیں ملتی، اُس کی عالمی حیثیت مشتبہ رہتی ہے۔ اسی طرح مجتبیٰ حسین سے مشتِ خاک اُڑوائے بغیر کوئی شاعر، ادیب یا نقاد معتبر نہیں بنتا۔ پھر بھی یاد رہے کہ مادام طوساؤ کے میوزیم کے مجسمے ہٹتے یا آتے جاتے ہیں مگر مجتبیٰ حسین کے خاکے میں جو فٹ ہو گیا وہ گویا ادب کا نوشتۂ تقدیر ہو گیا۔

ڈاکٹر مصطفیٰ کمال:

مجتبیٰ حسین بلاشبہ اُردو کے مقبول ترین مزاح نگار ہیں۔ ان کے مضامین نثری محفلوں میں مکرر اور دوبارہ ارشاد کی صداؤں اور فرمائشوں کے ساتھ شعر کی طرح سنے جاتے ہیں۔ اُنھوں نے اپنی تحریروں کے ذریعہ مزاح کے وقار کو بلند کیا ہے۔ ادبی رجحان سے زیادہ مزاح کو ایک الگ صنف یا شعبے کی حیثیت سے منوانے کے لئے بھی وہ ہمیشہ کوشاں رہے ہیں۔ قاری مجتبیٰ حسین کے ایک ایک لفظ سے اتفاق کرتا ہے اور اگر وہ مضمون سن رہا ہو تو تالیاں بجا بجا کر مزاح نگار کے خیالات میں خود کو شریک کرتا ہے اور یہی ایک تخلیق کار کی سب سے بڑی کامیابی ہے۔

طالب خوندمیری:

مجتبیٰ حسین کے مضامین میں ماضی کے ثقہ پن کے ساتھ ساتھ ہمارے عہد کی تیز رفتاری، طراری اور لمحہ لمحہ بدلتے رجحانات کی عکاسی اور مستقبل کے امکانات کی روشنی بھی بہت ہی دلچسپ اور گدگداتے ہوئے پیرائے میں ملتی ہے اُن کی روشنائی سے تینوں زمانوں کی پیاس بجھتی ہے۔

مجتبیٰ حسین نے اُردو زبان کی اُکھڑتی ہوئی سانسوں کو اپنے قلم سے آکسیجن پہنچانے کی بھرپور کوشش کی ہے اور اُن کی یہ کوشش رائیگاں بھی نہیں گئی۔ مجتبیٰ حسین نے اپنے عہد کی تمام ناہمواریوں سے گزر کر ہی اپنے قلم کو مضبوط کیا ہے اور آج اُن کے قلم سے اپنے عہد کی جتنی بھرپور عکاسی ہو رہی ہے وہ نہ صرف قابلِ تعریف ہے بلکہ قابلِ تقلید بھی ہے۔ ایسے قلم کی ہر زمانے میں ضرورت ہے۔

سید رحمت علی (سابقہ ممبر آف پارلیمنٹ):

مجتبیٰ حسین کے بارے میں ایک بات عرض کر دوں کہ یہ اپنی زندگی کم جیتا ہے اور اپنے دوستوں کی زندگی زیادہ جیتا ہے، ہر دم دوستوں کے کاموں میں مصروف رہتا ہے۔ کبھی کبھی اسے احساس ہوتا ہے کہ خود غرضوں کی اس دنیا میں وہ بیوقوف بن رہا ہے لیکن اس احساس کے باوجود وہ اپنی بے وقوفی کو ترک نہیں کرتا، بلکہ خود اپنے بے وقوف بننے کو مزے لے لے کر بیان کرتا ہے خود بھی ہنستا ہے اور دوسروں کو بھی ہنساتا ہے۔

پروفیسر شفیع شیخ:

نے مجتبیٰ حسین پر ''ایسا کہاں سے لاؤں'' کے عنوان سے ایک کتاب تحریر کی ہے۔ اپنے تعریفی کلمات اس طرح تحریر کیے ہیں:

مجتبیٰ حسین اُردو کے نہایت مشہور و معروف طنز و مزاح نگار اور منفرد انشائیہ نگار ہیں۔ چالیس سال سے زیادہ کا عرصہ ہوا کہ طنز و مزاح نگاری ان پر اور اِنھیں طنز و مزاح نگاری پر مسلط کر دیا گیا۔ جبر و اختیار کا فلسفہ سمجھنا ہو تو کوئی مجتبیٰ حسین کی زندگی میں جھانک کر دیکھے، دل پر جبر کر کے ایسا طنز و مزاح لکھنا کہ انسان بے اختیار مسکرائے مجتبیٰ حسین کے قلم کا معمولی سا کارنامہ ہے۔ مجتبیٰ حسین نے جو کچھ لکھا ہے اور جس اسلوب میں لکھا ہے اس کے موضوعات ہماری اپنی زندگی سے تعلق رکھتے ہیں۔ وہ بعض مزاح نگاروں کی طرح اپنے گرد ایک طلسمی فضاء قائم کرتے

ہیں اور نہ ہی بعض طنز نگاروں کی مانند زبان و بیان کے سہارے اپنے مضامین میں صرف لچھے دار باتوں سے طنز کے تیر چلاتے ہیں۔ مجتبیٰ حسین حقیقت نگار ہیں۔ ان کی تحریر میں صرف مزاح کا نشاط اور انبساط ہی نہیں، عصری تقاضوں کے عناصر بھی موجود ہیں۔

انوار انصاری:

مجتبیٰ حسین معمولی موضوعات سے علم وحکمت، دانش وفراست، تصوف ومعرفت کے نکتے بیان کرتے ہیں اور قاری ان کے انشائیوں کو پڑھ کر فکر کے سمندر میں غوطے لگانے لگتا ہے۔

نریندر لوتھر آئی۔اے۔ایس:

مجتبیٰ کے فن اور شخصیت دونوں میں ہم آہنگی ہے۔ وہ فطرتاً، مزاح نگار واقع ہوا ہے۔ وہ لفظوں کے ہیر پھیر سے مزاحیہ کیفیت پیدا کرنے کی کوشش نہیں کرتا، جو لطافت اس کے مزاج میں ہے وہی اُس کے مزاح میں پائی جاتی ہے۔ میں اُسے بنیادی طور پر مزاح نگار مانتا ہوں، اِس کے مزاح میں طنز کا عنصر مقابلتاً کم ہے اس لئے زیادہ موئثر ہے۔

ڈاکٹر رشید موسوی:

مجتبیٰ حسین کے قریبی دوست حمایت اللہ کی رفیقِ حیات اور اردو کی اچھی ادیبہ ہیں۔ لکھتی ہیں:

مجتبیٰ صاحب ہنسنے کو ایک مقدس فرض جانتے ہیں اور قہقہہ لگانے کو دنیا کا سب سے بڑا ایڈونچر۔ چنانچہ اپنی تحریر کے ذریعہ وہ اپنے ہزاروں پڑھنے والوں کو نہ صرف ہنسنے پر، بلکہ قہقہہ لگانے پر مجبور کردیتے ہیں۔

رشید قریشی:

مجتبیٰ حسین کی مزاح نگاری کا سب سے زیادہ فائدہ خود مزاح کو پہنچا ہے کہ اس کی تحریروں نے اس کو ایک صنفِ ادب کا درجہ دلا دیا ہے۔

اس کا مضمون پڑھتے ہوئے ایسا محسوس ہوتا ہے جیسے ایک بلند پہاڑ کی چوٹی سے ہنستے کھلکھلاتے پھولوں کا آبشار گر رہا ہے۔

اس کے قلم نے معمولی سے مضمون کو بھی چھوا تو وہ غیر معمولی ہو گیا۔

اس نے کسی کا خاکہ لکھا تو اُسے اپنے آپ سے محبت یا...... ہوگئی کیونکہ مزاح نگار کا قلم نشتر بستہ ہوتا ہے جو زخم بھی ڈالتا ہے اور راحت بھی پہنچاتا ہے۔

مجتبیٰ حسین ایک فطری مزاح نگار ہے اور اسے وجدان کے ایسے خزانے سونپے گئے ہیں جو جتنے خرچ ہوتے ہیں اتنے ہی زیادہ ہوتے ہیں۔

رضا نقوی واہی:

پر مجتبیٰ حسین نے خاکہ لکھا جس میں انھیں ''منظوم آدمی'' کہا ہے۔ واہیؔ کی منظوم رائے یوں ہے:

بخشا ہے جس نے صنفِ ظرافت کو اعتبار ہے مجتبیٰ حسین وہ طنازِ خوش خصال
مضمون جو بھی آئے قلم کی گرفت میں ابلاغ بے نظیر ہو، ترسیل بے مثال
جو بات کی خدا کی قسم لاجواب کی انشائیہ نگاری میں دکھلا دیا کمال
''پاپوش میں لگادی کرن آفتاب کی'' آیا کسی کی خاکہ نگاری کا جب خیال
فنکار کے علاوہ وہ یاروں کا یار ہے دل اس کا ہے خلوص و محبت سے مالا مال

واہیؔ کی ہے دعا کہ ظرافت کا یہ سفر
عمرِ دراز پائے، فن اس کا ہو لازوال

رحمن جامی:

کا شمار جدید شعراء میں ہوتا ہے۔ مجتبیٰ حسین کے فن پر اس طرح تبصرہ کرتے ہیں:

ہندوستان میں اُردو غریب الوطن سہی
تجھ سے امیر ہے یہ زباں مجتبیٰ حسین
جاپان و روس بھی نہ بچے تیرے طنز سے
گرویدہ تیرا ہے یہ جہاں مجتبیٰ حسین

بوگس حیدرآبادی:

مشہور طنزیہ اور مزاحیہ شاعر ہیں۔ ان کی رائے ہے:

مجتبیٰ کو چھوڑ کر یہ زندہ دل
محفلیں اپنی سجا سکتے نہیں

مجتبیٰ ہیں زندہ دل پیدائشی
زندہ دل ان کو بھلا سکتے نہیں

رؤف رحیم حیدرآباد کے ممتاز مزاحیہ شاعر گذرے ہیں۔ انھوں نے مجتبیٰ حسین کے فن پر اس طرح اظہار خیال کیا تھا:

خالص مزاح و طنز کے مینار مجتبیٰ مضبوط جیسے چین کی دیوار مجتبیٰ
ارضِ دکن کو ناز ہے جس باکمال پر میں کیا زمانہ خود کہے سو بار مجتبیٰ
درد و الم چھپا کے بھی ہنستے ہیں وہ رحیمؔ کتنے ہیں عالی ظرف و طرحدار مجتبیٰ

زاہد علی خان:

مدیر روزنامہ سیاست ۔ حیدرآباد (بھارت)

ایک گفتگو کے دوران مدیر روزنامہ سیاست جناب زاہد علی خان نے اپنے خیالات کا اظہار کرتے ہوئے فرمایا کہ روزنامہ سیاست کی تاریخ کے اوراق کو پلٹ کر دیکھا جائے تو اس کا سلسلہ عابد علی خان صاحب (زاہد علی خان کے والد) اور محبوب حسین جگر صاحب (مجتبیٰ حسین کے بڑے بھائی) سے شروع ہوتا ہے انھوں نے آگے کہا کہ جب مجتبیٰ حسین گلبرگہ سے منتقل ہو کر حیدرآباد میں قیام پذیر ہوئے تو وہ بھی جگرؔ صاحب کے ساتھ روزنامہ سیاست کا ایک جز بن کر رہ گئے ۔عملی طور پر مجتبیٰ حسین اپنے گریجویشن کی تکمیل کے بعد سیاست اخبار سے وابستہ ہوئے ۔جبکہ کالم نگار شاہد صدیقی انتقال فرما گئے تھے ۔جگر صاحب کے حکم پر مجتبیٰ حسین نے طنزیہ ومزاحیہ کالم لکھنا شروع کیا۔ اس طرح وہ روزنامہ سیاست سے منسلک ہوئے ۔انھوں نے آگے کہا کہ مجتبیٰ حسین نے عالمی سطح پر بحیثیت طنز ومزاح نگار اپنا منفرد مقام بنایا ہے۔انھوں نے بڑی کامیابی کے ساتھ زندگی کے ہر اچھے اور بُرے پہلو کو طنز کا نشانہ بنا کر قارئین کو اپنی جانب متوجہ کیا ہے۔ اور یہی بات ان کے قلم اور ان کی تحریر کی کامیابی کی ضامن ہے۔

مجتبیٰ حسین اپنی تحریر سے کسی کا دل نہیں دکھاتے ۔یہی وجہ ہے کہ آج دنیا میں جب بھی طنز ومزاح کا ذکر چھڑتا ہے تو لوگ بے ساختہ مجتبیٰ حسین کو یاد کرتے ہیں۔ روزنامہ سیاست کا ذکر کرتے ہوئے جناب زاہد علی خان نے کہا کہ اگرچہ عابد علی خان نے اپنی محنت، سرمایہ اور دولت سے سیاست میں جان پھونکی ہے۔لیکن اس اخبار کو چلانے اور کامیاب بنانے میں مجتبیٰ حسین کے بڑے بھائی محبوب حسین جگر کا اہم کردار رہا ہے۔انھوں نے اپنی ساری زندگی اخبار سیاست کی ترقی اور اس کی کامیابی کے لیئے وقف کردی، میں احسان مند ہوں اس خاندان کا کہ مجتبیٰ حسین کے

خاندان نے سیاست کی ترقی اور ترویج کے لئے بے انتہاء کوشش اور محنت کی ہے، جگر صاحب تادمِ حیات روزنامہ سیاست سے منسلک رہے۔ اسی طرح مجتبیٰ حسین نے بھی چاہے وہ دلی میں رہے ہوں یا جاپان اور دیگر ممالک کے دورے پر رہے ہوں وہاں سے بھی انھوں نے روزنامہ سیاست کا ہفتہ واری کالم لکھنا ترک نہیں کیا۔ اس کا سلسلہ انھوں نے جاری رکھا جس کے لیے میں مجتبیٰ حسین کا بے حد ممنون ہوں۔

اختتامیہ

اس کتاب کی تیاری کے دوران مجتبیٰ حسین کی تحریروں کے بغور مطالعہ کے بعد یہ نتیجہ اخذ کیا جاتا ہے کہ مجتبیٰ حسین ایک طنز نگار ہیں اور اپنے طنز کی تلخی کو گوارہ بنانے کے لئے اُنھوں نے مزاح کا سہارا لیا ہے۔ اپنی تحریروں میں وہ ایک وسیع النظر اور کشادہ ذہن ادیب ہونے کے ساتھ ساتھ ایک بہترین ماہرِ نفسیات بن کر بھی اُبھرتے ہیں۔ وہ تمام صفات جو ایک اچھے طنز نگار میں موجود ہونی چاہئیں وہ مجتبیٰ حسین میں ہم پاتے ہیں۔

مجتبیٰ حسین کا طنز نگار ہونا اس طرح ثابت ہوتا ہے کہ وہ سماج اور معاشرے میں پھیلی ہوئی ناہمواریوں کی اصلاح چاہتے ہیں اور درمانِ درد کے لئے مزاح آمیز طنز کا استعمال ہر موقع پر کرتے ہیں۔ وہ انسان میں انسانیت کا جذبہ دیکھنے کے خواہشمند ہیں لیکن انسان کی حیوانیت نے انھیں بہت ہی افسردہ کردیا ہے۔ اس افسردگی کے اظہار یا اس ناہمواری کے ازالے کے لیے اُنھوں نے الفاظ کے جادو اور فلسفیانہ عمل دونوں سے کام لے کر اپنی تحریروں کو اس قدر پُراثر بنادیا ہے کہ قاری نہ صرف اس تحریر کے سحر میں گرفتار ہوجاتا ہے بلکہ مجتبیٰ حسین کی معاشرے سے ہمدردی اور جذباتی لگاؤ کا بھی قائل ہوجاتا ہے اور اُن کے ہر خیال سے اتفاق کرتا ہے۔ مجتبیٰ حسین بے شک ایک اچھے طنز نگار ہیں اُنھوں نے تہہ دار طنز کیا ہے، ان کا طنز تلخ، یا کڑوا اس لئے نہیں لگتا کہ اُنھوں نے ایک تو اس پر مزاح کی شیرینی کا ملمع کردیا ہے اور دوسرے وہ طنز کا نشانہ زیادہ تر خود اپنی ذات اور اپنی شخصیت کو بناتے ہیں۔ مجتبیٰ حسین نے زماں و مکاں کی قید سے آزاد ہو کر طنز نگاری کی ہے۔

وہ زندگی اور سماج کی ناہمواریوں کو اس طرح بڑھا چڑھا کر پیش کرتے ہیں کہ ایک عام آدمی جو اِس طرح کی ناہمواریاں آئے دن دیکھنے کا عادی ہو چکا ہے خود بخود اس جانب متوجہ ہو جاتا ہے۔ مجتبیٰ حسین چونکہ ایک دردمند انسان ہیں اس لئے اُنھوں نے طنز کا استعمال تخریب پسندی کے لئے نہیں کیا، اُنھوں نے طنز کو طنز ہی رہنے دیا پھبتی، استہزا یا ہجو کی شکل نہیں بنائی۔ اُنھوں نے اپنے طنز میں بات کو کھلے اور سپاٹ انداز میں پیش کرنے کی بجائے بالواسطہ طریقے سے پیش کرنے کی کوشش کی ہے۔

دورانِ طنز نگاری ان کے انداز میں ہمیں خلوص کا ایک سیلِ رواں ملتا ہے۔ اِس خلوص کا مقصد سوائے اس کے کچھ اور نہیں ہے کہ انسانی زندگی اور انسانی سماج عیوب سے پاک ہو جائیں۔ یہی وجہ ہے کہ ہم مجتبیٰ حسین کو ایک کامیاب طنز نگار کہہ سکتے ہیں کیونکہ ایک طنز نگار ہی وہ شخص ہوتا ہے جس کے نزدیک زندگی، سماج اور معاشرے کا مطالعہ ہی سب سے زیادہ اہمیت کا حامل ہے اور سارے جہاں کا درد اپنے جگر میں سمو لینا چاہتا ہے، مجتبیٰ حسین بھی سارے جہاں کا درد اپنے جگر میں سمو لیتے ہیں اور اس کی دوا بھی وہ خود ہی تجویز کرتے ہیں۔ گویا وہ زخم سے بھی آشنا ہیں اور مرہم سے بھی۔ لیکن یہ دوا حد درجہ کڑواہٹ رکھتے ہوئے بھی کڑوی نہیں لگتی۔ ان کے طنز کی تلخی کو گوارہ بنانے میں ان کے مخصوص اسلوب کا بڑا دخل ہے جس میں اُنھوں نے طنز کو مزاح کی چلمن کے پیچھے بیٹھا رکھا ہے جہاں سے اس کی شکل تو صاف دکھائی دیتی ہے لیکن وہ مزاح کی چلمن کے اس طرف نہیں آتا۔ اپنی ہر تحریر میں مجتبیٰ حسین نے طنز اور مزاح کو اسی طرح جوڑے رکھا ہے۔ مجتبیٰ حسین کے طنز کی خوبی یہ ہے کہ وہ ذہن پر بوجھ نہیں بنتا۔ بلکہ اس کے مطالعہ کے بعد قاری خود کو خوش بحال محسوس کرتا ہے۔

کتابیات

۱۔ طنزیات و مضحکات ....رشید احمد صدیقی

۲۔ اُردو ادب میں طنز وظرافت ....کلیم الدین احمد

۳۔ طنز ومزاح تاریخ وتنقید ....طاہر تونسوی

۴۔ اُردو ادب میں طنز ومزاح آزادی کے بعد ....ڈاکٹر ایس۔ جے صادق

۵۔ تنقید اور عملی تنقید ....احتشام حسین

۶۔ اُردو ادب میں طنز ومزاح ....ڈاکٹر وزیر آغا

۷۔ اُردو ادب میں طنز وظرافت ....غلام احمد فرقت کاکوری

۸۔ نئے اور پرانے چراغ ....ڈاکٹر شوکت سبزواری

۹۔ اُردو ناول میں طنز ومزاح ....ڈاکٹر شمع افروز زیدی

۱۰۔ سب رس ....ملا وجہی، مرتب: ڈاکٹر قمر الہدیٰ فریدی

۱۱۔ یادگارِ غالب ....مولانا الطاف حسین حالؔی

۱۲۔ تنقیدی اشارے ....پروفیسر آل احمد سرور

۱۳۔ اُردو میں خاکہ نگاری ....ڈاکٹر صابرہ سعید

۱۴۔ شخصیت کے نظریات ....ساجدہ زیدی

۱۵۔ مضامینِ پطرس ....پطرس بخاری

۳۵۔ مجتبیٰ حسین بحیثیت طنز نگار ......ڈاکٹر افسر کاظمی

۳۶۔ مجتبیٰ حسین کا فن ......ڈاکٹر شکیل الرحمن

۳۷۔ ایسا کہاں سے لاؤں ......پروفیسر شفیع شیخ

۳۸۔ اُردو ادب کے تین بھائی ......رفیق جعفر

رسائل

۱۔ علیگڑھ میگزین ......مارچ ۱۹۴۴ء

۲۔ نقوش، طنز و مزاح نمبر ......جنوری ۱۹۵۹ء

۳۔ ادبِ لطیف، لاہور ......دسمبر ۱۹۹۱ء

۴۔ شگوفہ، مجتبیٰ حسین نمبر

۵۔ کتاب نما کا خصوصی شمارہ۔ مجتبیٰ حسین فن اور شخصیت

۶۔ چنگاری، مختلف کالم نگاروں کی تحریروں کا انتخاب۔ مرتب فکر تونسوی

روزنامہ سیاست کے مختلف شمارے

مجتبیٰ حسین سے مکالمہ